S. FISCHER

Schimon Peres

MEIN LEBEN FÜR ISRAEL

Über Mut, Verantwortung
und die Kraft der Träume

Aus dem Englischen
von Jürgen Bauer, Rudolf Hermstein
und Edith Nerke

S. FISCHER

Erschienen bei S. FISCHER

Die Originalausgabe erschien 2017
unter dem Titel »No Room for Small Dreams.
Courage, Imagination, and the Making of Modern Israel«
im Verlag HarperCollins, New York
© 2017 by Schimon Peres

Für die deutschsprachige Ausgabe:
© 2018 S. Fischer Verlag GmbH,
Hedderichstr. 114, D-60596 Frankfurt am Main
Gesamtherstellung: CPI books GmbH, Leck
Printed in Germany
ISBN 978-3-10-062425-3

*Für die nächste Generation politischer Führer,
in Israel und auf der ganzen Welt.*

INHALT

VORWORT

Unsere Mutter sagte stets: »Euer Vater ist wie der Wind. Niemand kann ihn bremsen oder zurückhalten.« Und sie hatte recht.

Im Privatleben war Schimon Peres unser Vater. In der Öffentlichkeit war er einer der Gründerväter des Staates Israel. Sein ganzes Leben widmete er einem nie vollendeten Meisterwerk: dem Bau einer besseren Zukunft. Zu seinen Werkzeugen gehörten Glaube, Beharrlichkeit, Flexibilität und die Fähigkeit zu lernen – sich zu verändern und zu wachsen. Doch sein wichtigstes Werkzeug war stets die Hoffnung: Mit ihr legte er Fundamente tief in den harten Boden, stand dann fest und furchtlos auf wackeligen Gerüsten und griff nach oben, so hoch wie uns nur Träume tragen können, entdeckte eine zuvor im Dunkeln verborgene Sprosse einer Leiter – und richtete den Blick auf die nächste.

Sein Leben war so ungewöhnlich und unglaublich wie seine geliebte Heimat. Er war sicher, wenn es gelang, Frieden zu schaffen und Israel zu einem besseren Ort zu machen, wäre das ein Beitrag, der Welt zu mehr Harmonie, Gedeihen und Großzügigkeit zu verhelfen, und er war überzeugt, dass dies das höchste Ziel sei, das ein Mensch anstreben könne.

Unser Vater sagte stets: »Zählt eure Träume und vergleicht das Ergebnis mit der Summe der Dinge, die euch im Leben gelungen sind. Wenn die Zahl der Träume größer ist, dann seid ihr noch jung.« Er schrieb dieses Buch im letzten Jahr seines Lebens, als Geschenk für die nächste Generation, für junge Menschen mit jungen Herzen. Er wollte uns seinen verbeulten, aber verlässlichen Werkzeugkasten weiterreichen, damit wir alle aus seinem Gestern lernen und an einem besseren Morgen arbeiten können. Diesen teilen wir nun voller Dankbarkeit mit allen Menschen, so wie es seinem Wunsch entsprach.

Tsvia, Yoni und Chemi

Kapitel 1

ZUM DIENST BERUFEN

Ich war elf Jahre alt, als ich das hinter Bäumen versteckte einfache Haus zum ersten Mal sah. Es gehörte meiner Tante und meinem Onkel, sie hatten es nach ihrer Ankunft in Israel selbst gebaut. Das war 1934, als in diesem Gebiet nur wenige hunderttausend Juden lebten, die Straßen noch unbefestigt waren und das Land weitgehend unbesiedelt.

Als wir näher kamen, wurde mir klar, dass ich solche Bäume noch nie gesehen hatte; es waren Orangenhaine, von Hand angelegt. Mein Bruder Gigi und ich liefen sofort los und rannten die perfekt angelegten Reihen auf und ab. Jeder Baum trug mehr als hundert pralle, leuchtende Früchte. Die noch verbliebenen weißen Blüten füllten die Luft mit einem wunderbaren Duft.

Mit einem Schlag war ich in Gedanken wieder in mein kleines jüdisches Dorf, unser »Schtetl«, zurückversetzt, in den Augenblick, als ich zum ersten Mal eine Orange sah – an einen Ort, der jetzt so unendlich fern war.

Unser Schtetl hieß Wischnewa. Es lag an der polnisch-russischen Grenze – ein von Wäldern umgebener Streifen Land, in dem ewiger Winter zu herrschen schien. Es gab Wochen, in denen ein bitterkalter Wind ohne Unterlass die

11

niedrigen Birken peitschte und unerbittlich an den Kunden auf dem Markt zerrte. Auch im Sommer war uns, als bekämen wir die Sonne kaum einmal zu sehen. Doch trotz all der Kälte und Abgeschiedenheit strahlte das Schtetl Wärme und einen eigenen Zauber aus, war von Freundlichkeit und Gemeinschaft geprägt. Wir hatten in dieser Gemeinschaft einen Ort gefunden, dem wir uns zugehörig fühlten.

Wir führten ein einfaches Leben: Wischnewa hatte nur drei Straßen, gesäumt von schlichten Holzhäusern. Es gab kein fließendes Wasser und keinen Strom. Doch knapp fünf Kilometer weiter war ein Bahnhof, und durch die Reisenden und ihr Gepäck erhaschten wir einen Blick auf die Welt jenseits des Waldes.

Noch heute erinnere ich mich an jenen bewegenden Augenblick, an meine erste Orange. Die Eltern hatten mich zu Freunden mitgenommen, wo bereits viele Menschen beisammen saßen. Ein junger Mann, der vor kurzem aus Israel zurückgekehrt war, unterhielt die Gruppe mit beeindruckenden Schilderungen aus einem fernen Land. Er sprach von endlosem Sonnenschein und einer fremden Kultur, von Wüstenflecken mit Obstbäumen voller Früchte, von zähen, braungebrannten Juden, die mit ihren Händen arbeiteten und auch mit ihnen kämpften. Als er fertig war, wandte er sich einer Kiste zu, die hinter ihm stand, und hob sie hoch, damit alle sie sehen konnten. Ein hörbares Luftholen ging durch die Reihen. Seine Vorstellung wirkte feierlich und formell, als hätte er das schon oft getan. Einer nach dem anderen nahmen die Gäste ein Päckchen aus der Kiste und entfernten behutsam das Pergamentpapier, bis eine frisch gepflückte reife Jaffa-Orange sichtbar wurde. Als die Reihe an mir war, griff ich langsam und bedacht zu, wollte auf keinen Fall etwas falsch machen. Ich hielt die Frucht an meine Nase, sog zum ersten Mal den Zitrusduft ein. Sie war etwas völlig Fremdes – in ihrer Farbe, ihrem Duft, ihrem Geschmack –, etwas Außergewöhnlicheres konnte sich ein Junge wie ich kaum vorstellen. Sie war für mich viel mehr als eine Frucht: Sie war ein Symbol meiner Hoffnungen und meiner Sehnsüchte.

Meine Familie hatte seit mehreren Generationen in dieser Gegend gelebt, die seit Jahrhunderten die Heimat von Juden war. Doch trotz seiner schlichten Schönheit betrachteten meine Eltern den Ort nicht als ihr endgültiges Zuhause. Er war vielmehr eine Zwischenstation für sie, eine von vielen auf dem Jahrtausende langen Weg zurück ins Land unserer Väter. Israel war nicht nur der Traum meiner Eltern, sondern auch die Antriebskraft für viele andere Menschen, die wir kannten. Bei jeder Zusammenkunft ging es irgendwann darum, das geliebte Schtetl zu verlassen und nach Zion zu gehen, sich den Pionieren anzuschließen, die das Land wieder in Besitz nahmen. Und oft sprachen wir von Theodor Herzl, dem Begründer der zionistischen Bewegung, für den die Zukunft des jüdischen Volkes untrennbar mit der Existenz eines jüdischen Staates verbunden war, zusammengehalten nicht nur durch die Religion, sondern auch durch eine gemeinsame Sprache und eine gemeinsame Nationalität. »Man gebe uns die Souveränität eines für unsere gerechten Volksbedürfnisse genügenden Stückes der Erdoberfläche, alles andere werden wir selbst besorgen.«

Herzls Traum war zu meinem geworden. Meine Familie, das waren Menschen, die ein zufriedenes Leben führten, jedoch im Exil. Wir sprachen Hebräisch, dachten Hebräisch und lasen begierig alle Nachrichten aus dem britischen Mandatsgebiet Palästina, das auch das Land unserer Väter umfasste. Wir alle sehnten uns dorthin zurück – ein Verlangen, das uns unnachgiebig packte. Bisweilen gab es mir das Gefühl, ich säße im Fegefeuer zwischen einer fernen Vergangenheit und einer unmittelbar bevorstehenden Zukunft. Je näher diese Zukunft heranrückte, desto unerträglicher erschien jede Verzögerung.

Trotz dieses Drangs, den Weg fortzusetzen, habe ich viele wunderschöne Erinnerungen an meine Kindheit. Meine Mutter Sara war eine großartige, liebevolle Frau; sie war ausgebildete Bibliothekarin und liebte die russische Literatur. Nur wenige Dinge im Leben bereiteten ihr mehr Freude als das Lesen, und diese Freude gab sie an mich weiter. Ich wuchs zum Bücherfreund heran, wurde an der Seite meiner Mutter zur Leseratte. Es war eine Art liebevoller Wettbewerb: Ich versuchte, mit ihr Schritt zu halten, allein schon wegen der anschließenden Gespräche. Mein Vater Jitzchak (auch Getzel genannt) handelte mit Holz, wie zuvor schon sein Vater. Er war warmherzig und großzügig, ein energischer, freundlicher Mann, nachsichtig und gewissenhaft zugleich. Er ermutigte mich stets und strahlte, wenn ich etwas geschafft hatte. Seine Liebe gab mir Selbstvertrauen, und mein Selbstvertrauen verlieh mir Flügel. Ich war glückselig.

Meine Eltern erzogen mich ohne Grenzen oder Beschränkungen, sagten mir nie, was zu tun sei, sondern vertrauten darauf, dass mich meine Wissbegierde auf den richtigen Weg führen würde. Wenn ich, noch als Kind, ihnen und ihren Freunden eine kleine Vorstellung gab oder eine Rede hielt, erhielt ich nichts als ermutigende Worte. Manchmal machte ich Erwachsene nach (es gab ein paar Menschen im Schtetl, deren Stimmen und Verhaltensweisen ich perfekt imitieren konnte). Bisweilen glänzte ich mit regelrechten Vorträgen über das Wesen des Zionismus oder die Vorzüge meiner Lieblingsschriftsteller. Das machte mich in den Augen der Erwachsenen zu einem frühreifen Bürschchen, dem eine strahlende Zukunft bevorstand. Für mich selbst fühlte es sich an wie der Beginn von etwas Größerem. Doch für meine Schulkameraden wurde ich zum Außenseiter, zu einem, der so ganz anders war als sie. Aber im Grunde bin ich immer derselbe geblieben: Auch mit dreiundneunzig bin ich noch der wissbegierige Junge, der sich gern in schwierige Fragen verbeißt, immer bereit zum Träumen und unbeeindruckt von den Zweifeln der anderen.

Meine Eltern trugen dazu bei, dass ich zu dem Mann wurde, der ich bin, doch der Mensch, den ich am meisten bewunderte und zu dem ich die engsten Bindungen hatte, war mein Großvater Rabbi Tsvi Meltzer. Er war untersetzt, wirkte aber eigenartigerweise trotzdem immer hochgewachsen. Da er die renommierteste Jeschiwa in ganz Europa besucht hatte, gehörte er zu den Gründungsmitgliedern der hebräischsprachigen zionistischen Tarbut-Schule und war eine angesehene Führungspersönlichkeit der jüdischen Gemeinde. Während der Zionismus im Zentrum unseres bürgerlichen Lebens stand, war unser moralisches Leben vom Judentum geprägt. Mein Großvater war die Autorität, an der sich meine Familie ausrichtete, und dank seiner Position und seines außergewöhnlichen Verstands war er auch der Gemeindevorsteher, bei dem das ganze Schtetl weisen Rat suchte.

Ich empfand es als besonderes Glück, nicht nur so eine wichtige Persönlichkeit in der Familie zu haben, sondern auch noch ihre besondere Aufmerksamkeit zu genießen. Großvater war der Erste, der mich die Geschichte des jüdischen Volkes lehrte, und er machte mich als Erster mit der Thora bekannt. Jeden Sabbat begleitete ich ihn zur Synagoge und lauschte aufmerksam der wöchentlichen Lesung. Wie für die anderen Juden war auch für mich der Versöhnungstag Jom Kippur unser höchster Feiertag. Doch für mich hatte er noch etwas ganz Besonderes, weil ich dann immer den feierlichen Gesang meines Großvaters hören konnte. Nur an diesem Tag sang er als unser Kantor mit seiner wunderbaren, volltönenden Stimme das ergreifend schöne *Kol Nidre*-Gebet. Es berührte mich in tiefster Seele, und ich versteckte mich unter seinem Gebetsmantel, dem einzigen Ort, an dem ich mich an solch einem bedeutungsvollen Tag sicher fühlte. Aus dem Dunkel meines Verstecks heraus bat ich Gott, den Sündern zu vergeben und mit allen Menschen Erbarmen zu haben, schließlich hatte er selbst ja die Samen der Schwäche gesät.

Durch das Vorbild meines Großvaters und seine Lehren wurde ich als Kind streng religiös, viel mehr als meine Eltern. In mir wuchs der Glaube, dass es meine Pflicht war, Gott zu dienen und seine Gebote zu befolgen, ohne jede Ausnahme. Meine Eltern begannen mein religiöses Engagement erst von dem Tag an zu würdigen, an dem mein Vater mit einem Radio nach Hause kam, dem ersten in Wischnewa. In seiner Begeisterung wollte er meiner Mutter sofort zeigen, wie es funktionierte, und schaltete es ein, mitten am Sabbat, einer Zeit der inneren Einkehr, wo doch unsere Religion bestimmte Tätigkeiten verbietet, auch das Einschalten eines Radioapparats. Ich war außer mir. In einem Anfall fanatischer Selbstgerechtigkeit schleuderte ich den Apparat auf den Boden, als hinge das Schicksal der Menschheit davon ab, und zerstörte ihn dabei irreparabel. Ich bin dankbar, dass sie mir vergaben.

Wenn ich nicht zu Hause oder in der Synagoge war, ließ ich mich gern von einem Kutscher zum Bahnhof mitnehmen; hier begannen die Leute immer die lange Reise, die sie ins Land unserer Väter führen sollte. Die ganze Stadt versammelte sich dann jedes Mal zu einer lauten Abschiedsfeier, um sich mit einem bittersüßen Lebewohl von ihren Nachbarn zu verabschieden. Ich sah voller Bewunderung zu, schloss mich den Jubelrufen an und teilte die ehrfürchtige Freude, doch auf dem Heimweg umfing mich immer ein Hauch von Trauer, denn ich fragte mich, ob wirklich auch ich einmal an die Reihe kommen würde.

Bald zwangen uns die Umstände dazu. Anfang der 1930er Jahre hatten antisemitische Steuern gegen jüdische Unternehmen meinen Vater ruiniert. Da ihm nichts mehr geblieben war, beschloss er, dass es an der Zeit sei zu gehen. 1932 trat er allein die Reise nach Palästina an, um sich dort als echter Pionier niederzulassen und dafür zu sorgen, dass wir bald nachkommen konnten. Es dauerte zwei lange Jahre – eine Ewigkeit für ein ungeduldiges Kind –, bis er uns schrieb, dass er nun alles für uns vorbereitet hatte. Ich war elf Jahre alt, als meine Mutter mir und meinem Bruder Gigi sagte, dass es so weit sei.

Wir packten unsere Sachen auf einen Pferdekarren und fuhren zum Bahnhof. Der Karren holperte knarrend die steinige Straße entlang. Für meine Mutter war es eine Qual, doch mein Bruder und ich jauchzten bei jedem Ruckeln auf – war es doch ein Zeichen, dass das große Abenteuer begonnen hatte. Wir trugen dicke Wolljacken und schwere Winterschuhe, die wir bald nicht mehr brauchen würden.

Als wir am Bahnhof ankamen, standen da schon Dutzende von Menschen, die uns ihre besten Wünsche und Gebete mit auf den Weg geben wollten. Einer von ihnen war mein Großvater. Wegen seines Alters und seiner Bedeutung für die Gemeinde hatte er beschlossen, in Wischnewa zu bleiben. Er war das Einzige, was ich aus unserem Schtetl vermissen würde. Ich sah zu, wie er sich auf dem Bahnsteig von meiner Mutter und meinem Bruder verabschiedete; als er mir ins Gesicht sah, wusste ich nicht, was ich sagen sollte. Seine große Gestalt überragte mich, und ich schaute durch seinen dichten grauen Bart hoch zu seinen Augen. Sie waren mit Tränen gefüllt. Er legte mir die Hand auf die Schulter, beugte sich zu mir hinab und sah mich an.

»Versprich mir eines«, sagte er mit der gebieterischen Stimme, die ich so gut kannte.

»Alles, *Zeyde*.«

»Versprich mir, dass du immer Jude bleiben wirst.«

Das Leben meines Großvaters endete in Wischnewa. Nur wenige Jahre später marschierten die Nazis durch den Wald und auf den Dorfplatz, wo sie die Juden versammelten, um ihnen ein schreckliches Schicksal zu bereiten. Mein Großvater wurde zusammen mit seiner Gemeinde in unsere bescheidene hölzerne Synagoge gesperrt, und die Nazis vernagelten die Türen mit Brettern. Ich kann mir kaum vorstellen, wie groß ihr Entsetzen war, als Rauch durch die

Türritzen drang und ein Knacken ihnen begreiflich machte, dass das Gebäude in Brand gesetzt worden war. Man hat mir erzählt, dass mein Großvater, als die Flammen um sich griffen und unser ganzes ehrwürdiges Gotteshaus erfassten, seinen Gebetsmantel anlegte, denselben, unter dem ich mich beim Jom-Kippur-Fest versteckt hatte, und ein letztes Gebet anstimmte – ein Augenblick stoischer Würde, ehe die Flammen ihm die Worte und den Atem raubten und schließlich, zusammen mit den anderen, auch das Leben.

Die restlichen Juden wurden aus den Häusern geholt und aus ihren Verstecken gezerrt und wie Vieh zusammengetrieben. Sie mussten zuschauen, wie das Schtetl zerstört wurde, als wäre ein Wirbelsturm hindurchgefegt, mit Absicht und Präzision. Sie mussten durch die grausigen Trümmer zum Bahnhof marschieren, vorbei an dem flammenden Grab. Dieselben Schienen, auf denen meine Reise ins Land unserer Väter begonnen hatte, sollten sie in die Todeslager bringen.

Als wir den Zug nach Palästina bestiegen, als er sich holpernd in Bewegung setzte und ich meinem Großvater durchs Fenster zum Abschied zuwinkte, hatte ich nicht gewusst, dass ich ihn nie mehr wiedersehen würde. Noch immer höre ich seine Stimme, wenn ein Kantor das *Kol Nidre* singt. Noch immer spüre ich seinen Geist, wenn ich vor einer schweren Entscheidung stehe.

Unsere Reise nach Palästina im Jahr 1934 führte uns nach Süden ans Mittelmeer, das sich endlos weit zu erstrecken schien, als ich es zum ersten Mal sah. Wir gingen an Bord eines Dampfers und traten eine mehrtägige Fahrt bei weitgehend ruhiger See an. Dass es weder Sturmböen noch hohen Seegang gab, war für mich ein Zeichen von oben. Auf dem Deck unseres Schiffs, über dem ein großartiger blauer Himmel strahlte, spürte ich die Wärme der Sonne. Es war, als wäre meine Welt neu angestrichen und aufgeheizt worden, um meine Träume zu beleben.

An unserem letzten Tag auf See erwachte ich zum Ton der Schiffssirene. Damit signalisierte der Kapitän unsere Ankunft den vorbeifahrenden Booten und zugleich auch uns Passagieren. Gigi und ich krochen aus dem Bett und rannten hinauf zum Oberdeck, um einen ersten Blick auf unsere neue Heimat zu erhaschen. Dort standen bereits etliche Passagiere, die vor Begeisterung jubelten und sangen. Ich drängte mich durch die Menge bis an die Reling, wo ich freien Blick hatte.

Vor meinen Augen erstreckte sich die herrliche Küste von Jaffa. Das Meer glänzte in allen Blauschattierungen, das strahlende Saphirblau der Tiefe tanzte mit dem schillernden Türkis des flachen Wassers, wenn es auf das perfekte Weiß des Sandstrands traf. Hinter der Bucht sah ich in der Ferne einen Hügel – das Herz der großartigen alten Stadt. Die Steinbauten rund um die Landzunge schienen stramm zu stehen und Wache zu halten. Dahinter reckte sich ein schlanker Uhrenturm himmelwärts.

Bis zu unserer Ankunft hatte ich nicht viel von Jaffa gewusst, nur dass es eine uralte Stadt war, die schon in der Bibel erwähnt wird. Jetzt, wo sie in Sicht kam, nahm ich eine Struktur und eine Lebendigkeit wahr, die man aus erster Hand erfahren musste. Auf der Straße tummelten sich viele

Menschen mit rotem Fez und kariertem Kopftuch. Einige standen zusammen, genossen den strahlenden Morgen und spielten mit kleinen Kindern, während eine Brise vom Meer durch ihre lockeren Gewänder strich. Andere kamen uns mit Booten bis in die Mitte der Bucht entgegen. Die meisten von ihnen boten uns Passagieren Dinge zum Kauf an, die wir noch nie gekostet hatten. Sie reichten uns Krüge mit Zitronenlimonade und zerstoßenem Eis und frische Datteln von Palmen, die ich nur von den Bildern meiner Tante kannte. In manchen Booten saßen Juden, die gekommen waren, um Passagiere direkt am Ankerplatz unseres Schiffes abzuholen.

Als ich auf der Suche nach meinem Vater den Blick über die Boote schweifen ließ, sah ich viele Menschen, die ganz anders aussahen als ich. Im ewig grauen Wischnewa waren alle Juden, die ich kannte, unglaublich blass. Hier, unter diesen braungebrannten Männern mit ihren von der harten Landarbeit gestählten Körpern fühlte ich mich wie unter Helden. Ich wünschte mir nichts sehnlicher, als mich ihnen anzuschließen und einer von ihnen zu werden.

Schließlich entdeckte ich meinen Vater. Er stand im Bug eines kleinen arabischen Fischerbootes und winkte meinem Bruder und mir aufgeregt zu; er war viel dunkler gebräunt, als ich ihn zuletzt gesehen hatte. Neben ihm stand der Kapitän des Fischerboots, ein hoch gewachsener Araber, in einer weiten, wallenden Hose mit Akkordeon-Falten. Wir sprangen ins Boot und begrüßten unseren Vater mit all der Liebe, die wir seit zwei Jahren angesammelt hatten. Er tat es uns gleich. Auf dem Weg zum Ufer spürte ich, wie die Wärme der Sonne meine dicke Winterjacke durchdrang. Ich schloss die Augen und stellte mir vor, die sanfte Wärme wäre meine persönliche Begrüßung, ein Willkommenszeichen der Sonne, die nur auf meine Ankunft gewartet hatte. Als ich aus dem Boot stieg und das Land betrat, wusste ich, dass ich nach Hause gefunden hatte.

Das Land Israel passte gut zu mir. Bald kam es mir vor, als löste ich mich von meinem alten Leben, als wäre Wischnewa mein Kokon gewesen und ich hätte jetzt Flügel. Ich trug keine Jacketts und Krawatten mehr, nur noch kurzärmelige Hemden. Ich sah zu, wie meine Haut hier unter dem strahlend blauen Himmel Farbe annahm, und fühlte mich immer dann wie ein wahres Kind Israels, wenn ich mit einem Sonnenbrand nach Hause kam. Ich hatte immer schon Bücher verschlungen, aber jetzt tat ich es am Strand oder unter einem Maulbeerbaum im Park.

Am 15. Juli 2007 wurde ich als neunter Präsident Israels vereidigt. Ich war 83 Jahre alt. Es war die Krönung eines Berufslebens, das die gesamte Lebensspanne unseres Staates umfasste, eine letzte Gelegenheit, unserem Volk in einem wichtigen Amt zu dienen. Als ich dort oben stand und den Eid ablegte, dachte ich an Wischnewa, wo meine Reise begonnen hatte. Als elfjähriger Junge hatte ich eine grenzenlose Phantasie gehabt, aber dass ich einmal hier stehen würde, hätte ich in meinen kühnsten Träumen nicht für möglich gehalten.

Bei den Feierlichkeiten am Abend meiner Vereidigung kam ein junger Mann auf mich zu und sprach mich mit dieser ungenierten Offenheit an, die ich an unseren Landsleuten nur bewundern kann.

»Herr Präsident, bei allem Respekt, warum wollen Sie nach einer so langen Karriere in Ihrem Alter noch weiter arbeiten?«

»Warum ich meinem Land weiter dienen will?«, entgegnete ich. »Etwas anderes kam für mich nie in Frage.«

Das war die Wahrheit. Soweit ich zurückdenken konnte, hatte der Zionismus im Mittelpunkt meiner Identität gestanden; und dass man ihm diente, war eine Voraussetzung für seinen Erfolg. In meinen Achtzigern führte mich dieser Dienst ins Präsidentenamt, nach sechs Jahrzehnten in der israelischen Politik. Doch als ich, ein junger Mann, im Mandatsgebiet Palästina volljährig wurde, stellte ich mir meinen Dienst nicht als Arbeit in der Regierung vor, sondern als Arbeit auf dem Feld, bei der Besiedlung des Landes, bei der Erschaffung einer neuen Art von Gemeinschaft. Mein größter Wunsch war gewesen, ein Kibbuznik zu werden.

Die erste Siedlung, die als Kibbuz bekannt wurde, hieß Degania und wurde 1910 im Tal des Jordan von einer Gruppe junger Pioniere errichtet, die Europa verlassen hatten. Sie waren mit großen Plänen gekommen, wollten nicht einfach nur eine Siedlung erbauen, sondern den Traum des Zionismus verwirklichen. Die Kibbuzim waren vor allem landwirtschaftliche Siedlungen, deren Bewohner hart schufteten, den steinigen Boden bearbeiteten und moskitoverseuchte Sümpfe trockenlegten. Diese Pioniere arbeiteten tagein, tagaus, um das unwirtliche Land zum Erblühen zu bringen. Degania fand rasch Nachahmer, und bald waren das unfruchtbare Jordantal und die Jesreel-Ebene mit florierenden Gemeinschaften gesprenkelt. Als ich nach Israel kam, existierten etwa 30 Kibbuzim, und es wurden immer mehr. Unter härtesten Bedingungen gestalteten ihre Bewohner die Landschaft um, setzten Palmen und pflanzten Feldfrüchte, legten Obstgärten an und hielten Vieh. Sie machten die Wüste fruchtbar und überzeugten uns damit, dass uns unbegrenzte Kräfte zu Gebote standen. Auch in den Jahren vor der Gründung unseres Staates besaßen wir eine starke Führung und legten die Grundlagen für staatliche Institutionen und für eine Regierung. In dieser Zeit wurden die Kibbuzim zwangsläufig zu unserer wichtigsten Institution, nicht wegen ihrer schmackhaften Früchte oder ihrer bestechenden Weltanschauung, sondern weil sie in wichtigen Bereichen Verantwortung übernahmen: Sie organisierten die Siedlungen und die Einwanderung, und sie kümmerten sich um unsere Verteidigung. Zwar hatte jeder Kibbuz seine besonderen Merkmale, doch teilten sie alle dieselbe zentrale Vision. In ihrem Streben nach der Realisierung des zionistischen Traums hatten sich die Pioniere auch daran gemacht, eine neue Gesellschaft zu schaffen, die auf Gleichheit und Zusammenarbeit gründete, auf Gerechtigkeit und Fairness, auf Kollektivbesitz und Gemeinschaftsleben.

Ich genoss mein Leben in Tel Aviv, die Nachmittage, wenn ich mit dem Fahrrad die Straßen der Stadt durchstreifte, die neuen Gebäude zählte und die täglichen Baufortschritte aufzeichnete. Doch mein Herz gehörte den weit entfernten Kibbuzim. Ich war der Jugendbewegung meiner Schule beigetreten und hatte dadurch Kontakt zu den größten Pionieren der jüdischen Nation bekommen und von ihnen gelernt. In der Schule haben wir gepaukt, in der Jugendbewegung hingegen haben wir geträumt. Einen Großteil meiner Kindheit hatte ich für die Pioniere geschwärmt und war nun überzeugt, dass es keine wichtigere Aufgabe, keine höhere Berufung geben konnte, als sich ihnen anzuschließen. Ich wollte den Lärm der Großstadt gegen die Ruhe auf den Feldern eintauschen – wollte Teil des Bemühens um eine Umgestaltung des Landes werden. Unser Gruppenleiter Elhanan Jischai verstand, welchen Weg ich einschlagen wollte, und beschloss, mich dabei zu unterstützen.

»Ich denke, du solltest nach Ben-Schemen gehen«, sagte er in einem Gespräch zu mir, das mein Leben verändern sollte. Diesen Namen hatte ich noch nie gehört.

Mit dem Jugendkibbuz Ben-Schemen verbanden viele Menschen unterschiedliche Vorstellungen. Das 1927 von dem deutschen Arzt und Pädagogen Dr. Siegfried Lehmann gegründete Jugenddorf war und ist für mich der wunderbarste Ort der Welt.

Zuallererst war es ein Zuhause, auch für die geschwächten, tapferen Kinder, die in Europa ihre Eltern verloren und sich ganz alleine nach Palästina durchgeschlagen hatten. Doch Ben-Schemen war mehr als das. Es war ein intellektuelles Zentrum des Zionismus und zugleich auch ein Ort der praktischen Anwendung seiner Lehren. Es war ein Ort, an dem sich junge Menschen die Fähigkeiten aneignen konnten, die sie brauchten, um das dürre Land zu besiedeln: wie man Schafe hütet und wie man Ziegen und Kühe melkt; wie man das Saatgut so in den harten, salzigen Boden presst, dass man sich vom Ertrag ernähren kann; wie man eine Sense wetzt und mit ihr mäht. Und es war ein Ort, an dem Jungen und Mädchen als Soldaten ausgebildet wurden, weil die Ziele des Zionismus sicher nicht ohne Kampf zu erreichen waren. Die Schüler lernten schießen und kämpfen und erfuhren, wie man sich an den Sternen orientiert. Vor allem aber lernten sie die Werte des Lebens im Kibbuz: wie man gleichberechtigt zusammenarbeitet, eine Gemeinschaft aufbaut und diese auf Dauer gestaltet. Es war ein Ort, an dem Kinder zu Führungspersönlichkeiten heranwuchsen. Ben-Schemen hatte gerade eine große Zahl von Kindern aus Europa aufgenommen, und die Leiter des Jugenddorfs wollten sie mit anderen zusammenbringen, die ebenfalls aus Europa gekommen waren und den Neuankömmlingen helfen konnten, sich an das ganz andere Leben hier anzupassen.

Ehe ich etwas sagen konnte, fuhr Elhanan fort: »Du musst nicht dahin gehen, aber du sollst wissen, dass ich dich schon empfohlen habe, und weil ich die finanzielle Lage deiner Familie kenne, habe ich auch ein Stipendium für dich beantragt.« Ich muss fassungslos gewirkt haben.

»Sie wollen dich haben, Schimon«, sagte er lächelnd. »Und sie werden die Kosten übernehmen. Also – wenn du willst, es liegt an dir.«

Ich sprang vom Stuhl hoch und rannte nach Hause, um es meinen Eltern zu erzählen. Ich fragte sie nicht einmal um Erlaubnis. Ich erzählte ihnen nur mit all der Leidenschaft und Ungeduld eines Fünfzehnjährigen von meinen Plänen und meinen Hoffnungen. Ich war überzeugt, dass das mein Weg war, und ich denke, sie sahen das auch so.

1938 kam ich in Ben-Schemen an, den Kopf voller Meinungen und Wissensdrang. Ich weiß noch, wie ich zum ersten Mal durchs Eingangstor den Hof betrat, einen kleinen, von einfachen eingeschossigen Gebäuden umgebenen Platz. In der Mitte standen zwei prächtige Eichen, die wohl seit Jahrhunderten Zeugnis über alles ablegten, was hier geschah. In ihrem Schatten standen ein paar Kinder um eine Frau, wohl ihre Lehrerin, und hörten ihr aufmerksam zu.

Ich wurde in einer Holzhütte am Ende eines schmalen Waldwegs untergebracht, wo ich mit zwei anderen Jungs fröhlich zusammenlebte. Auf den ersten Blick muss es bisweilen wie ein Ferienlager gewirkt haben. Wir machten Scherze, spielten einander Streiche und sangen Lieder am Lagerfeuer. Wir wanderten auf den gewundenen Pfaden der nahe gelegenen Hügel und lockerten unsere täglichen Pflichten mit allerlei Spielen auf. Hier fand ich zum ersten Mal wirkliche Freunde. In Tel Aviv war ich ein Außenseiter gewesen, in Ben-Schemen war ich beliebt.

Doch bei aller Kameradschaft und dem gelegentlichen Unfug war uns allen sehr bewusst, dass eine Aufgabe auf uns wartete, die viel wichtiger war als wir selbst. Wir lebten nicht nur im Neuland der jüdischen Geschichte, wir gestalteten sie mit den eigenen Händen. Mit jedem gepflanzten Saatkorn und jeder geernteten Frucht schoben wir die Grenze unserer Träume weiter hinaus. Auf diesem kargen Land würden wir den Judenstaat neu aufbauen – und es war an uns, es zu kultivieren und dafür zu sorgen, dass es viele weitere Millionen Menschen ernähren konnte. Wie sollen wir unseren Leuten Sicherheit garantieren, wurden wir oft gemahnt, wenn wir denen, die zu uns kommen, nicht einmal den Bauch füllen können? Und so mussten wir alles vorbereiten.

Am Tag lernten wir oder arbeiteten auf den Feldern, und nachts standen wir Wache. Nicht selten eröffneten Araber aus den Nachbardörfern das Feuer auf uns oder versuchten, unsere Vorräte zu stehlen. Ich war zum Kommandanten eines unserer Wachposten ernannt worden, einer Stahlbetonkonstruktion am Rand des Dorfes. Dort kletterte ich nach Sonnenuntergang eine eiserne Leiter hinauf und hielt Ausschau, den Rücken an der Wand, das Gewehr an der Seite. Stets hoffte ich auf eine ruhige Nacht, doch immer wieder wurde unser Dorf beschossen, und oft musste ich das Feuer ins Dunkel hinein erwidern.

Wenn ich zum Wachdienst ging, kam ich immer am Haus der Gelmans vorbei. Herr Gelman war unser Zimmermannslehrer, und ich sah ihn oft vor dem Haus stehen und ein langes Brett zersägen. Manchmal sah ich auch seine Frau im Garten, wie sie Blumen goss oder sich um ihre Tomaten kümmerte. Ich winkte und rief ihnen ein »Schalom« zu.

Eines Abends jedoch stand da barfuß vor der Tür ein junges Mädchen, das ich nicht kannte. Ihr langes braunes Haar war zum Zopf gebunden und gab den Blick auf durchdringende Augen und ein Gesicht wie von einer griechischen Statue frei, eine Schönheit, wie ich sie noch nie gesehen hatte. Unsere Blicke kreuzten sich einen Augenblick, und nach einem winzigen Lächeln war es um mich geschehen. Als hätte sie mich zerstört und sogleich wiederhergestellt. Sie hieß Sonia. Sie war Gelmans zweite Tochter und hier im Dorf aufgewachsen. Ich sah sie jetzt jeden Abend, immer ohne Schuhe und mit einem Rasenmäher. Ich war wie hypnotisiert.

Schließlich fand ich den Mut, sie anzusprechen. Doch sie war nicht sonderlich beeindruckt von mir. Ich gab mein Bestes, las ihr Gedichte vor und sogar ganze Kapitel von Karl Marx, aber nichts schien zu wirken. Bis zu dem Tag, an dem ich sie bat, mich zu einem Gurkenfeld zu begleiten.

Der Duft der jungen Früchte, die Romantik der Natur hatte etwas an sich, das schließlich funktionierte. Jetzt endlich sah sie mich anders an – mit demselben Blick, mit dem ich sie angeschaut hatte.

Sonia war meine erste und einzige Liebe. Ich fand in ihr eine sanfte und zugleich energische junge Frau, und in jeder Hinsicht einen Quell großer Weisheit und Stärke. Sonia ließ mich träumen, sorgte aber dafür, dass ich geerdet blieb. Sie glaubte an mich und unterstützte mich, auch wenn ich Traumgespinsten nachjagte. Aber sie ließ nie zu, dass ich übers Ziel hinausschoss. Sie war mein Kompass und mein Gewissen. Auf der ganzen Welt konnte es keinen anderen Menschen geben, der meine Liebe mehr verdient hätte, und irgendwie schien sie bereit, mich gleichfalls zu lieben.

Das war Ben-Schemen: ein Ort, an dem wir tagsüber lernten und den wir nachts verteidigten. Ein Ort, der uns erlaubte, wir selbst zu sein und unsere Ziele zu verfolgen. Ein Ort, wo gleich ums Eck Seelenverwandte auf einen warteten.

Es war auch ein Ort voller politischer Dramatik. Hier begann ich meine politischen Ansichten weiterzuentwickeln, hier konnte ich sie auch zum ersten Mal sinnvoll einsetzen. Und bei allem, was uns die Lehrer in Ben-Schemen beigebracht haben, war kaum etwas prägender als das, was wir heimlich taten. In Ben-Schemen gab es eine ganze Reihe von politischen Jugendbewegungen, in denen sich die Schüler mit der Zukunft des jüdischen Volkes befassten, die Notwendigkeit eines Judenstaates erörterten und darüber diskutierten, welche Strategie zu seiner Errichtung erforderlich war. Allerdings waren derlei politische Aktivitäten hier verboten, und deshalb fanden unsere Debatten und leidenschaftlichen Plädoyers immer nachts statt, im Geheimen und im Flüsterton. Es waren die Gespräche der jüngsten Generation, die hier lebte und die in dem Gefühl verwurzelt war, dass es um die eigene Zukunft ging und dass das, was wir sagten, mehr als nur Worte waren. Wir spürten, dass es um mehr ging als nur darum, uns eine Heimstätte zu sichern, dass unsere Aufgabe darin bestand, eine Vorstellung von einer neuen Gesellschaft zu entwickeln. Das war die treibende Kraft hinter der Kibbuz-Bewegung und der Idee, der wir uns verschrieben hatten. Und weil so viel auf dem Spiel stand und wir unsere Rolle für so wichtig hielten, verliefen unsere Diskussionen oft recht hitzig.

Trotz unserer gemeinsamen Ziele waren wir häufig uneins. Einige unserer politischen Führer waren Stalinisten. Sie verlangten eine rigide kollektivistische Lebensform in ihren Kibbuzim und sahen einen Judenstaat als Mechanismus zur Umsetzung größerer Disziplin und Ordnung, wollten das Sowjetsystem nachbilden. Ich hingegen war überzeugt, dass Stalin die Lehren von Marx pervertiert und mit seinem Regierungsstil das sozialistische Ideal verraten hatte. Anstatt Stalins Regierungssystem oder irgendein anderes zu imitieren, sollten wir etwas Eigenes entwickeln, mit einem nationalen Ethos, das auf den Grundsätzen der jüdischen Sittlichkeit beruhte. In Herzls Worten: »Jawohl, wir streben nach unserem alten Land. Aber in dem alten Lande wünschen wir nur eine neue Blüte für den jüdischen Geist.«

Ich war bei unseren geheimen Versammlungen längst kein Außenseiter mehr, entwickelte mich zur Schlüsselfigur. Die frühen Erfahrungen der Jugendbewegung veränderten mich, formten meine Sicht auf die Welt und zunehmend auch auf meinen Platz in ihr. Je mehr ich zur führenden Stimme im Raum wurde, desto klarer wurde mir, wie sehr ich es genoss, vor einer Menge zu stehen und sie mit nichts als Worten, Gedanken und Überzeugungen zu beeinflussen, vielleicht sogar den Lauf der Geschichte. Es war sicher hilfreich, dass ich schon als junger Bursche mit einer außergewöhnlich tiefen Stimme gesegnet war, einem Bariton, der meinen Worten auch dann Autorität verlieh, wenn sie es gar nicht verdient hatten.

In meinem zweiten Sommer in Ben-Schemen wählte mich die Jugendbewegung HaNoar HaOved (Arbeitende Jugend), der ich mich angeschlossen hatte, zum Delegierten für ihren Nationalkonvent. Ich war begeistert. Nach wie vor bekannte ich mich zu meinem Traum, das Land zu besiedeln, doch plötzlich war mir klar, dass ich über eine Fähigkeit verfügte, der andere große Bedeutung beimaßen: die Begabung, Menschen zu überzeugen. Ich hatte den Ruf zum Dienst vernommen, und dadurch eröffnete sich mir ein zweiter Weg.

Einige Monate, nachdem ich mein Amt übernommen hatte, sollte ich für HaNoar HaOved nach Haifa im Norden des Landes fahren. Ich wollte den Bus nehmen, doch als ich dem Intellektuellen und großen zionistischen Denker Berl Katznelson, der mich unter seine Fittiche genommen hatte, davon erzählte, schlug er etwas Besseres vor.

»Das passt ja perfekt«, meinte er. »Ein Freund von mir fährt nächste Woche mit dem Auto nach Haifa. Ich denke, ich kann dir einen Platz organisieren.«

»Prima«, sagte ich. »Wer ist denn dieser Freund?«

»David Ben-Gurion«, antwortete er nonchalant.

David Ben-Gurion war nicht irgendjemand für mich, er war eine Legende. Er war der Anführer des jüdischen Volkes im Mandatsgebiet Palästina, Philosoph und Stratege zugleich. Er strebte nach Unabhängigkeit für die Juden, nicht nur um einen Staat zu errichten, sondern auch, damit wir unsere historische Mission erfüllen konnten, ein »Licht für die Völker« zu werden, ein Vorbild für die ganze Menschheit. Seine Vision unseres künftigen Staates – sicher, demokratisch und sozialistisch – inspirierte mich, und die Entschlossenheit, mit der er dafür kämpfte, weckte große Bewunderung. Und nun würde ich zwei Stunden mit ihm verbringen können, und nichts würde uns unterbrechen.

In der Nacht vor dieser Fahrt fand ich wenig Schlaf. In den frühen Morgenstunden überlegte ich unentwegt, was er wohl zu mir sagen würde und wie ich antworten sollte. Ich versuchte, mir seine Fragen vorzustellen, und flüsterte passende Antworten vor mich hin, den Blick starr an die Decke gerichtet. Ich dachte immerzu, wenn ich ihn beeindrucken könnte, ihm zeigen, dass ich die Dinge begriff und für unsere Sache einstand, würde er mich vielleicht im Gedächtnis behalten – könnte ich mich vielleicht von den anderen abheben. Was alles konnte sich daraus ergeben?

Ich saß im Fond des Wagens, als Ben-Gurion einstieg und neben mir Platz nahm. In Wirklichkeit wirkte sein Haar noch weißer als auf Fotos, schien im Kontrast zur gebräunten Haut seines fast kahlen Schädels geradewegs zu strahlen. Er trug einen Mantel, und sein kritischer Blick schien eher auf seine gewohnten herabgezogenen Mundwinkel zurückzuführen zu sein als auf seinen Gemütszustand – das hoffte ich zumindest.

Als wir losfuhren, drehte er mir den Kopf zu und gab mit einem knappen Nicken zu verstehen, dass er mich wahrgenommen hatte. Doch ehe ich mich vorstellen konnte, hatte er sich schon wieder abgewandt. Er lehnte den Kopf an die Scheibe und schloss die Augen, und nach ein paar Minuten war klar, dass er eingeschlafen war. Meine Enttäuschung war grenzenlos.

Er schlief fast die ganze Fahrt lang. Doch als wir uns Haifa näherten, muss ihn das Rumpeln des Wagens auf der unbefestigten Straße geweckt haben. Aus den Augenwinkeln konnte ich sehen, wie er sich sammelte, die Augen rieb und sich aufrichtete. Jetzt endlich schien meine Chance gekommen zu sein. Da wandte er sich plötzlich mir zu und rief ohne jede Vorwarnung: »Weißt du, Trotzki war kein Führer!«

Ich wusste nicht, was ich denken – oder sagen – sollte. Mir war nicht klar, wie er auf dieses Thema kam oder wieso er zu glauben schien, dass ich mich für Trotzki interessierte, beziehungsweise was er mir eigentlich sagen wollte. Aber ich brannte vor Neugier.

»Warum sagen Sie das?«, fragte ich.

Leo Trotzki war nach der Oktoberrevolution bis März 1918 erster Außenminister Sowjetrusslands geworden. Er hatte die sowjetische Delegation bei den Friedensverhandlungen von Brest-Litowsk geleitet, mit denen die Beteiligung Sowjetrusslands am Ersten Weltkrieg beendet werden sollte. Als Deutschland immer weitere territoriale Zugeständnisse forderte, beschloss Trotzki ungeduldig, die Verhandlungen abzubrechen. Kurzerhand erklärte er den Kriegszustand einseitig für beendet, ohne eine Friedensvereinbarung mit

Deutschland zu unterschreiben. Diesen Zustand beschrieb er selbst als »weder Krieg noch Frieden«.

»Weder Krieg noch Frieden?«, rief Ben-Gurion aus, das Gesicht rot vor Wut. »Was soll das sein? Das ist keine Strategie. Das ist Wunschdenken. Entweder Frieden und den Preis zahlen, oder Krieg und das Risiko auf sich nehmen – eine andere Wahl gibt es nicht.«

Erneut war ich unsicher, was ich sagen sollte, aber diesmal war das egal. Ehe ich etwas Sinnvolles erwidern konnte, hatte Ben-Gurion die Augen wieder geschlossen und setzte sein Schläfchen fort. Er gab kein Wort mehr von sich.

Nach dem Schulabschluss in Ben-Schemen im Jahr 1941 wurde eine Gruppe von uns zur weiteren Ausbildung in den Kibbuz Gewa in der Jesreel-Ebene geschickt. In Ben-Schemen hatten wir die nötigen Fertigkeiten erworben, um das Land zu bewirtschaften. In Gewa sollten wir lernen, wie man einen Kibbuz erfolgreich führt. Mir waren zwei Aufgaben zugeteilt. Die erste war die Arbeit auf den Weizenfeldern. Erst wenn sie beendet war – gewöhnlich nach Sonnenuntergang – befasste ich mich mit meiner zweiten Aufgabe als Koordinator von HaNoar HaOved in den Tälern des Jordans und der Jesreel-Ebene. Ich bekam ein großes, schwerfälliges Triumph-Motorrad, damit ich mich mit den Mitgliedern unserer Ortsgruppen treffen konnte. Wir führten Treffen und Debatten durch, organisierten Seminare und öffentliche Diskussionen und verwendeten die letzten Stunden unseres Tages darauf, die anderen davon zu überzeugen, dass wir recht hatten.

Das zentrale Thema dieser Diskussionen war die territoriale Frage. 1917 hatte sich die britische Regierung, die damals einen Großteil des Nahen Ostens kontrollierte, in der Balfour-Deklaration mit der Schaffung einer nationalen Heimstätte für das jüdische Volk im Land Israel einverstanden erklärt. Viele von uns befürchteten jedoch, dass unser künftiges Staatsgebiet auf einen schmalen Landstreifen beschränkt würde, der zu klein und zu karg für uns alle war. Sie vertraten eine kompromisslose Haltung und verlangten die Rückkehr zu den historischen Grenzen – auch wenn diese Forderung niemals erfüllt würde. Ich war anderer Meinung. Wie Ben-Gurion war ich überzeugt, dass unser Überleben als Nation vorrangig war, nicht die Größe unseres Staatsgebietes. Und genau wie er fürchtete auch ich, dass unsere größte Gefahr darin bestand, nach einem eigenen Staat zu streben und dabei zu scheitern.

Die heftigen Debatten gingen weiter von Kibbuz zu Kibbuz. Inzwischen machten der Kreis meiner Freunde und ich uns an die Aufgabe, für die wir ausgebildet worden waren, und marschierten von Gewa aus 25 Meilen nach Norden zur Spitze des Bergs Poriya, wo wir Gründungsmitglieder des Kibbuz Alumot werden sollten.

Als wir dort ankamen, wurde ich von ehrfürchtigem Staunen ergriffen. Wohin ich den Blick auch wandte, überall sah ich etwas Außergewöhnliches. Am Fuß des Berges lag glitzernd in all seiner Schönheit der See Genezareth, dessen jenseitiges Ufer sich bis zum Horizont erstreckte. Im Westen sah ich grandiose Berge wie mit langen purpurnen Pinselstrichen hingemalt. Da waren Reihen von frischen Setzlingen, die eines Tages zu Oliven- und Dattelhainen heranwachsen würden. Von der richtigen Position aus konnte ich erkennen, wie sich das silbrige Band des Jordans durchs Tal schlängelte. Im Norden türmte sich der Berg Hermon himmelwärts, konnte unbehindert zu mir herübersehen. Mit einem Mal hatte ich das Gefühl, ich sei der Mittelpunkt der Welt. So lange schon hatte ich mir ein solches Leben vorgestellt, und jetzt breitete es sich vor mir aus, ein großartiges Argument dafür, dass Träume wahr werden können.

Als ich meinen Platz in Alumot gefunden hatte, wurde mir meine erste Führungsrolle zugeteilt – allerdings ging es nicht um Menschen, sondern um Schafe. Doch die Ähnlichkeiten waren markant: Zum Beispiel mag ein Schafhirte Autorität über seine Herde besitzen, aber das heißt nicht, dass er sie im Griff hat. Wie oft lief ich vor meiner Herde den Berg hinab, in der Erwartung, sie würde mir folgen – doch die Schafe zerstreuten sich über die Felder und ignorierten meine Kommandos. Es brauchte Zeit und Geduld, ein guter Hirte zu werden. Wir mussten eine gemeinsame Sprache finden. Ich musste die Ängste meiner Schafe kennenlernen, als wären es meine eigenen, um zu verstehen, wohin sie sich nicht führen ließen – oder zumindest, wann ich sehr besonnen vorgehen musste. Ich musste einfühlsam sein, aber meinen Willen auch beharrlich durchsetzen – musste jemand sein, dem sie, wenn auch vielleicht nur widerwillig, folgten, weil sie ihm vertrauten.

An den guten Tagen war es ein wunderschöner Tanz, ein Stück Poesie und eine Lektion in Führungsstärke, die ich nicht so schnell vergessen sollte. Doch gab es, allerdings weniger häufig, auch schwere Tage, an denen die Natur, gegen die ich mit all meinen Fertigkeiten nicht ankam, ihren

Tribut forderte: Schließlich hatte ich mit Tieren, nicht mit Menschen zu tun. Selbst wenn alles gut lief, konnte Schlimmes passieren – und auch das war eine Lektion, die ich lernte: Geduld zu haben.

Das Leben in Alumot war nicht leicht. Der Wind, der durchs Tal heranwehte, stieg auf und gewann an Stärke, wenn er unsere Siedlung erreichte, wo er mit unglaublicher Gewalt um Scheunen und Ställe tobte. Der Boden unter unseren Füßen war so mit Salzen gesättigt, dass unsere Pflanzen erstickten und wir in den ersten Jahren unsere Ernte streng rationieren mussten. Und eine Zeitlang hausten die wenigen Mitglieder des Kibbuz in den düsteren schwarzen Basaltruinen einer Siedlung, die zwanzig Jahre zuvor katastrophal gescheitert war. Es schien, als lebten wir zwischen Grabsteinen, als ständige Mahnung, dass auch unsere Bemühungen scheitern konnten.

Außenstehende mochten den Kibbuz Alumot an dem messen, was fehlte. Wir lebten in Zelten. Es gab weder Strom noch fließendes Wasser. Jeder von uns bekam ein Paar Arbeitsschuhe, zwei Khakihosen und zwei Hemden – eins für die Arbeit und eins für den Sabbat. Im Kibbuz gab es ein Paar graue Hosen und ein britisches Armee-Jackett, das sich die Männer nur für ganz besondere Gelegenheiten ausleihen konnten. Doch wir, die wir hier lebten, maßen den Kibbuz Alumot an dem, was er uns bot. Er gab uns eine Aufgabe und einen Sinn. Er gab uns eine Familie, die größer war als jede andere, und ein Ziel, das größer war als wir selbst. Das harte Leben war keine Unannehmlichkeit, es war der Grund dafür, dass wir hier waren.

Und so arbeiteten wir. Wir sammelten die Steine aus den

Äckern und sanierten den Boden. Wir legten in Ödland Felder an und besäten sie, bis sie Früchte trugen.

Jeden Morgen, lange vor Sonnenaufgang, öffnete ich den Schafpferch, damit die Tiere den Hang des Poriya hinablaufen und zwischen den Felsen grasen konnten. Der Weg war steil und gefährlich, vor allem im Dunkeln. Doch bei Sonnenaufgang kamen die Fliegen und quälten die Schafe, deshalb war es besser, sie nachts hinauszulassen.

Mir machte das nichts aus. Die Zeit, die ich allein verbrachte, war mir die liebste. Wie viele Nächte saß ich auf einem Felsbrocken und betrachtete die Sterne, die sich im stillen Wasser unter mir spiegelten? Zu viele, um sie zu zählen. Wie gerne wäre ich damals Dichter oder Architekt geworden, um etwas zu erbauen – aus Worten oder Steinen. Und welcher Ort der Erde, welcher größere Pferch wäre geeigneter für einen aufstrebenden Schriftsteller, der seine Poesie in die Welt hinausfliegen lassen will?

Diese Tage gehörten zu den glücklichsten meines Lebens, und sie wurden noch bedeutsamer, als Sonia wieder dazugehörte. Zu Beginn des Zweiten Weltkriegs war sie als Krankenschwester zur britischen Armee gegangen und in Ägypten stationiert worden. Jetzt, nach ihrer Rückkehr, hatte sie beschlossen, zu mir nach Alumot zu kommen. Am 1. Mai 1945, dem Lag BaOmer-Fest, wurden wir in Ben-Schemen in einer kleinen Zeremonie unter einer schlichten weißen Chuppah getraut. Ich musste mir aus dem Kibbuz die gute Hose und das gute Jackett ausleihen, die beide etwas zu kurz für mich waren. Den Vorabend unserer Trauung verbrachte ich damit, das Jackett mit Schuhcreme schwarz zu färben.

Dann kam eines Morgens Ben-Gurions engster Berater

Levi Eschkol von einem Nachbarkibbuz zu uns nach Alumot, um uns ein Ersuchen Ben-Gurions zu überbringen. Eschkol, später Premierminister, spielte bereits eine wichtige Rolle in der Bewegung und wurde von allen bewundert; wir waren ehrlich schockiert, ihn hier unter uns zu sehen – umso mehr, als wir erfuhren, dass er auch meinetwegen gekommen war. Ben-Gurion war besorgt, dass sich die junge Generation zu weit von seiner Vision von einem Staat Israel entfernte. Für ihn hing das Schicksal des jüdischen Volkes davon ab, ob er sich durchsetzen konnte. Deshalb hatte er Eschkol geschickt: Der Kibbuz sollte mich von meinen landwirtschaftlichen Pflichten freistellen, damit aus der abendlichen Arbeit für HaNoar HaOved eine Ganztagsbeschäftigung werden konnte. Ben-Gurion war sich bewusst, dass die junge Generation unsere Zukunft war, und er muss gespürt haben, dass ein Gleichaltriger sie eher überzeugen konnte. Zumindest war das mein persönlicher Erklärungsversuch für die Frage, warum Ben-Gurion ausgerechnet mich, den gänzlich Unerfahrenen, für diese wichtige Aufgabe auserkoren hatte.

Als ich in der Zentrale von HaNoar HaOved in Tel Aviv eintraf, wurde mir sofort klar, warum Eschkol mich aufgesucht hatte. Das Sekretariat umfasste zwölf Mitglieder, und offenbar vertrat ich als einziger Ben-Gurions Standpunkt in der Frage der Staatlichkeit. Die Sitzungen waren sehr einseitig und dadurch völlig nutzlos. Ich wurde als mutmaßliches Sprachrohr Eschkols betrachtet und misstrauisch beäugt. Jeder Vorschlag von mir wurde sofort niedergestimmt. Wann immer ich ein Argument vorbrachte, wurde ich umgehend zum Schweigen gebracht. Bald erkannte ich, dass der Sache nur durch eine geänderte Zusammensetzung des Sekretariats gedient werden konnte. Das war nur beim Nationalkonvent möglich, und nur mit einer Mehrheit der anwesenden Delegierten. Wer diese Delegierten waren – und wen sie letztlich unterstützen würden – war noch offen. Um mir nicht jeden Tag eine Abfuhr zu holen, ging ich gar nicht mehr in die Zentrale in Tel Aviv, sondern konzentrierte mich auf die Arbeit vor Ort.

Ich fuhr mit meinem bockigen Motorrad immer dieselben Straßen entlang und besuchte alle Ortsgruppen, die offen für ein Gespräch waren. Wo immer ich anhielt, vertrat ich meine politischen Ansichten und drängte im Namen all derjenigen, die sich längeres Warten nicht leisten konnten, auf die rasche Errichtung eines jüdischen Staats. Ich traf Hunderte von Menschen und versuchte alle, die mir zuhörten, von meinem Standpunkt zu überzeugen. Ich wollte, dass sie dafür sorgten, dass die zum Konvent entsandten Delegierten Anhänger Ben-Gurions waren. Ich wollte, dass sie sich bei der Abstimmung gegen das Sekretariat stellten und mit mir stimmten.

Am 28. September 1945 wurde im Mugrabi-Kino in Tel Aviv der Nationalkonvent von HaNoa HaOved einberufen. Ich war sehr aufgeregt. Neben den Delegierten waren auch viele prominente Vertreter von Ben-Gurions Partei Mifleget Poalei Eretz Yisrael (Mapai) zugegen, der Arbeiterpartei Israels. Als die Delegierten in den Raum strömten, stand ich an der Anmeldung und erstellte eine detaillierte Liste aller Teilnehmer und ihres voraussichtlichen Abstimmungsverhaltens. Doch ich war nicht sicher, wie es ausgehen würde.

Einer der ersten Tagesordnungspunkte war die Annahme des gemeinsamen Programms. Die Delegierten mussten sich zwischen zwei Vorschlägen entscheiden. Der erste kam von Benjamin Tschotschowklin, dem Generalsekretär von HaNoar HaOved. Seine Position war die eines Großisrael. Der andere Vorschlag war mein eigener und spiegelte die Mapai-Position wider. Benjamin wurde vom Sekretariat und von der Mehrheit der zionistischen Bewegung unterstützt. Doch zu seiner und, offen gestanden, auch zu meiner Überraschung, hatte ich die Unterstützung der anwesenden Delegierten. Sie waren der Auffassung, ein geteiltes Palästina heute sei deutlich besser als ein »Großisrael« morgen; bei der Abstimmung erhielt mein Vorschlag die Mehrheit.

Das darauffolgende Chaos im Saal zeigte, dass keine Seite dieses Ergebnis erwartet hatte. Ich wurde von der Mapai-Parteiführung als Sieger begrüßt. Am Ende des Konvents war ich zur Leitfigur der Bewegung aufgestiegen und wurde zum Generalsekretär von HaNoar HaOved gewählt. Meine größten Helden kannten plötzlich meinen Namen. Jetzt war ich nicht mehr der unbekannte junge Mann auf einer gemeinsamen Autofahrt nach Haifa.

Am 20. Oktober 1946 wurde unser erstes Kind geboren, ein wunderschönes, entzückendes Mädchen, das wir nach meinem geliebten verstorbenen Großvater mütterlicherseits Tsvia nannten. Jetzt zogen wir aus einem Zelt in ein kleines Haus um.

Später, im Dezember dieses Jahres, fand in Basel der zweiundzwanzigste Zionistenkongress statt, das erste derartige Treffen seit dem Holocaust. Den einundzwanzigsten Kongress, der nur wenige Tage vor Beginn des Zweiten Weltkriegs veranstaltet worden war, hatte Chaim Weizmann, der Präsident der Zionistischen Weltorganisation und spätere Staatspräsident Israels, mit den ahnungsvollen Worten beendet: »Ich habe nur dieses eine Gebet: Mögen wir einander lebend wiedersehen.«

Schon vor Kriegsbeginn hatte sich die Welt dramatisch verändert. Im Mai 1939 veröffentlichte die britische Regierung mit dem MacDonald-Weißbuch ein politisches Dokument, das einen unbegreiflichen Verrat am jüdischen Volk darstellte. Es war die Widerrufung der Balfour-Deklaration, in der der britische Außenminister 1917 »die Errichtung einer nationalen Heimstätte des jüdischen Volkes in Palästina« befürwortet hatte. Nun aber hatte die britische Regierung beschlossen, wenn den Juden erlaubt würde, im Mandatsgebiet Palästina zu leben, dann nur als dauerhafte Minderheit. Sie verhängte deshalb strenge Beschränkungen für die jüdische Einwanderung und erlaubte nicht, dass Juden weiterhin Siedlungsland kauften. Es war als Todesurteil für den Judenstaat gedacht. Und da es weitere Einwanderung verhinderte, würde es auch zum Todesurteil für zahllose Juden werden, die vor den Nazis flohen. Wenn wir unsere Unabhängigkeit wollten, mussten wir es mit den Briten aufnehmen.

Im September 1939 überfiel Hitler Polen und machte sich daran, die Weltherrschaft zu erringen und die Juden auszurotten. Zwei Tage später erklärte Großbritannien Deutschland den Krieg und wurde paradoxerweise unser wichtigster Freund und zugleich unser zweitgrößter Feind.

Ben-Gurion hatte die Komplexität unserer Beziehungen und die neue Herausforderung an uns Zionisten so auf den Punkt gebracht: »Wir müssen die britische Armee unterstützen, als gäbe es kein Weißbuch, und wir müssen das Weißbuch bekämpfen, als gäbe es keinen Krieg.«

Doch ungeachtet der Mächte, die den Juden entgegentraten, widersetzten sich viele Linke Ben-Gurions Positionswechsel. Sie wollten nicht wie er aggressiv gegen die Briten vorgehen, sondern in einem langsamen, stetigen Prozess zu einem Kompromiss finden. Das erboste Ben-Gurion, der keine Rechtfertigung für Untätigkeit sah, schon gar nicht inmitten eines Versuchs, uns auszurotten.

1946 war der Krieg vorbei, und es wurde Zeit für ein erneutes Zusammentreffen in Basel. Die Mapai entschied, auch zwei jüngere Mitglieder in die Delegation aufzunehmen, und wie ich bald erfuhr, hatte Ben-Gurion beschlossen, dass ich einer von ihnen sein sollte. Der zweite junge Mann, etwas älter als ich, war attraktiv, ein brillanter Denker und ein ebenso begeisterter Anhänger Ben-Gurions wie ich. Er hieß Mosche Dajan.

Im Dezember 1946 bestiegen wir gemeinsam ein Schiff, meine erste Auslandsreise seit der Ankunft in Jaffa vor mehr als einem Jahrzehnt. Mir schien, als wäre die gesamte zionistische Führung an Bord – und ich war irgendwie mittendrin.

Mosche und ich verbrachten viel Zeit auf dem Oberdeck. Wir waren die jüngsten Passagiere, und obwohl wir sehr unterschiedlich waren, respektierten wir einander und schlossen rasch Freundschaft.

In stundenlangen Gesprächen tauschten wir unsere Ansichten über die politische Debatte und unsere Erwartungen an die Konferenz aus. Wir waren beide von Ben-Gurions Position überzeugt und wollten die ungehinderte Einwanderung nach Palästina auch mit Gewalt unterstützen, ob die Briten es nun für illegal hielten oder nicht. Einmal schlug Dajan sogar vor, die Lager niederzubrennen, in denen die Briten alle Juden festhielten, die auf dem Weg ins Land ihrer Väter aufgegriffen worden waren. Dajan, ein Stratege und Kämpfer zugleich, war mir ebenbürtig, aber auch ein Mentor, ein Mensch, den ich zutiefst bewunderte.

Den Raum zu betreten, in dem der Kongress stattfand, hatte etwas unglaublich Bewegendes. Vor beinahe 50 Jahren hatte Theodor Herzl hier den ersten Zionistenkongress einberufen. Hier war die Geschichte lebendig, und uns allen stand eine unklare Zukunft bevor. Von meinem Platz aus konnte ich auf dem Podium Weizmann, Eschkol, Ben-Gurion und alle anderen wichtigen Vertreter der zionistischen Bewegung sehen.

Ich sah auch die leeren Stühle derjenigen, für die sich Weizmanns Gebet von 1939 nicht erfüllt hatte. In seinen Memoiren schrieb er von der »furchtbaren Erfahrung«, diesen Kongress zu leiten, vor den Delegierten zu stehen und »unter ihnen kaum eines jener freundlichen Gesichter zu sehen, die die Zierde früherer Kongresse gewesen waren«. Die größten Delegationen waren aus dem Mandatsgebiet Palästina und den Vereinigten Staaten gekommen; irgendwie gespenstisch war, dass es im Raum kaum europäische Juden gab.

Doch ungeachtet der vielen Tausenden von Holocaust-Überlebenden, denen die Briten den Zugang zu ihrem Mandatsgebiet Palästina verwehrten, verlief die Konferenz so ruhig, als bestünde keinerlei Dringlichkeit. Es wurde ernsthaft diskutiert, ob wir alles tun sollten, was immer es sein mochte, um die Überlebenden in die Heimstätte der Juden zu bringen. Ben-Gurion war verständlicherweise wütend über diese laxe politische Haltung, über die Besessenheit, mit der die Konferenz die bürokratischen Details abhandelte, und vor allem über den Mangel an Mut und Engagement, die, wie er wusste, bitter nötig waren. Am Ende der ersten Sitzung war klar, dass der zutiefst frustrierte Ben-Gurion nicht genug Unterstützung für seine Vorschläge bekommen würde.

Am nächsten Morgen, als die Konferenz fortgesetzt wurde, sah ich ihn nicht. Ich weiß noch, dass ich neben Aryeh Bahir saß, einem führenden Vertreter der Mapai und Freund Ben-Gurions. Wir sprachen darüber, wie frustriert wir über den bisherigen Verlauf waren, als plötzlich Ben-Gurions Frau Paula mit finsterem Blick den Saal betrat und eilig auf uns zu kam. Sie trat neben Bahir und flüsterte hektisch auf Jiddisch auf ihn ein.

»Aryeh, er ist verrückt geworden«, hörte ich sie sagen. »Du musst es verhindern. Er will den Kongress verlassen.«

Bahir und ich waren zwar genauso frustriert über den bisherigen Verlauf wie Ben-Gurion, aber alle beide erkannten wir instinktiv, dass sein Weggang ein großes Problem darstellen würde. Selbst seine heftigsten Kritiker sahen in ihm die großartige, visionäre Führungsfigur, die für den Erfolg der Bewegung unerlässlich war. Und er war sicher der Einzige, der die anderen Parteimitglieder dazu bewegen konnte, seinen Plan eines zukünftigen Judenstaates zu unterstützen.

Paula war das völlig klar. Sie rief uns nicht auf, einen Streit zu schlichten, sie forderte von uns, die Bewegung zu retten.

Bahir und Paula erhoben sich und bedeuteten mir, zu folgen. Wir verließen den Saal und gingen hinauf in Ben-Gurions Zimmer, dasselbe Zimmer, in dem Herzl beim ersten Kongress 1897 gewohnt hatte. Als wir vor seiner Tür standen, klopften wir mehrmals, doch es kam keine Reaktion. Irgendetwas in mir gab mir die Chuzpe, den Türknauf zu drehen. Die Tür war nicht abgesperrt. Er stand im Zimmer, den Rücken zu uns gewandt, und stopfte seine Kleider wütend in einen offenen Koffer.

»Schalom, Ben-Gurion«, sprach Bahir ihn vorsichtig an. Es kam keine Antwort. »Schalom?« Noch immer keine Antwort – keinerlei Bestätigung, dass er uns wahrgenommen hatte. Schließlich sprach er.

»Kommt ihr mit?«

»Was hast du vor?«, fragte Bahir.

»Eine neue zionistische Bewegung gründen«, brüllte er. »Diesem Kongress trau ich nicht mehr. Alles Schmalspur-Politiker, erbärmliche Defätisten. Denen fehlt der Mut, die Entscheidungen zu treffen, die jetzt notwendig sind.

Ein Drittel unseres Volkes ist ausgelöscht«, fuhr er fort. »Die Überlebenden haben nur eine Hoffnung: sich ein neues Leben im Land unserer Väter aufzubauen. Es ist das einzige Land, das seine Tore weit öffnen und sie willkommen heißen muss. Verstehen die das nicht?«

Dann blickte er kurz herüber zu mir, dem Dreiundzwanzigjährigen, der mit weit aufgerissenen Augen dastand. »Nur die jüdische Jugend wird den Mut aufbringen, sich dieser Herausforderung zu stellen.«

Bahir versicherte Ben-Gurion, dass wir natürlich an seiner Seite standen, dass, wann immer er ging, auch wir gehen würden, dass es ohne ihn für den Zionismus keine Hoffnung gab. Als Ben-Gurion merkte, dass wir wirklich Verbündete waren, beruhigte er sich so weit, dass wir ein ausführliches Gespräch führen konnten. Was wir zu ihm gesagt hatten, war die Wahrheit: Er war das Gravitationszentrum der Bewegung – unsere unverzichtbare Führungsfigur. Aber wir wussten auch, dass sein Beschluss, eine neue Bewegung zu gründen, keine Lösung für unser dringliches Problem war. So etwas zu organisieren würde sicherlich Jahre dauern, und so viel Zeit hatten wir nicht. Deshalb machten Bahir und ich den einzigen Vorschlag, den wir für möglich hielten. Ehe wir den Kongress verließen, sollte Ben-Gurion noch ein letztes Mal versuchen, die Mapai-Fraktion von seiner Vision zu überzeugen. »Wenn sich da eine Mehrheit findet, bleiben wir alle; und wenn nicht, werden wir nicht die Einzigen sein, die gehen; dann werden sich uns viele anschließen.« Nach gründlicher Überlegung stimmte Ben-Gurion schließlich trotz ernsthafter Bedenken zu.

Ben-Gurions Verärgerung und seine Absichten sprachen sich in der Mapai rasch herum. Bahir und ich waren nicht die Einzigen, die verstanden, was wir verloren, wenn Ben-Gurion ging. Am Abend traf sich die Mapai-Fraktion unter Vorsitz von Golda Meir. Sie war von größter Bedeutung für die Sache des Zionismus und eine enge Freundin und Beraterin Ben-Gurions. Später sollte sie nicht nur eine von zwei Frauen werden, die die israelische Unabhängigkeitserklärung unterzeichneten, sondern auch die vierte Premierministerin unseres Landes. Die Debatte zog sich als brutales

Hin und Her von Argumenten und Emotionen durch die ganze Nacht. Die Schlussabstimmung fand im Morgengrauen statt. Als Golda mit dem Auszählen fertig war, erfuhren wir das Ergebnis: Ben-Gurion hatte mit hauchdünner Mehrheit gewonnen. Der Standpunkt der Aktivisten hatte sich durchgesetzt. Die Bewegung blieb am Leben.

Es war ein sehr wichtiger Sieg, weit über das politische Alltagsgeschäft hinaus. Wie vielen anderen gab er auch mir das Gefühl, dass Ben-Gurion nicht mehr aufzuhalten war, dass uns nichts und niemand an der Erfüllung unserer Mission hindern konnte. Ja, es kam mir vor, als sei soeben der Judenstaat geboren worden und zugleich etwas Neues, Kraftvolles in mir selbst entstanden. Zum ersten Mal gestand ich mir ein, dass ein Leben als Dichter und Schafhirte nicht ausreichen würde, um meine Träume zu verwirklichen. Ich hatte mir so sehr gewünscht, zu den Pionieren zu gehören. Aber für einen jüdischen Staat zu kämpfen, wie Ben-Gurion es gerade getan hatte – mit Nachdruck, Einfallsreichtum und Führungsstärke –, auch das war Neuland und für mich ein Aufruf zum Dienst.

Als ich zurück bei Sonia und Tsvia war, dachte ich immer wieder mit der größten Bewunderung an Ben-Gurions Triumph. Natürlich hatte er den Sieg in der Debatte dank seiner brillanten rhetorischen Fähigkeiten davongetragen und, da war ich mir sicher, weil seine Forderungen berechtigt waren. Aber ich hatte noch etwas anderes gesehen, das meine Vorstellung von einer Führungsrolle sehr beeinflussen sollte: im Moment seiner größten Frustration, als er drauf und dran war zu gehen, war er offen gewesen für die Argumente zweier junger Menschen, die nur über einen Bruchteil seiner Erfahrung und seiner Weisheit verfügten. Er hatte die große Debatte fast schon verloren gegeben, nicht aber den Glauben an die Kraft des Gesprächs. Immer wieder geriet ich im Verlauf meiner politischen Karriere in Situationen, in denen sich die gegnerischen Parteien voller Ärger und Misstrauen gegenüberstanden und keine Tür mehr offen schien. Ben-Gurion hatte mir gezeigt, dass Zuhören nicht nur *ein* Schlüsselelement von guter Führung ist, sondern *der* Schlüssel, um Türen wieder zu öffnen, die nach einem erbitterten Streit zugeschlagen wurden.

Ich ahnte damals nicht, wie oft ich noch an diesen Augenblick in einem Hotelzimmer zurückdenken würde – und wie bald schon.

Kapitel 2

UNABHÄNGIGKEIT, VERBÜNDETE UND DER KAMPF UM SICHERHEIT

An einem herrlichen Nachmittag im Mai 1947 saß ich bei Sonnenschein am Berghang und fütterte zwei Ziegen. Unter mir an den Ufern des Sees Genezareth sammelten sich dichte Nebelschwaden, die den Wind mit feinen Dunstschleiern durchsetzten.

»Schimon? Schimon!«, hörte ich hinter mir. Ich drehte mich um und sah einen Freund hektisch auf mich zu rennen.

Überrascht und besorgt erhob ich mich. »Was ist los?«

»Joseph Izraeli ist hier, im Auftrag von Eschkol«, keuchte er. »Mit einem Brief von Ben-Gurion.«

»Worum geht es?«

Er hielt erneut inne, um Atem zu schöpfen.

»Um dich«, stieß er hervor. »Es geht um dich.«

Wie ich bald erfuhr, war Izraeli als Eschkols Bote gekommen, um mich mitzunehmen. Alle Mitglieder des Kibbuz wurden zu einer Versammlung einberufen, um den Inhalt des Briefes zu besprechen. Ben-Gurion bat darum, mich erneut von meinen wichtigen Tätigkeiten im Kibbuz zu entbinden, damit ich eine andere Aufgabe übernehmen konnte. Ich sollte in der jüdischen Untergrundarmee Hagana dienen, dem Vorläufer der israelischen Verteidigungsstreitkräfte (Israel Defence Forces). Auch wenn das Ersuchen von Ben-Gurion kam, mussten nach den geltenden Regeln doch die Mitglieder des Kibbuz über meine Freistellung abstimmen. Und Ben-Gurion wollte auch keine Anweisungen erteilen, sondern überzeugen. Er war sicher, dass uns der Unabhängigkeitskrieg unmittelbar bevorstand, und das bedeutete, dass unser nächstes dringendes Erfordernis Sicherheit und Verteidigungsbereitschaft hieß. »Seht darin eine neue, zusätzliche Aufgabe des Kibbuz, einen neuen Arbeitsbereich«, schrieb er in der Hoffnung, die Kibbuz-Mitglieder davon überzeugen zu können, dass diese neue Aufgabe auch für sie von zentraler Bedeutung war. Nach kurzer Beratung stimmten die Anwesenden Ben-Gurions Wunsch zu. Ich sollte mich im Hagana-Hauptquartier melden, das in einem unscheinbaren roten Haus in der HaYarkon-Straße in Tel Aviv untergebracht war und – wenig einfallsreich – das »Rote Haus« genannt wurde.

Es war ein Ruf, dem ich mit Stolz folgte, aber mir war nicht klar, welchen Beitrag ich hier leisten konnte. Abgesehen von der Verteidigung von Ben-Schemen hatte ich keinerlei militärische Erfahrung. Vom Aufbau einer Armee oder der Vorbereitung eines Kriegs verstand ich rein gar nichts.

Als ich das Rote Haus betrat, war ich erleichtert, auf einen Bekannten vom Kibbuz Alumot zu treffen. »Weißt du, wohin man mich schicken will?«

»Nein«, antwortete er. »Mir hat niemand gesagt, dass du kommen würdest. Weißt du, was du hier machen sollst?«

»Nein, keine Ahnung. Ben-Gurion hat nach mir geschickt.«

»Aha. Na, der Generalstabschef Jaakow Dori ist krank, sein Schreibtisch ist frei. Nimm so lange da Platz.«

Ein paar Stunden später betrat Ben-Gurion in Begleitung zweier Militärberater das Büro. Im Vorbeigehen nahm er mich aus dem Augenwinkel wahr.

»Gut, dass du da bist, Schimon«, sagte er, zog ein paar zerknitterte Blätter Papier aus der Tasche und gab sie mir. Es war eine Liste mit zwei Spalten, einer kurzen und einer langen.

Er deutete auf die linke Spalte: »Das sind die Waffen, die wir haben, und das da sind die Waffen, die wir brauchen. Wenn wir nur das haben, was wir schon haben, sind wir geliefert.«

Ben-Gurions Befürchtungen waren nicht unbegründet. Die Entwicklung bei den Vereinten Nationen deutete darauf hin, dass die Generalversammlung über eine Resolution abstimmen würde, die ein geteiltes Palästina und die Errichtung eines jüdischen Staates vorsah. An sich war das ein Grund zum Jubeln. Doch Ben-Gurion war zutiefst beunruhigt. Er erwartete Kriegserklärungen gegen den neuen jüdischen Staat, sowohl innerhalb seiner neuen Grenzen als auch von seinen arabischen Nachbarn. Wozu ist die Geburt eines neuen Staates gut, fragte er, wenn er gleich danach erwürgt wird? Also machte er sich daran, die Hagana umzugestalten, um sicherzustellen, dass der neue Staat nicht ohne eine Armee dastand, mit der er sich verteidigen konnte. »Es wird nicht mehr um einzelne Kampfeinheiten gehen«, meinte er. »Wir müssen unbedingt eine moderne Armee aufbauen.«

»Was soll ich tun?«, fragte ich Ben-Gurion, als er mir die lange Einkaufsliste für Waffen in die Hand drückte.

»Ganz einfach«, erklärte er. »Besorg uns so schnell wie möglich diese Waffen.«

Ich ging an den geliehenen Schreibtisch zurück und sah mir das Dokument genauer an; es war wie ein Einkaufszettel in einer fremden Sprache. Auf der Suche nach Papier und Bleistift zog ich eine Schublade auf und sah einen Brief an Ben-Gurion, den Dori anscheinend hier aufbewahrt hatte. Er war von einem unserer Generäle, der das Angebot, die Stelle des Generalstabschefs zu übernehmen, abgelehnt hatte.

»Es ist nicht mein Wunsch, für sechs Tage Generalstabschef zu sein«, hatte er geschrieben. Ich verstand die Begründung nicht und bat einen Kollegen, es mir zu erklären.

»Warum hat der General das abgelehnt?«, fragte ich ihn.

»Aus vielen Gründen.«

»Zum Beispiel?«

»Die Munition«, sagte er.

»Was meinst du damit?«

»Schau auf die Liste.« Er zeigte auf einen Eintrag zu den Waffen, die wir bereits hatten. »Sechs Millionen Patronen.«

»Klingt nach ziemlich viel«, räumte ich ein. Er lachte.

»Wenn es zum Krieg kommt, brauchen wir eine Million Patronen am Tag.« Im Weggehen fügte er an: »Kein leichter Job.«

Das hatte der General gemeint – er wollte keinen Verteidigungskrieg führen, wenn unsere Munition nicht einmal für eine Woche reichte. Das schockierte mich aus zwei Gründen: Zum Ersten wusste ich – wie wir alle –, dass ein

Krieg für unseren Staat eine Gefahr darstellen würde. Eine große Gefahr sogar. Doch war es wirklich so schlimm? So schlecht gerüstet zu sein, dass uns schon nach einer Woche die Munition ausgehen würde, war eine erschreckende Aussicht. Aber noch schockierender als diese Enthüllung war die Vorstellung, dass ein so ausgewiesener Experte in einer so wichtigen Sache um Unterstützung gebeten wurde und ablehnte, weil es ihm aussichtslos erschien. Ben-Gurion bat nicht um irgendetwas: Er bat den General um Hilfe bei unserem wichtigsten Projekt überhaupt, der Verteidigung eines Staates, den es noch gar nicht gab, und der Verwirklichung des zionistischen Traums. Mochte die Dimension dieser Herausforderung auch überwältigend erscheinen – welche Antwort wäre unserer Geschichte (und unserer Zukunft) würdig außer einem entschlossenen und hoffnungsvollen »Ja«?

Ich dachte daran, wie mein Großvater mich gebeten hatte, »immer Jude zu bleiben«. Jude sein war vieles für mich, vor allem aber, den Mut aufzubringen, das zu tun, was im Interesse des jüdischen Volkes nötig war. Es mag mir damals an Wissen und Erfahrung mit den Waffen auf Ben-Gurions Liste gefehlt haben, aber es mussten Entscheidungen getroffen werden, über Waffen und Munition, über Krieg und über Verbündete, und ich lief nicht weg, sondern stellte mich der Herausforderung.

Viele sehen in mir einen Menschen voller Widersprüche. In den letzten vierzig Jahren galt ich als eine wichtige Stimme der »Tauben« in der israelischen Politik, als ein Mensch, dem es einzig um den Frieden geht. Doch die ersten beiden Jahrzehnte meines politischen Lebens waren nicht dem Streben nach Frieden gewidmet, sondern der Vorbereitung des Krieges. Eine Zeitlang hieß es, ich sei einer der entschlossensten Falken Israels. Dabei wird unterstellt, dass ich mich verändert haben muss, dass meine Einstellungen und Bemühungen einem grundlegenden moralischen Wandel unterlagen. Das hat etwas Romantisches, enthält aber auch ein Paradox, das es so nie gegeben hat. Nicht ich habe mich geändert, die Situation ist eine andere geworden.

Frieden ist eine Aufgabe – ein Ziel, das anzustreben sich lohnt, Krieg hingegen ist eine Funktion – entstanden aus reiner Notwendigkeit. Kein rational denkender Mensch würde ihm den Vorzug geben. Als Frieden zum ersten Mal möglich schien, setzte ich mich mit aller Kraft dafür ein. Als sich die arabischen Politiker offen für Verhandlungen zeigten, erklärte auch ich mich dazu bereit. Die Vision der Propheten war eine von Frieden und Gerechtigkeit, von Moral und Toleranz. »Und sie werden ihre Schwerter zu Pflugscharen umschmieden und ihre Speere zu Rebmessern«, so lehrt uns die Thora. »Kein Volk wird gegen das andere das Schwert erheben, und sie werden den Krieg nicht mehr lernen.« Das war die Leitvision des jüdischen Volkes. Doch man darf nicht vergessen, dass es eine Zeit gab, in der die Umstände für uns anders waren; eine Zeit, in der unsere arabischen Nachbarn nicht verhandeln, sondern uns vernichten wollten. Es gab eine Zeit, in der Israel schutzlos einem Meer von Feinden gegenüberstand, eine Zeit ständiger extremer Gefahr. Das waren die Jahre, als noch kein Frieden möglich war – und ich ein kompromissloser Falke.

Die bösen Absichten unserer Nachbarn waren nicht der einzige Grund, weswegen wir mit der fast sicheren Vernichtung rechnen mussten. Der Nahe Osten stand unter einem Waffenembargo der westlichen Welt, denn die Vereinigten Staaten, Großbritannien und Frankreich hatten sich zur Neutralität verpflichtet. Doch in der Praxis war Israel das einzige Opfer dieses Embargos; die Sowjetunion lieferte fleißig Waffen an die arabischen Staaten, die mit unserer Vernichtung drohten, auch wenn der Westen uns nichts gab. So hatten unsere Feinde freien Zugang zu Waffen, mit denen sie ihre riesigen Armeen ausrüsten konnten, während wir über Munition für sechs Tage verfügten und über eine Miliz, die vor allem aus Bauern und Holocaust-Überlebenden ohne praktische Ausbildung bestand, und keine Möglichkeit sahen, an die Waffen zu gelangen, die wir im Fall eines Angriffs benötigten.

Wenn wir uns schützen wollten, blieb uns nur ein Weg: das Embargo zu brechen, illegal Waffen einzukaufen und sie heimlich nach Israel zu bringen.

Noch wenige Tage zuvor hatte ich in einem Kibbuz Kühe gemolken. Jetzt begann die dramatischste Phase meines Lebens. Ich schloss Freundschaft mit Waffenhändlern und arbeitete mit Waffenschmugglern zusammen. Ich ging mit gefälschten Pässen auf geheime Mission, verkehrte in der Unterwelt, um so viele Waffen zu kaufen wie möglich. Schnell wurde ich zum Experten, sei es für die präzisen Details der Waffen, die wir benötigten, sei es für die Wege, auf denen ich sie beschaffen konnte. Ich lernte alles, von den Mängeln eines bestimmten Gewehrtyps bis zur Menge an Treibstoff, die ein Kriegsschiff für die Überquerung des

Atlantiks benötigte. Und ich wurde allmählich sehr versiert in der merkwürdigen Mischung aus Ehrerbietung und herrischem Auftreten, die erforderlich war, um die beste Ausrüstung rechtzeitig zu erhalten. Doch anfangs wusste ich lediglich, dass meine Aufgabe wichtig war und dass es keine Zeit zu verlieren galt. Über die technischen Details wollte ich alles in Erfahrung bringen, nicht aber über die Gründe, warum ich es tun musste: Sie lagen auf der Hand.

Es gab nur ein Land, das bereit war, uns auf direktem Weg mit Waffen zu beliefern: die Tschechoslowakei. Die anderen Satellitenstaaten hinter dem Eisernen Vorhang hatten sich dem Waffenboykott gegen uns angeschlossen, doch Stalin sah in dem westlichen Embargo eine Chance, denn er glaubte, ein wenig demonstrative Unterstützung würde unser junges sozialistisches Land seinem kommunistischen Block näher bringen. Und so erlaubte er den Tschechen, uns mit den dringend benötigten Waffen zu versorgen. Was wir bekamen, war von atemberaubender Symbolik; die meisten Waffen stammten aus Fabriken, die die Nazis auf besetztem tschechoslowakischen Gebiet errichtet hatten. Dieselben Waffen, die damals gegen uns eingesetzt worden waren, sollten uns jetzt zur Verteidigung dienen.

Innerhalb von sechs Monaten seit meiner Ankunft im Hagana-Hauptquartier hatte ich dazu beigetragen, ein unglaubliches Arsenal an Waffen zu beschaffen – und zwar gerade noch rechtzeitig. In der letzten Novemberwoche 1947 erreichte in der Generalversammlung der Vereinten Nationen die zweimonatige Debatte über die Resolution 181 ihren Höhepunkt. Sollte die Resolution angenommen werden, bedeutete dies das Ende des britischen Mandats und die Teilung Palästinas in einen arabischen und einen jüdischen Staat, was unsere Unabhängigkeitserklärung und wahrscheinlich einen bewaffneten Konflikt zur Folge haben würde. Aber niemand von uns, weder in der Regierung noch außerhalb, wusste, ob die Resolution genügend Stimmen erhalten würde. Für die Annahme war eine Zwei-Drittel-Mehrheit aller Mitgliedstaaten erforderlich, eine Herausforderung, die dem Erklimmen einer steilen Felswand ähnelte. Am 26. November verfolgten wir im Radio die Debatte, hörten zu, wie der Vertreter einer Nation nach der anderen ans Mikrophon trat, um über unser Schicksal zu bestimmen.

Die arabischen Nationen lehnten die Resolution einstimmig ab und sprachen der UNO das Recht ab, sich überhaupt mit der Sache zu befassen. Der Vertreter Saudi Arabiens bezeichnete die Resolution als »offenkundige Aggression«, der nachfolgende syrische Vertreter nannte sie den »größten politischen Skandal aller Zeiten«. Die UdSSR, die zuvor den Teilungsplan abgelehnt hatte, stimmte der Resolution als erster Staat zu mit der Begründung, die Ein-Staaten-Lösung sei »weder durchführbar noch realistisch«. Ihr Vertreter verwarf den Standpunkt der arabischen Nationen mit dem Argument, die Vereinten Nationen seien nicht nur im Namen des internationalen Friedens zum Eingreifen berechtigt, sondern nach ihrer Charta sogar dazu verpflichtet.

Nach dem Ende der Debatte war noch immer unklar, ob wir genug Unterstützung finden würden. Am 29. November 1947, dem Tag der Abstimmung, hatten sieben Nationen noch nicht angekündigt, wie sie sich verhalten würden. Zwar hatten uns sehr viele Staaten eine Zusicherung gegeben, aber wir waren nicht sicher, ob sich alle daran halten würden.

In Tel Aviv versammelten sich gegen Abend viele Menschen auf dem Magen-David-Platz, wo das Abstimmungsergebnis per Lautsprecher übertragen wurde. Als die atmosphärischen Störungen nachließen, hörten wir, wie der Präsident der Generalversammlung Osvaldo Aranha zur Abstimmung über die Resolution aufrief. Wir hörten gebannt zu und mit uns viele Juden in der ganzen Welt.

»Afghanistan? Nein. Argentinien? Enthaltung. Australien? Ja.«

Jedes aufgerufene Land und jede Antwort hallte in unseren Ohren nach, bis es schließlich schien, als hielten wir alle den Atem an. Ben-Gurion und ich gingen auf und ab, als könnten unsere Schritte den Ablauf beschleunigen.

»El Salvador? Enthaltung. Äthiopien? Enthaltung. Frankreich? Ja.« Plötzlich kam Unruhe im Saal auf, gefolgt von einem heftigen Klopfen mit dem Hämmerchen.

»Ich bitte das Publikum, den Abstimmungsprozess nicht zu stören«, sagte der Präsident der Generalversammlung, anscheinend an die Zuschauer auf der Tribüne gerichtet. »Ich erwarte, dass Sie bei dieser ernsten Entscheidung die Würde der Versammlung wahren. Ich werde keinerlei Störungen dulden!«

Es ging weiter. Die Menschen auf dem Platz standen dicht gedrängt, als die restlichen Stimmen abgegeben wurden, in der bangen Hoffnung, dass etwas ganz Außergewöhnliches geschehen würde, auch wenn sie es noch nicht glauben konnten.

»Uruguay? Ja. Venezuela? Ja. Jemen? Nein. Jugoslawien? Enthaltung.« Wieder hörten wir das Klopfen des Hämmerchens, jetzt als Zeichen dafür, dass die Abstimmung beendet war. Und dann die schlichten Worte, die den Lauf der Geschichte des jüdischen Volkes verändern sollten: »Die Resolution ... wurde mit dreiunddreißig Stimmen angenommen, bei dreizehn Gegenstimmen und zehn Enthaltungen.«

Lautstarker Jubel ertönte in der Menge. Wir sahen herzliche Umarmungen, ungläubiges Lachen, Tränen der Hoffnung und der Freude, Momente voller Nachdenklichkeit. Als sich die Nachricht in Tel Aviv verbreitete, strömten die Menschen auf die Straße. Ben-Gurion und ich sahen zu, wie Tausende einander an der Hand fassten und wieder und wieder die Hora tanzten. Niemals in unserem zweitausendjährigen Exil hatte unser Volk einen ehrgeizigeren Traum gehabt als den der Rückkehr ins Land unserer Väter. Es war gerade 50 Jahre her, dass Theodor Herzl die Bewegung gegründet und damit das Fundament für das Haus gelegt hatte, das dereinst die jüdische Nation beherbergen sollte. Welthistorisch gesehen hatten wir das mit beeindruckender Geschwindigkeit erreicht. Doch vor dem Hintergrund unserer jüngsten Geschichte, insbesondere der Ermordung von sechs Millionen unschuldigen Menschen und der nahezu vollständigen Ausrottung des europäischen Judentums, war uns stets präsent, dass es fast schon zu spät war.

Es war ein Leichtes, sich von der momentanen Begeisterung mitreißen zu lassen, aber Ben-Gurion und ich wussten, dass es verfrüht war zu feiern. Eine Resolution der Vereinten Nationen allein würde keine Garantie für unseren Staat darstellen.

»Heute tanzen sie auf der Straße«, schrieb er in seinem Tagebuch. »Morgen werden sie auf der Straße Blut vergießen müssen.«

Er hatte recht. In den Tagen nach der Resolution trafen bereits die ersten Meldungen über Angriffe arabischer Milizen auf jüdische Siedlungen ein. Erschütternde Telegramme aus dem gesamten Nahen Osten berichteten von Vergeltungsanschlägen auf Juden. In allen Einzelheiten wurde geschildert, wie in Syrien Synagogen und Wohnhäuser in Schutt und Asche gelegt wurden, und wie – von Ägypten bis zum Libanon – Juden vom aufgewiegelten Mob gejagt wurden. Die Arabische Liga hatte ihre Absicht kundgetan, die Umsetzung der Resolution zu verhindern und die Juden zu vertreiben – den Staat Israel zu vernichten, ehe er auf einer Landkarte eingezeichnet werden konnte. Und sie hatten bereits begonnen, ihr dunkles Versprechen wahrzumachen.

Vor diesem Hintergrund machte sich Ben-Gurion an den Entwurf einer förmlichen Unabhängigkeitserklärung. Nach der Verabschiedung der UN-Resolution im November verloren die Briten zwar ihr Mandat für Palästina, aber ein Datum, bis zu dem sie die Region verlassen mussten, war nicht festgelegt worden. Nun sah es so aus, als wollten sie ihre letzten Truppen am Freitag, dem 14. Mai 1948, um Mitternacht aus Israel abziehen. Ben-Gurion wollte die Unabhängigkeitserklärung unmittelbar vor ihrem Abzug verlesen, damit zwischen dem Ende des britischen Mandats und dem Beginn unserer Unabhängigkeit keine Lücke entstand.

Allerdings war ich in den wenigen ruhigen Augenblicken dieser ansonsten so hektischen Tage mit den Gedanken nicht nur bei der Arbeit, die vor mir lag; da war auch mein erstes Kind, unsere Tochter Tsvia, die noch nichts von der Welt wusste, außer dass ihre Eltern sie liebten. Sie hatte gerade gelernt, nach ihrem Vater zu rufen. Ihr »*Abba, Abba!*« ging mir nie aus dem Kopf – eine so wunderbare wie eindringliche Mahnung, was in der uns bevorstehenden Schlacht auf dem Spiel stand.

Am Nachmittag des 14. Mai war ich in den letzten Stunden vor Beginn des Sabbat am Schreibtisch mit Kriegsvorbereitungen beschäftigt, während Ben-Gurion im *Tel Aviv Museum of Art* auf einem Podium saß, um unseren Staat ins Leben zu rufen. Wegen des außergewöhnlichen Sicherheitsrisikos hatten wir dafür gesorgt, dass die anwesenden Gäste und Journalisten erst wenige Minuten vor Beginn der Veranstaltung erfuhren, was geplant war und wo es stattfinden sollte. Während die Minister im Blitzlicht der Fotografen die Ehrengarde der Hagana durchschritten, strömten jubelnde Massen auf die Straßen der Stadt. Zu den Klängen eines Orchesters, das bald den Namen *Israel Philharmonic Orchestra* erhalten sollte, betraten die Teilnehmer die Ausstellungsräume des Museums. An den Wänden hingen Gemälde aus der Privatsammlung von Tel Avivs Bürgermeister Meir Dizengoff, Arbeiten jüdischer Künstler, die das Leben unseres Volkes in den zweitausend Jahren des Exils zeigten.

Zu beiden Seiten Ben-Gurions nahmen die dreizehn Mitglieder des Provisorischen Volksrats ihren Platz auf dem Podium ein. Hinter dem Mann, unter dessen Führung das jüdische Volk bis hierher gelangt war, hing das Porträt des Mannes, mit dem unsere Reise begonnen hatte: Herzl wachte jetzt selbst über die Erfüllung des Traums, den er für uns alle geträumt hatte.

Als Ben-Gurion den offiziellen Beginn der Veranstaltung signalisierte, stimmten die Anwesenden voller Begeisterung die zionistische Hymne *Hatikva* an, die die Briten verboten hatten. Dann sprach Ben-Gurion die Worte, auf die alle ihr Leben lang gewartet hatten: »Hiermit erklären wir die Errichtung des jüdischen Staates in Palästina mit dem Namen Israel.« Im Saal brach tosender Applaus aus, gemischt mit stillen Tränen der Trauer. Dieser Augenblick erinnerte uns daran, wie weit wir gekommen waren, und auch daran, wie viel wir verloren hatten.

Als das Orchester am Ende des Festakts die Hatikva anstimmte, erhoben sich die Anwesenden in respektvollem Schweigen. Was sie zuvor gesungen hatten, war ein Aufruf zur Tat gewesen – an ein verstreutes Volk mit einem gemeinsamen Traum. Jetzt war es so viel mehr: nicht nur ein aufrüttelnder Schrei der Hoffnung, sondern eine Melodie der historischen Verteidigung; nicht nur die Hymne einer Bewegung, sondern die eines souveränen Staates.

Die staatliche Rundfunkstation übertrug das Ereignis live. Die Unabhängigkeitserklärung verbreitete sich mit enormer Geschwindigkeit im Land und über die ganze Welt. Inmitten aller Unsicherheit hörten die Israelis in ihren bescheidenen Häusern Ben-Gurions Worte. Sie lauschten ihnen im Angedenken an die Millionen, die von den Nazis ermordet worden waren, und an die Millionen, die noch immer weltweit in ständiger Gefahr lebten. Sie lauschten ihnen im Namen des Vergangenen – der Pioniere, die sich als Erste auf die Reise nach Hause gemacht, die aus Not Phantasie entwickelt und sich damit einen Weg gebahnt hatten. Und sie lauschten ihnen im Namen der Generationen ungeborener jüdischer Kinder und Kindeskinder, dem einzigen Ziel und Zweck unseres jahrhundertelangen Kampfes.

Es war vorherzusehen gewesen: Sobald wir unsere Unabhängigkeit hatten, waren wir auf allen Seiten von Krieg bedroht. Am 15. Mai griffen Syrien, Ägypten, Jordanien und der Irak an. Im Norden ging Syrien mit einer Brigade von Kampfpanzern und gepanzerten Fahrzeugen und einem Artilleriebataillon gegen die jüdischen Siedlungen am Südwestufer des Sees Genezareth vor. Die ägyptische Armee marschierte von Süden her ein und griff dort unsere Städte, Siedlungen und Kibbuzim an. Sie bombardierten israelische Flugplätze und Siedlungen und zerstörten schließlich sogar den zentralen Busbahnhof von Tel Aviv. Jordanien ließ zur gleichen Zeit seine Arabische Legion nach Jerusalem einmarschieren, wo sie einige der heftigsten Kämpfe des ganzen Krieges auslöste. Dabei wurde der Nachschub abgeschnitten, und es kam zu einer dramatischen Lebensmittel- und Wasserknappheit, nicht nur für die Soldaten, sondern für die gesamte Bevölkerung der Stadt.

Obgleich zahlenmäßig und an Waffen unterlegen, wollten wir auf jeden Fall standhalten, und unsere Streitkräfte versuchten mit allen Mitteln, ihre Stellungen zu verteidigen. Am Kibbuz Degania wurde der Vormarsch der syrischen Truppen mit Molotow-Cocktails und Handgranaten zum Stehen gebracht. So ging es von Siedlung zu Siedlung, überall schlugen die Israelis den Angriff der arabischen Truppen zurück. Nach Eintreffen einer großen Lieferung aus der Tschechoslowakei konnte die israelische Luftwaffe den Luftraum behaupten und mit wuchtigen Gegenschlägen reagieren, die vorrückenden Ägypter ins Chaos stürzen und den irakischen Vormarsch stoppen.

Seit die Briten die Grenzen nicht mehr kontrollierten, kam eine wahre Flut jüdischer Immigranten nach Israel.

Einige von ihnen waren direkt aus den nationalsozialistischen Konzentrationslagern in Internierungslager gekommen, wo sie auf die Genehmigung zur Ausreise nach Israel warten mussten. Auf Zypern zum Beispiel wurden etwa zweiundzwanzigtausend Juden zwei Jahre lang festgehalten. Andere waren erst vor kurzem aus arabischen Nachbarländern vertrieben worden. Sie kamen nach einer gefährlichen Flucht in Israel an und begannen unverzüglich, für ihren neuen Staat zu kämpfen. Zu Beginn des Krieges im Mai 1948 hatten wir nicht einmal fünfundvierzigtausend Soldaten. Als die Kämpfe 1949 zu Ende gingen, hatten mehr als einhunderttausend Juden für die zionistische Sache zu den Waffen gegriffen.

Die Israeli Defence Forces IDF kämpften an allen Fronten mit großem Mut und befolgten die Anweisungen Ben-Gurions, der vom Hauptquartier aus die Strategie bestimmte. Dort wurden die Kriegsziele festgelegt, die Befehle erteilt und die Geheimdienstinformationen analysiert und verarbeitet. Die Helden an der Front waren das Herz unseres Kampfes, das Hauptquartier war das Gehirn. Ohne Zeit für tiefgründiges Nachdenken und geduldige Analyse taten wir, was wir konnten, um für die Armee, die unser neuer Staat aufbauen wollte, eine moderne Infrastruktur zu schaffen. Ruhepausen schienen oft ein ebenso ferner Traum wie der vom Sieg.

Zwischen Ben-Gurions Verantwortungsbereich und dem meinen bestand in jeder Hinsicht ein sehr großer Unterschied. Doch unsere Büros waren nur durch eine dünne Sperrholzwand voneinander getrennt. Und so konnten wir in diesen stressreichen Monaten eine Beziehung aufbauen, die mich schließlich von einem seiner größten Bewunderer zu einem seiner engsten Berater machte.

Dass die Dinge eine so überraschende Wendung nehmen würden, hätte ich mir wenige Monate zuvor nicht vorstellen können. Doch persönliche Bande, die sich in Krisenzeiten herausbilden, sind besonders stark. Unsere Beziehung entwickelte sich zunächst recht informell. Ben-Gurion schien zu mögen, wie hart ich arbeiten konnte und mit wie wenig Schlaf ich auskam. (Ich hob sogar eine handschriftliche Notiz von ihm auf, mit der simplen Aufforderung: »Schimon, vergiss nicht, das Licht auszumachen!«) Mit der Zeit vertraute er mir und verließ sich auf mich in einer Weise, die erfahrenere und höher gestellte Mitarbeiter in Erstaunen versetzte.

»Warum haben Sie so viel Vertrauen zu dem Jungen?«, hörte ich sie fragen. Seine Antwort war immer die gleiche.

»Aus drei Gründen«, erwiderte er. »Er lügt nicht. Er redet nicht schlecht über andere. Und wenn er bei mir anklopft, kommt er meistens mit einer neuen Idee.« Meine Kritiker waren mit dieser simplen Antwort nicht zu überzeugen, aber für mich war es die perfekte Erwiderung auf eine Frage, die ich mir selbst schon so oft gestellt hatte: »Warum ausgerechnet ich?« Mit der Zeit vertiefte sich unsere Beziehung, sein persönliches Vertrauen festigte sich und meine Aufgaben und Verantwortlichkeiten nahmen zu, als ich im Regierungsapparat weiter aufstieg. Doch solange Ben-Gurion lebte, entsprach meine formale Position nie meinem Einfluss oder der Intensität unserer Bindung.

Anfang 1949 waren die Araber in der Defensive – verwundet, auf dem Rückzug und vom Krieg erschöpft. Was uns an Ressourcen fehlte, machten wir mit Einfallsreichtum und Organisation wett. Und was unsere Feinde im Überfluss besaßen, verspielten sie im Kriegschaos. Im Februar lenkten die Ägypter ein, gaben den Kampf auf und unterzeichneten ein Waffenstillstandsabkommen. Einen Monat später tat der Libanon dasselbe, und im April folgte Jordanien. Als letztes Land gab am 20. Juli 1948 Syrien klein bei. Zu diesem Zeitpunkt hatten wir unseren gesamten Waffenbestand verbraucht und waren ungeschützt und leicht verwundbar. Doch nun war der Krieg erst einmal vorbei, ersetzt durch einen, wie wir wussten, sehr zerbrechlichen Waffenstillstand. Bei allem, was wir verloren hatten, all den Menschenleben, bestand kein Zweifel an dem, was gewonnen war: Kontrolle über unser eigenes Land und unser Schicksal.

In meinen ersten Tagen im Hagana-Hauptquartier – vor dem Unabhängigkeitskrieg, vor der UNO-Resolution – hatte ich eine ungewöhnliche Begegnung. Ich saß an meinem Schreibtisch und sah Unterlagen durch, als aus Levi Eschkols Büro tumultartige Geräusche ertönten. Teddy Kollek, zu der Zeit Leiter der Hagana-Mission in den Vereinigten Staaten, war nach Tel Aviv zurückgekommen, um die Auseinandersetzung zu führen, die jetzt im Gange war. Die Desorganisation im Hauptquartier hatte ihn seit Monaten zunehmend verärgert. Er hatte beschlossen, sich bei Eschkol lautstark zu beschweren, unter anderem darüber, dass keines der vielen Telegramme, die er nach Tel Aviv geschickt hatte, beantwortet wurde. Unsere Untergrundkontakte in den Vereinigten Staaten seien zu einer unserer wichtigsten Quellen für die Beschaffung von Waffen geworden, schrie Kollek Eschkol an, und ein solches Chaos könne sich verhängnisvoll auswirken. Schließlich stellte er Eschkol ein Ultimatum: Er solle entweder jemanden damit beauftragen, die Telegramme allesamt umgehend zu beantworten, oder er werde auf der Stelle kündigen.

Ich wusste von alldem überhaupt nichts, als ich Eschkol durch die Tür meinen jiddischen Spitznamen »*Jungermann*« rufen hörte.

Als ich sein Büro betrat, war Kollek noch immer sichtlich erbost.

»Gut, da ist er ja«, sagte Eschkol auf Hebräisch. »*Jungermann*, sprichst du Englisch?«

»Nein«, entgegnete ich.

»Warst du schon mal in Amerika?«

»Nein«, wiederholte ich.

Eschkol schmunzelte. »Perfekt«, sagte er. »Genau so einen brauchen wir.«

Kollek war fassungslos – und wurde sogleich zornesrot, doch Eschkol schenkte ihm keine Beachtung.

»Keine Sorge«, meinte er gelassen. »Er wird das besser machen als jeder andere.«

Damit entließ er mich aus seinem Büro, und ich ging, etwas verlegen, an meinen Schreibtisch zurück. Im Verlauf des Krieges erkannte Kollek schließlich, dass er sich darauf verlassen konnte, dass ich seine Telegramme besonnen und gewissenhaft beantwortete. Doch die Erinnerung an diesen Morgen quälte mich weiter wie ein eingeklemmter Nerv im Rückgrat, eine ständige Erinnerung an meine eigenen Schwachstellen.

Und Schwachstellen gab es zuhauf. Mit dem Englischen fehlte mir eine Sprache, die fast die ganze Welt verstand, und das würde mich sicher behindern. Doch damit nicht genug. Ben-Gurion hatte im Verlauf des Krieges begonnen, auf meinen Rat zu hören, und ich fürchtete, dass der Brunnen, aus dem ich mein Wissen schöpfte, nicht tief genug war. Ich war in eine Welt geraten, in der man über globale Angelegenheiten und über Geschichte Bescheid wissen musste, in der Kenntnisse der Wirtschafts- und Politikwissenschaften als Voraussetzung für Klugheit galten. Ich hatte keine Universität besucht. Ich besaß nicht einmal einen Schulabschluss, der mich dazu berechtigt hätte. Bislang hatten meine angeborenen Talente ausgereicht, aber irgendwann würde ich wohl an meine Grenzen stoßen; und ich hatte den Eindruck, dass dieser Punkt schon erreicht war.

Als im Frühjahr 1949 unsere Unabhängigkeit sichergestellt war, wandte ich mich an Ben-Gurion und erläuterte ihm, was mir Sorgen machte. Ich bat ihn um die Genehmigung, meine Schwachstellen zu beseitigen. Ich sagte ihm, dass ich nach New York wollte, um meine Ausbildung zu beenden und zugleich in der Vertretung des israelischen Verteidigungsministeriums in den USA mitzuarbeiten. Er stimmte begeistert zu, und alles war klar. Am 14. Juni 1949 traten Sonia, Tsvia und ich unsere Reise auf die andere Seite der Welt an.

In New York angekommen, zogen wir in eine Sieben-Zimmer-Wohnung in der Upper West Side von Manhattan, Riverside Drive, Ecke 95th Street. Wir nannten sie »den Kibbuz«, weil wir sie mit mehreren anderen teilten, zum Großteil Menschen, die für die israelische Regierung arbeiteten. Sonntags machte Sonia für alle das Frühstück, und unsere Mitbewohner übernahmen abwechselnd das Babysitting für Tsvia. Aus den Fenstern konnten wir Reihen von majestätischen Ulmen sehen, und dahinter das Glitzern der Sonne auf dem Hudson River.

Ich schrieb mich in Abendkurse an der *New School for Social Research* ein, die sich als ganz außergewöhnliche Einrichtung erwies. Ihr Lehrkörper umfasste einige der renommiertesten Intellektuellen weltweit, Männer wie den Juristen Felix Frankfurter, der mit seinen anspruchsvollen, wenn auch unregelmäßigen Vorlesungen alle Studenten in seinen Bann schlug. Die *New School* sollte einer der prägendsten Orte meines Lebens werden, ein Quell der Bildung, aus dem ich noch heute schöpfe, mehr als sechs Jahrzehnte später.

Die ersten Monate waren schwierig. Die Teilnahme an Kursen, die fließende Englischkenntnisse voraussetzten, war manchmal frustrierend, da ich die Sprache gerade erst lernte. Doch nach wenigen Monaten konnte ich mich problemlos an Gesprächen beteiligen. Das war die Zeit, als New York für mich wirklich lebendig wurde. Ich war begeistert, wie anerkennend man übereinander sprach, wie bereitwillig man sein Gegenüber lobte. Es gefiel mir, wie großzügig und liebenswürdig die Menschen waren. Und ich war begeistert von der Vielzahl an Akzenten in dieser Stadt, in der so viele von uns Englisch erst lernten. Als hätten alle, die hierhergekommen waren, das ambitionierte Versprechen der Vereinigten Staaten verinnerlicht – als wäre der »amerikanische Traum« eine Naturgewalt.

Nach dem Unterricht ging ich oft in den »Kibbuz« zurück und befasste mich bis in die Morgenstunden weiter mit meinen Lehrbüchern. Diese Stunden waren eine Art intellektuelles Ballett für mich – aber wie wenige Stunden auch für den Schlaf blieben, nach dem Aufstehen wartete immer eine Aufgabe auf mich.

Der Krieg war zwar zu Ende, doch die Position unserer Mission in den Vereinigten Staaten hatte sich nicht geändert. Israel besaß nicht genügend Waffen, um sich selbst zu verteidigen. Unsere Vorräte waren durch den Krieg dezimiert, geblieben waren uns nur unbrauchbare Artilleriegeschütze und notdürftig instand gesetzte Flugzeuge. Unsere Verteidigungskraft hing allein von einer Gruppe von (entschlossenen) Ingenieuren ab, die alles reparieren konnten. Doch die Embargos der westlichen Staaten blieben in Kraft. Selbst die Vereinigten Staaten, deren rasche Anerkennung unseres Staates so großzügig gewesen war, weigerten sich, uns in diesem äußerst kritischen Zeitraum Waffen zu verkaufen. Aber für uns stand so viel auf dem Spiel, dass wir keine Wahl hatten. Und so schlugen wir den einzigen Weg ein, der uns weiterbringen konnte, und ich begab mich wieder in die fremde Welt des Schwarzhandels, um den Aufbau unserer Verteidigungsstreitkräfte in Angriff zu nehmen.

Die Abenteuer rissen nicht ab. Einmal arrangierte ich ein Treffen mit Waffenhändlern in Kuba im Hotel Tropicana. Als Zeitpunkt hatten sie zwölf Uhr vorgeschlagen. Doch als ich gegen Mittag an dem Hotel ankam und um Einlass bat, lachte mich der Wachmann aus. Trotz seines gebrochenen Englisch wurde mir klar, was er so lustig fand: Das Treffen sollte nicht um zwölf Uhr mittags stattfinden, sondern um Mitternacht. Er muss mich für einen blutigen Anfänger gehalten haben. Das war eine meiner ersten Lektionen über die Art von Arbeit und die Art von Leuten, mit denen ich zu tun hatte. Ein andermal arrangierte ich den Kauf von zwei britischen Zerstörern, die die kolumbianische Regierung nicht mehr benötigte. Ich traf in Bogotá eine Vereinbarung mit dem kolumbianischen Präsidenten und dem Außenminister, doch bevor ich unterschrieb, musste ich nach Cartagena fliegen, um die Schiffe im Hafen persönlich in Augenschein zu nehmen. Ein hochrangiger General begleitete mich zu einem kleinen Flugplatz, wo wir eine Maschine bestiegen, die ihre beste Zeit längst hinter sich hatte. Nach etwa einer Stunde Flug sahen wir mitten über dichtem Regenwald Flammen aus dem linken Triebwerk schlagen. Der stämmige General sah mich mit Panik in den Augen an.

»Entscheiden Sie«, sagte er.

»Welche Möglichkeiten haben wir?«, fragte ich, bemüht, ruhig zu bleiben.

»Wir können eine Bruchlandung im Urwald machen, aber es dürfte Wochen dauern, bis wir da wieder rauskommen.«

»Und die nächste Option?«

»Weiter fliegen und hoffen, dass die Maschine nicht explodiert.«

Nach einer kurzen Pause entschied ich mich für die zweite Möglichkeit. Vor Angst verstummt, setzten wir unsere gefährliche Reise fort. Zum Glück landeten wir schließlich sicher auf einer Rollbahn. (Die Zerstörer waren in einem ausgezeichneten Zustand.)

Bei allen internationalen Eskapaden war unsere Arbeit jedoch vor allem auf Geschäfte konzentriert, die wir in den Vereinigten Staaten abwickeln konnten. Dort kauften wir, oft bei höchst sinistren Gestalten, Panzer und Flugzeuge sowie alles Mögliche an Artillerie, die wir dann, in Teile zerlegt, aus dem Land schmuggeln mussten. Das ging nur durch eine Kooperation mit den Teamsters, der Gewerkschaft der Transportarbeiter. Einer unserer sympathischsten und hilfreichsten Fürsprecher war Jimmy Hoffa, der Vorsitzende des Teamster-Ortsverbands Detroit.

Doch von all den Menschen, mit denen ich in diesen Jahren zusammenarbeitete, war keiner faszinierender, unbändiger und für uns wertvoller als der hochdekorierte jüdisch-amerikanische Pilot und Luftfahrtingenieur Al Schwimmer. Während des Unabhängigkeitskriegs hatte er sich zusammen mit einer Crew amerikanischer Piloten der israelischen Luftwaffe angeschlossen, die rasch den Ruf bekamen, besonders tapfer zu sein, wenn auch ziemlich verwegen und ungehobelt.

Als der Krieg vorbei war, ging Al zurück nach Kalifornien, blieb der Sache unseres jungen Staates aber weiterhin eng verbunden. In einer abgelegenen Ecke eines ruhigen Flugplatzes nördlich von Los Angeles mietete er einen Flugzeughangar, der kaum größer war als ein überdimensionierter Schuppen. Er erstand eine bescheidene Sammlung an Werkzeugen und heuerte ein paar Leute an, denen er vertraute, darunter auch die Piloten, mit denen zusammen er an unserem Krieg teilgenommen hatte. In dieser Halle hatten Al und sein Team still und heimlich eine unglaublich flexible Flugzeugwerkstätte für uns eingerichtet.

Auf den ersten Blick schien es unmöglich, dass dieses Team in der Lage sein könnte, das erste Flugzeug für die neu gegründete israelische Fluggesellschaft zu bauen, deren

Name EL AL »nach oben, zu Gott hin« bedeutet. Doch genau das hatten sie vor. Im Nachhinein betrachtet, ist es nicht ganz so überraschend, wie es damals erschien. Ich habe im Lauf meines Lebens viele hochtalentierte Menschen kennengelernt, doch ich kann mich an niemanden erinnern, der sein Handwerk so ausgezeichnet beherrschte wie Al Schwimmer. Mit vergleichsweise lächerlichen Mitteln konnten er und sein Team fast jedes Flugzeug reparieren und fliegen. Ich weiß noch, wie ich einmal dreißig alte Mustang-Jagdflugzeuge kaufen wollte, ehe das US-Militär sie verschrottete (das übliche Verfahren mit solchen Rüstungsgütern). Es gelang mir nicht, die Maschinen wurden in zwei Hälften zersägt, und man amputierte ihnen obendrein die Tragflächen. Aber für Al und sein Team war das kein Problem: Sie erwarben die Teile von einem Schrottplatz in Texas, setzten die Maschinen wieder zusammen, machten Testflüge und zerlegten die Flugzeuge dann wieder, zur Verschiffung nach Israel.

Mit der Zeit wurde diese Zusammenarbeit mit Al zu unserer wichtigsten Geschäftsbeziehung. Alle Flugzeuge, die wir in den Vereinigten Staaten kauften, schickten wir zu ihm. Manchmal flog er die fertigen Maschinen auf der Nordpol-Route selbst nach Israel – keine besonders sichere Route, aber die kürzeste. Wir heckten einen Plan nach dem anderen aus, um die Flugzeuge aus den Vereinigten Staaten herauszuschmuggeln, behaupteten einmal sogar, es seien Requisiten für einen Film. (Al gründete sogar eine Filmproduktionsgesellschaft, und ich heuerte Statisten an, damit der Eindruck entstand, die Flugzeuge würden für die Kamera starten. Doch anstatt wieder auf die Rollbahn zurückzukehren, flogen die Maschinen direkt in die Tschechoslowakei und wurden dort mit Waffen und Munition für Israel beladen.)

Bei einem meiner Besuche in Kalifornien bat mich Al um Hilfe bei einer Rettungsaktion. Ray Kurtz, einer unserer besten Piloten, war bei dem Versuch, eine Maschine nach Israel zu bringen, über Neufundland abgestürzt. Al wollte eine Such- und Rettungsaktion durchführen, benötigte dafür aber Zugriff auf ein israelisches Flugzeug. Da er für sein Draufgängertum bekannt war, wollte unsere Fluggesellschaft El Al ihm für eine so gefährliche Mission keine ihrer Maschinen zur Verfügung stellen. Schließlich gelang es mir doch, sie umzustimmen. Allerdings musste ich ihre Bedingung akzeptieren, das Flugzeug während der ganzen Operation stets im Auge zu behalten.

Sieben Tage lang flogen wir über die Eiswüste, zogen immer größere Kreise um den Punkt, den Al für die mögliche Absturzstelle hielt. Bei Anbruch der Dunkelheit landeten wir auf einer Flugpiste im kanadischen Goose Bay und stiegen bei Sonnenaufgang wieder auf. Diese Stunden in luftiger Höhe waren ermüdend, aber auch sehr eindrucksvoll. Während wir das Land unter uns absuchten, führten wir tiefschürfende Gespräche über unsere höchsten Bestrebungen und unsere tiefsten Ängste, Gespräche über Israel und seine prekäre Lage, die unserer unzureichenden Verteidigungsfähigkeit geschuldet war.

Nach sieben Tagen mussten wir uns der traurigen Realität stellen, dass Kurtz nicht zu finden war. Ich glaube trotzdem, dass unsere Aktion nicht vergeblich war, dass Kurtz gleichsam in posthumem Patriotismus Al und mich zusammengebracht hatte. Während wir über der Tundra nach ihm suchten, schmiedeten wir einen ehrgeizigen Plan zur grundlegenden Verbesserung unserer Sicherheitslage: Um uns erfolgreich verteidigen zu können, mussten wir unsere Flugzeuge selbst reparieren – und selbst neue bauen können. Wir mussten Al Schwimmers Aktivitäten von Kalifornien nach Israel verlegen und sie dort mit massiven Investitionen erheblich erweitern, mussten aus einer kleinen Klitsche ein ausgewachsenes Luftfahrtunternehmen machen. Dadurch würden wir die Lebensdauer der Maschinen erhöhen, die wir kauften (egal woher); außerdem waren die israelischen Hangars voll mit Flugzeugen, die im Krieg beschädigt worden waren, aber durchaus repariert werden konnten – wenn wir denn dazu in der Lage wären. Im Übrigen ließe sich damit auch Gewinn erzielen, meinte Al: Auf der ganzen Welt gebe es noch Tausende von ausgedienten Flugzeugen aus dem Zweiten Weltkrieg. Er könne sie kaufen, reparieren und dann in andere Länder exportieren – nicht nur zu militärischen Zwecken, sondern zum Aufbau einer kommerziellen Luftfahrtindustrie. Wir träumten sogar davon, irgendwann unsere eigenen Flugzeuge zu konstruieren und zu bauen.

Es war ein wunderschöner Traum. Ich stellte mir eine Welt vor, in der Al und sein Team in Tel Aviv arbeiteten und die Umsetzung seiner genialen Ideen nicht durch die Entfernung behindert wurde. Eine Welt, in der jedes Flugzeug, das wir kauften, zwei- oder dreimal länger als üblich eingesetzt werden konnte, so dass sich die Größe unserer Flotte vervielfachen ließ. Das würde nicht alle unsere Sicherheitsprobleme mit einem Schlag lösen, aber zumindest die Weichen so stellen, dass wir viele davon lösen konnten. Die Idee griff in meinem Kopf Raum wie ein alternder Stern, mit so großer Hitze und so viel Licht, dass alle anderen Gedanken verdrängt wurden. Während unserer weiteren gemeinsamen Flüge und in den darauffolgenden Tagen und Wochen beschäftigte ich mich mit taktischen Fragen, um die Welt, die Al und ich uns erträumt hatten, Wirklichkeit werden zu lassen.

Eine so kühne Idee musste natürlich auf Widerstand stoßen. In den Jahren nach dem Unabhängigkeitskrieg war Israel in eine Finanzkrise geraten. Wir hatten einen kostspieligen Krieg hinter uns und mussten gleichzeitig eine Masseneinwanderung bewältigen. Unsere Einwohnerzahl hatte sich in drei Jahren auf 1,2 Millionen verdoppelt, aber wir hatten noch keinen Staat aufgebaut, der für all diese Menschen sorgen konnte. Die Neuankömmlinge mussten ihr Leben in Immigrantenlagern fristen, die wenig mehr als Zeltstädte waren. Das Essen, das sie vom Staat erhielten, war streng rationiert, die Mahlzeiten wurden in Speisesälen eingenommen. In einigen neu eingerichteten Immigrantenlagern gab es nur eine Toilette für fünfzig Bewohner. Die Lebensbedingungen waren unzumutbar hart und unhygienisch, doch 1952 mussten mehr als 220 000 Menschen so leben. Auch für diejenigen, die sich schon früher in Israel niedergelassen hatten, waren Lebensmittel und sogar Schuhe strikt rationiert. Armut war das zentrale Problem unseres jungen Staates, ein nationaler Notstand, der all unsere Aufmerksamkeit verdiente.

Was konnte ich vor diesem Hintergrund von meinen Landsleuten anderes erwarten als Skepsis? Mir war bewusst, dass manch einer meine Idee glattweg als Spleen eines idealistischen jungen Mannes abtun würde. Und doch wusste ich, dass ich recht hatte und bereit sein musste, meine Ansichten notfalls auch ganz alleine zu vertreten, dass die Zweifel derjenigen, die keine Phantasie hatten, kein Grund waren, eine wichtige Idee aufzugeben.

Und so beschloss ich, mich in einem Land, das sein Volk nicht ernähren konnte, weiter um den Aufbau einer Luftfahrtindustrie zu bemühen. Ben-Gurion hatte mich gerufen, für den Schutz unseres Staates zu sorgen, und vor allem ihn hoffte ich zu überzeugen. Durch einen glücklichen Zufall erfuhr ich, dass er seine erste Reise nach Amerika als Premierminister plante und dass auch ein Zwischenstopp in Kalifornien vorgesehen war. Um an Al Schwimmers Idee zu glauben, musste er zunächst an Al selbst glauben, und das war nur zu erreichen, wenn er ihn persönlich kennenlernte.

Als Ben-Gurion in der Werkstatt ankam, war er erstaunt. Al und ich führten ihn durch den Hangar und zeigten ihm einige der besten Arbeiten des Teams. Al erläuterte ihm die Ausrüstung, mit der sie Flugzeuge reparierten und zusammenbauten.

»Was?«, fragte Ben-Gurion verblüfft. »Mit diesen paar Gerätschaften könnt ihr Flugzeuge wieder flottmachen?«

Schwimmer nickte.

»So etwas brauchen wir in Israel«, meinte Ben-Gurion. »Mehr noch: Wir brauchen eine richtige Luftfahrtindustrie. Wir müssen unabhängig sein.« Genau das hatte ich gehofft.

»Ich denke, Sie haben recht«, erwiderte Al.

»Schön, dass Sie das auch so sehen«, sagte Ben-Gurion. »Wir hoffen, dass Sie nach Israel zurückkommen und so etwas für uns bauen.«

Kurz danach kehrte Ben-Gurion nach Israel zurück und führte mit seinen Militärberatern und Ministern erste Gespräche über unsere Bemühungen beim Aufbau einer Flugzeugindustrie. Dann schickte er ein Telegramm nach New York: Es war an der Zeit für Al, nach Israel zu gehen – und für mich, nach Hause zurückzukehren.

Ich freute mich darauf, wieder nach Israel zu kommen und eine ehrgeizige Aufgabe gegen eine andere, noch größere zu tauschen (auch wenn ich zugegebenermaßen enttäuscht war, weil das so kurz vor dem Abschluss meines Studiums geschah). Als Sonia und ich unsere Sachen packten, dachten wir an unsere Zeit in der Stadt zurück – was für ein Segen war sie für uns beide gewesen. Von hier wegzugehen würde uns schwerfallen, und wir wollten gerne zu Besuch zurückkommen. Doch viel aufregender als der bittersüße Abschied von New York war der Gedanke an die bevorstehende Heimkehr nach Israel.

Zu Hause angekommen, trafen Al und ich uns mit führenden Militärs, die unsere Vorhaben erwartungsgemäß für puren Wahnsinn hielten. Der Chef der Luftwaffe fand unseren Plan aberwitzig und meinte, Israel habe weder Bedarf dafür noch die Möglichkeiten, ihn umzusetzen. Wir sprachen mit Wirtschaftsfachleuten und Experten aus der Industrie; sie hielten die Vorstellung, dass wir jemals Flugzeuge ins Ausland verkaufen würden, für lachhaft; sie waren vielmehr überzeugt, dass israelische Produkte überall auf der Welt misstrauisch beäugt würden. »Unser einziges Industrieunternehmen war eine Fahrradfabrik«, rief einer aus, »und wie ihr wisst, hat sie vor kurzem den Betrieb eingestellt! Wie verrückt muss man sein zu glauben, dass wir

Flugzeuge bauen können, wenn wir es nicht einmal mit Fahrrädern schaffen?«

Wir sprachen mit Ingenieuren, die sicher waren, dass es in Israel an Fachkenntnissen fehlte, um so ein kompliziertes Unterfangen anzugehen und zu leiten. Wir sprachen mit Ministern, die sofort in Harnisch gerieten und die Kostenfrage stellten.

»Wovon sollen wir das bezahlen«, knurrte ein Minister. »Israel ist nicht Amerika, falls ihr das vergessen habt. Wir haben weder die Mittel noch die Leute. Und wir haben auch gar keinen Bedarf!«

Fast bei jedem Treffen dieselbe Haltung – höfliche, aber bestimmte Ablehnung. »Unsere Idee war zu groß, um wahr zu sein«, schrieb ich vor vielen Jahren, »und sie war so wolkig, dass sie sie umgehend abwürgen konnten.« Doch ich wusste, dass wir niemals Großes erreichen würden, wenn wir uns Sparmaßnahmen beugten. Um einen stärkeren, wohlhabenderen Staat zu errichten, mussten wir unsere gegenwärtigen Beschränkungen überwinden.

Unter normalen Umständen hätten diese Reaktionen unseren Bemühungen wohl den Todesstoß versetzt, noch ehe wir angefangen hätten. Doch damals hatte Ben-Gurion großen Einfluss und konnte enormen Druck ausüben. Ich bat ihn inständig, das in diesem Fall zu nutzen. Was er anbot, war weit mehr, als ich erwartet hatte. Er war nicht nur einverstanden, dass wir das Projekt weiter betrieben, sondern äußerte auch die Erwartung, dass ich es selbst in die Hand nahm. Mit gerade einmal neunundzwanzig Jahren wurde ich von einem Tag auf den anderen zum stellvertretenden Direktor im Verteidigungsministerium ernannt.

Im Januar 1952 kam ich mit meiner Familie aus den Vereinigten Staaten zurück, und wir bezogen eine kleine Wohnung in Tel Aviv. Sieben Monate später wurde unser zweites Kind geboren, unser Sohn Yoni. Es war eine Zeit des Feierns und der Vorfreude. Zu Hause hatte ich eine wunderbare Familie und fühlte mich in ihr geborgen. Bei der Arbeit verbrachte ich die Tage an der Seite meines Helden und Mentors, der mir seinen Segen für einen unglaublichen Plan gab.

Immer wieder stießen wir auf Hindernisse. Nie werde ich den Tag vergessen, an dem uns der Finanzminister erklärte, unser ursprünglich geplantes Budget werde um die Hälfte gekürzt. Was für eine kurzsichtige Entscheidung und welch eine gefährliche Denkweise für ein junges Land und für ein junges Unternehmen. Wenn man klein und schwach ist, muss man sich fragen: Welche Investitionen führen zu Wachstum? »Investitionen« können alles Mögliche sein: Zeit, Geld und – vielleicht am wichtigsten – Herzblut. So oft im Leben versuchen wir, voller Zuversicht einen Schritt nach vorn zu tun, und verdrängen dabei den Gedanken, dass wir auch auf die Nase fallen können. Doch die Angst davor, Risiken einzugehen, kann das größte Risiko überhaupt sein.

Wenn man Teil eines Teams ist, können andere natürlich besorgt ihr Veto einlegen. Was dann? Anstatt unsere Bemühungen einzustellen, suchte ich nach einem anderen Weg. Nach meiner Überzeugung muss man, wenn man vor zwei Möglichkeiten steht, sofort noch nach einer dritten suchen – einer, an die man einfach nicht gedacht hat, die noch gar nicht existiert. Ich stellte im Rahmen meiner Zuständigkeit einen bescheidenen Betrag aus dem Budget des Verteidigungsministeriums für die Deckung eines eventuellen Defizits bereit. Dann bemühte ich mich um private Geldgeber, die instinktiv die Notwendigkeit des Risikos erkannten, dass ich eingehen wollte. So nahmen wir Millionen von Dollar ein, konnten bürokratische Hindernisse umschiffen und unser Projekt anlaufen lassen. Wir tauften unser Unternehmen *Bedek Aviation*, was auf Hebräisch so viel wie »Wartung« bedeutet, und begannen im Jahr 1954 in unseren ersten Hangars mit dem Bau von Flugzeugen.

Doch dass wir den Grundstein gelegt hatten, ließ unsere Kritiker nicht verstummen. Ebenso wenig die Wartungsarbeiten, mit denen wir bereits vor Fertigstellung der Gebäude begonnen hatten. Aber ich war sicher, dass wir Erfolg haben würden. Und in den fünf Jahren, in denen das Unternehmen zum größten Arbeitgeber Israels wurde, schwächte sich die Kritik zu einem leisen Gebrummel ab. Die in den Wolken geborene Idee war auf gutem Kurs.

1959 bauten wir unser erstes Flugzeug, das dann im Sechstagekrieg eingesetzt werden sollte. Auch den ehrgeizigsten Teil unserer Vision haben wir schließlich umgesetzt, den Bau von Flugzeugen und ihren Export – in jüngster Zeit sogar nach Russland. Jahrzehnte nachdem Al den Schraubenschlüssel in die Hand genommen hatte, wurde das Unternehmen in Israel Aerospace Industries (IAI) umbenannt, um zu verdeutlichen, dass die Produktionspalette mittlerweile auch Weltraumsatelliten umfasste. Heute nutzt praktisch die ganze Welt Satellitendienste, aber Israel ist eines der wenigen Länder, die eigene Satelliten in die Umlaufbahn bringen können.

Doch in jenen ersten Monaten wurde mir immer wieder

vor Augen geführt, dass der Aufbau einer Flugzeugindustrie keineswegs alle unsere Probleme lösen würde. Die Flugzeuge, die darauf warteten, repariert zu werden, hätten eher in ein Luftfahrtmuseum gepasst als in eine Wartungshalle – eine Sammlung außer Dienst gestellter Maschinen aus der ganzen Welt, die niemals mehr in den Himmel aufsteigen sollten. Die Frage, die ich mir während des Fluges über Neufundland gestellt hatte – wie wir unsere Sicherheit garantieren könnten –, war nur zum Teil beantwortet worden. Wir waren noch immer verwundbar.

Anfang der 1950er Jahre kämpfte ich unentwegt mit dieser Frage, umso mehr, als sich Ben-Gurion 1953 vorübergehend aus seinen Regierungsämtern zurückzog. Von den Jahren des Kampfes körperlich und geistig erschöpft, hatte er beschlossen, in den Kibbuz Sde Broker in der Negev-Wüste zurückzugehen. Wir wussten damals nicht, dass er kaum mehr als ein Jahr dort bleiben würde; wir befürchteten, der alte Mann wäre endgültig am Ende. Ehe er wegging, machte er seinen Minister ohne Geschäftsbereich Pinchas Lawon zum neuen Verteidigungsminister und mich zum Generaldirektor im Verteidigungsministerium. Mosche Dajan wurde zum Generalstabschef ernannt, und Mosche Scharet wurde Premierminister.

Ich habe nur wenige Menschen so bewundert wie Mosche Dajan. Er war ein brillanter Militärstratege und einer meiner engsten Freunde. Doch es lastete schwer auf uns beiden, dass wir Ben-Gurion nicht mehr an unserer Seite haben würden – und dass er die Aufgabe, Israel vor der Vernichtung zu schützen, in unsere Hände gelegt hatte. Diese Realität ließ mich bis spät am Abend im Büro verweilen und viele Nächte schlaflos zubringen. Wenigstens hatte uns seine Führungsstärke noch zur Verfügung gestanden, als wir für den Aufbau unserer Militärkapazität kämpften. Ansonsten wäre meine Zuversicht, vor dem nächsten Angriff auf uns eine zuverlässige Waffenquelle zu finden, sehr ins Wanken geraten.

Was wir brauchten, war ein Partner – ein echter Verbündeter. Was einem funktionierenden internationalen Bündnis noch am nächsten kam, war unsere undurchsichtige, allein auf den Erwerb militärischer Ausrüstung beschränkte und vor der Welt geheim gehaltene Beziehung zur Tschechoslowakei. Natürlich waren wir stolz darauf, dass wir es allein geschafft und unseren Staat aus dem Nichts errichtet hatten, nicht zuletzt um zu beweisen, dass wir Juden uns, ungeachtet aller Verfolgung, nicht geschlagen gaben. Gern hätten wir Freundschaftsangebote anderer Nationen angenommen, doch nun war klar, dass die sich nicht darum bemühen würden; wir mussten schon selbst die Initiative ergreifen. Wir mussten unsere Stellung in der Welt verändern, damit uns andere Länder als Freunde sahen.

Für einen Staat mit weniger als zwei Millionen Einwohnern verlangte die Vorstellung, Schulter an Schulter mit den größten Weltmächten zu stehen, sicherlich eine Menge Chuzpe. Wir wollten nicht als bloßer Vasall gesehen werden, sondern als souveräner Staat. Doch die Briten behandelten Israel noch immer voller Misstrauen und bösem Willen und hielten unnachgiebig an ihrem Waffenembargo für den Nahen Osten fest. Mit der Anerkennung Israels hatten die Vereinigten Staaten unserem Staat in seiner wichtigsten Stunde Legitimität verliehen. Doch Präsident Eisenhower wollte sein Land nicht in den arabisch-israelischen Konflikt verwickeln, sondern seine neutrale Position beibehalten. Daran war für geraume Zeit nicht zu rütteln. Wir führten einen Kampf um unser aller Leben, um die schiere Existenz eines jüdischen Staates mit ungewissem Ausgang, und während wir kämpften, schloss die Welt die Türen vor uns. Da wir unbedingt einen Verbündeten brauchten, schien uns nur eine Möglichkeit zu bleiben. Nach langem Nachdenken beschloss ich, auf Frankreich zu setzen.

Genau wie die Briten und die Amerikaner hatten auch die Franzosen ein Embargo verhängt. Doch ich nahm an, dass wir mit ihnen eine emotionale Verbindung herstellen und sie überreden konnten, uns heimlich zu helfen. Die führenden Politiker der Radikalen Partei, die in diesen Jahren die französische Regierung stellte, waren zum Großteil Helden der Résistance, die die brutale Zeit der Nazi-Besatzung erlebt hatten. Einige waren selbst im KZ gewesen. Unsere Narben waren nicht dieselben, aber sie rührten vom gleichen Übel her. Deshalb hoffte ich auf ein Gefühl der Verbundenheit.

Ich sah auch praktische Gründe dafür, dass Frankreich uns möglicherweise unterstützen würde. Französische Privatunternehmen produzierten viele militärische Güter, darunter auch Flugzeuge und Panzer, und Israel war ein potentieller neuer Kunde. Außerdem war Gamal Abdel Nasser für uns beide zur Bedrohung geworden, da Ägypten jetzt Waffen zu den Rebellen in Algerien schleuste, das damals noch französisches Territorium war. Zugleich sprach Nasser noch immer von seinem grundlegenden Ziel, den Staat Israel zu vernichten, und ordnete immer wieder bewaffnete

Übergriffe an unserer Grenze an. Wenn ein Gefühl der Verbundenheit nicht ausreichen sollte, würden wir vielleicht über gemeinsame Interessen zu einer Allianz finden.

Ben-Gurion war immer skeptisch gewesen, wenn es um eine mögliche Partnerschaft mit Frankreich ging. »Die Franzosen?«, brüllte er, wenn ich das Thema ansprach. »Die Franzosen? Die haben den Krieg verloren! Frag sie mal, warum. Das würde mich interessieren.«

»Ich habe recherchiert und meine Schlussfolgerungen gezogen«, antwortete ich. »Der Feind hat nicht mitgespielt.«

Jetzt, nachdem er sich nach Sde Boker zurückgezogen hatte, erhielt ich eine ähnliche Reaktion von Scharet und auch von Lawon, der die französische Strategie »dumm« nannte. Jede Anstrengung, die nicht darauf abzielte, die Einstellung der Briten und Amerikaner zu ändern, sei reine Zeitverschwendung.

In Jerusalem fand ich Vertrauen und Unterstützung bei Mosche Dajan, ansonsten bei niemandem. Das Außenministerium, das bei solchen internationalen Initiativen unter normalen Umständen die Führungsrolle übernommen hätte, ließ mich komplett im Stich. Doch noch immer glomm der Funken der Phantasie in mir. Und ungeachtet aller Hindernisse, legte ich los.

Bei meiner ersten Reise nach Paris konnte ich noch kein Wort Französisch und wusste nichts von der Lebensart und den Sitten der Franzosen. Ich war zerzaust und schlecht vorbereitet, unterwegs auf einem Botengang, der von einem Trottel geplant schien, von mir. Und doch bestieg ich das

Flugzeug voller Hoffnung, gespannt darauf, ob ich etwas erreichen würde, das alle für unmöglich hielten. Kurz nach der Ankunft rief ich im Büro des Vizepremierministers Paul Reynaud an, der meines Wissens für Waffenverkäufe ins Ausland zuständig war. Mit Hilfe eines Dolmetschers teilte ich ihm mit, dass ich in Paris sei und hoffe, dass wir miteinander reden könnten. Er lud mich auf der Stelle ein, in sein Büro zu kommen.

Wir führten ein herzliches und ausführliches Gespräch, das noch dazu sehr produktiv war. Am Ende war er zum Verkauf von Langstreckenwaffen an Israel bereit. Wir brauchten natürlich viel mehr als das, aber eine solche Vereinbarung war doch ein Wendepunkt. Es war unser erstes Waffengeschäft mit einer Großmacht – und der erste von vielen Schritten hin zu einem echten Bündnis. Ich war in Hochstimmung.

Ich erhob mich und gab Reynaud die Hand, dankte ihm für sein Verständnis und seine Unterstützung. Als er mich zur Tür begleitete, kam mir plötzlich eine Frage und ich hielt inne.

»*Monsieur*, ich habe ehrlich gesagt keine Ahnung, wie ein Staat einem anderen etwas bezahlt.« Ich schlug vor, eine Million US-Dollar auf ein Bankkonto des französischen Verteidigungsministeriums zu überweisen und den Rest später zu begleichen. Reynaud stimmte zu.

Im Lauf der nächsten Jahre reiste ich immer wieder nach Frankreich, um Waffen und Ausrüstungsgegenstände für die IDF zu kaufen. Mit Hilfe des algerischen Juden Georges Elgosi, eines Wirtschaftsfachmanns im Amt des französischen Premierministers, brachte ich die französische Regierung dazu, uns verschiedene Jagdflugzeugtypen zu liefern, die 1967 für unseren Sieg im Sechstagekrieg entscheidend sein sollten. Vor unserem Treffen hatte mich Elgosi zu sich in seine Wohnung eingeladen, damit seine alte Mutter die Möglichkeit bekam, mich – buchstäblich – zu inspizieren. Ich weiß noch, wie sie im Wohnzimmer residierte, als hielte sie Hof. Als ich mich vorstellte, bat sie mich, ihr meine Hand zu zeigen. Sie prüfte die Linien und Falten der Innenfläche, als studiere sie eine Karte meiner Seele. Als sie fertig war, wandte sie sich ihrem Sohn zu und sagte: »Tu alles, was er will.« Elgosi nahm sich die Empfehlung seiner Mutter offensichtlich zu Herzen. Am nächsten Tag bot er mir an, sein Büro zu benutzen, das nur einen Steinwurf von dem des Premierministers Pierre Mendès-France entfernt war. Elgosi verschaffte mir Zugang zur Welt der französischen Politik, und ich schloss mit Dutzenden von führenden Politikern des Landes Freundschaft, auch mit dem Premierminister selbst.

Ich kam ohne ein Wort Französisch und mit leeren Taschen in Paris an, ohne jedes Verständnis von der Kultur des Landes und von den Umgangsformen, doch die französischen Politiker begegneten dem Sonderling weder herablassend noch ablehnend, sondern nahmen mich auf wie ein verlorenes Kind. Ich wurde in die höchsten Kreise der Gesellschaft eingeführt und den wichtigsten Politikern, Generälen, Schriftstellern und Künstlern vorgestellt. Sie sahen in mir einen der Ihren, und daraus knüpften wir ein enges Band. Und es betraf mehr als nur die persönliche Ebene: Die deutsche Besatzung war nicht nur eine politische, sondern auch eine existentielle Krise gewesen. Für ein Volk, das seit jeher über das eigene Wesen nachsann, waren die Besatzung und das Erbe der Kollaboration zur nationalen Seelenkrise geworden, und nicht nur Mendès-France mag in unseren Bemühungen einen ähnlichen Drang zur Bewältigung der eigenen Vergangenheit erkannt haben.

Das einzige Hindernis, das unserer neuen Freundschaft im Wege stand, war die Sprache. Bei meinen ersten Reisen nach Frankreich benötigte ich einen Dolmetscher. Doch bald schon nutzte ich diese Flüge nach Paris als Gelegenheit, selbst Französisch zu lernen, mich intensiv mit dieser Sprache zu befassen, Gespräche mit unserem Botschafter und manchmal auch mit mir selbst auf Französisch zu führen, so dass ich schließlich keinen Dolmetscher mehr brauchte.

Während einer meiner Reisen wurde ich beim Generalstabschef der französischen Armee zum Abendessen eingeladen und neben der Gemahlin des Gastgebers platziert. Ehe das Essen begann, flüsterte sie mir zu:

»Monsieur Peres, erlauben Sie mir eine Bemerkung: Vor mir brauchen Sie Ihre Absichten nicht zu rechtfertigen.«

»Pardon?«

»Sie müssen mir nicht erklären, warum Sie hier sind und wofür Sie kämpfen.«

»Wie meinen Sie das?«, fragte ich.

Sie hielt einen Augenblick inne, als suchte sie nach den richtigen Worten. Dann schob sie den Ärmel ihrer Bluse nach oben und drehte ihren Unterarm ein wenig zu mir hin. Ich sah die Nummer, mit der die Nazis sie in einem Konzentrationslager gebrandmarkt hatten wie ein Stück Vieh. Sie hatte überlebt.

Meine Bemühungen in Frankreich fanden nicht in

einem Vakuum statt. Entlang der israelischen Grenze, vor allem der zu Ägypten, verschärften sich die Spannungen. Nasser unterstützte in Gaza die Terrorgruppe Fedajin, deren Kämpfer heimlich über die Grenze kamen und Zivilisten attackierten. Wir schlugen bei jedem Angriff zurück, doch auf jede Vergeltungsmaßnahme schien ein erneuter Angriff zu folgen. Die Eskalation der Spannung schien einen Krieg unvermeidlich zu machen, zumal Geheimdienstberichte nahelegten, dass die Ägypter Angriffspläne entwickelten.

Unsere Besorgnis wurde existentiell, als wir im September 1955 erfuhren, dass Nasser gerade ein umfangreiches Waffengeschäft mit der Tschechoslowakei abgeschlossen hatte, unserem früheren Handelspartner. Die Vereinbarung umfasste Hunderte von Flugzeugen, Panzern, U-Booten und Zerstörern sowie unzählige Kisten schwere Artillerie und Munition. Es war genug, um Ägypten über Nacht zur bedeutenden Militärmacht zu machen und Nassers Drohung, Israel zu vernichten, Glaubwürdigkeit zu verleihen. Einen Monat später provozierte Nasser uns weiter und ließ unsere wichtigste Schiffsroute nach Eilat, die Straße von Tiran, schließen.

Zu diesem Zeitpunkt gehörte Ben-Gurion wieder der Regierung an, als Premierminister und Verteidigungsminister. Er betrachtete die Schließung der Meerenge als Kriegshandlung und schlug vor, mit Gewalt ihre Wiedereröffnung zu erzwingen. Doch das Kabinett war skeptisch, eine Mehrheit stimmte gegen seinen Vorschlag. Nassers Provokation blieb also erst einmal unbeantwortet.

Zur selben Zeit machte ich mir Sorgen um die Franzosen. Nachdem ich unsere Partnerschaft erfolgreich geschmiedet hatte, überlegte ich jetzt, wie sie auf Dauer zu erhalten war, insbesondere vor dem Hintergrund der internen politischen Koalitionen und Gegensätze. In Frankreich waren plötzliche Regierungswechsel an der Tagesordnung, und manchmal lösten ideologisch sehr unterschiedliche Parteien einander ab. Im Januar 1956 sollten Wahlen stattfinden, und ich war unsicher, ob die Radikale Partei danach wieder die Regierung stellen würde.

Ich beschloss, in den kommenden Monaten in Paris meine eigene, persönliche Kampagne zu führen, und bemühte mich, Beziehungen zur Opposition aufzubauen, um auch im Fall eines Regierungswechsels unsere Interessen zu wahren. Die wichtigste dieser Begegnungen war ein privates Abendessen in einem kleinen Pariser Café mit dem Oppositionschef Guy Mollet, einer faszinierenden Persönlichkeit.

Mollet wusste, dass ich wie er Sozialist war. So begrüßte er mich denn auch, als ich am Tisch Platz nahm, als »Genosse«, und über unser gemeinsames Weltbild kamen wir uns schnell näher. Dann ging es schließlich zur Sache.

»Und was genau wollen Sie?«, fragte er.

Ich erzählte ihm von unserer Zusammenarbeit mit den Radikalen und ließ ihn frank und frei wissen, was mir Sorgen bereitete. Obwohl ich die gleiche politische Auffassung hatte wie er, fürchtete ich, dass Israel verwundbarer würde, wenn er in Frankreich an die Regierung kam.

Mollet hörte mir aufmerksam zu, und bei vielen Gängen und vielen Gläsern Wein führten wir ein nachdenkliches Gespräch. Am Ende gab er mir ein Versprechen: »Wenn ich die Wahl gewinne, werde ich eurem Hilferuf nachkommen.«

Zwar schätzte ich seine Antwort, doch konnte ich meine Skepsis nicht verbergen.

»Warum zweifeln Sie?«, wollte er wissen.

»Ich zweifle nicht an Ihnen persönlich«, entgegnete ich.

»Aber ich kenne die Sozialisten. Wenn sie in der Opposition sind, versprechen sie einem das Blaue vom Himmel. Aber sobald sie an der Macht sind, ist alles vergessen.«

»Mit wem haben Sie diese Erfahrung gemacht?«

Ich erzählte ihm von dem englischen Politiker Ernest Bevin. In der Opposition war Bevin ein guter Freund Israels gewesen. Doch als Außenminister wurde er unser ärgster Feind. Er setzte das Weißbuch von 1939 durch, das die Einwanderung von Juden nach Palästina verbot, als die Briten es eigentlich schon abgelehnt hatten.

»Ich bin nicht Bevin«, meinte Mollet. »Sie können auf mich zählen.«

Am 2. Januar 1956 zeigte sich, dass ich mich tatsächlich auf ihn würde verlassen müssen. Die Radikale Partei hatte die Wahlen verloren, und Mollet war mit der Regierungsbildung beauftragt. Ich war sprachlos und hatte trotz unseres herzlichen Gesprächs doch Zweifel an seiner Bereitschaft und seiner Fähigkeit, seine Zusage letztlich einzulösen.

Einige Monate danach stellte ich sein Versprechen auf die Probe. Es war weit nach Mitternacht, als ich einen dringenden Anruf bekam – ich solle umgehend in Ben-Gurions Büro kommen. In Gaza weiteten sich die Kampfhandlungen mit der ägyptischen Armee aus, und es stand zu befürchten, dass Nasser einen großangelegten Angriff vorbereitete.

»Du musst sofort nach Frankreich fliegen«, sagte Ben-Gurion zu mir. »Ich habe hier einen Brief für Mollet. Sieh zu, dass er uns hilft.« In dem Brief beschrieb er unsere Probleme mit Nasser: dass er anscheinend unbegrenzten Zugang zu sowjetischen Waffen hatte und seine Aktivitäten eine »schreckliche Bedrohung für Israel« darstellten. Ben-Gurion bat um französische Soforthilfe und machte damit klar, dass ohne Mollets Unterstützung das Überleben unseres Landes auf dem Spiel stand.

Ich stieg in ein Flugzeug und saß bald wieder Guy Mollet gegenüber, dieses Mal im Hôtel Matignon, dem Amtssitz des Premierministers. Ich trug mein Anliegen vor. »Macht euch keine Sorgen«, erklärte er. »Wir können euch helfen.« Er sah die Erleichterung in meinen Augen und flüsterte mir grinsend und zwinkernd zu: »Ich habe Ihnen doch gesagt, dass ich nicht Bevin bin.«

Im Juni 1956 flogen Mosche Dajan und ich erneut nach Paris, um uns mit ranghohen Militärs zu treffen. Dajan erklärte ruhig, aber leidenschaftlich, dass Nasser Israel bald angreifen konnte, und deutete die Möglichkeit eines gemeinsamen Vorgehens mit den Franzosen an. »Wir sind bereit, zusammen mit Ihnen gegen Nasser anzutreten«, erklärte er. »Sofern Sie bereit sind, mit uns zu kooperieren.« Die anwesenden französischen Offiziere stimmten zu – zumindest im Prinzip.

»Um vorbereitet zu sein«, warf ich ein, »brauchen wir Waffen. Eine andere Möglichkeit gibt es nicht.« Ich überreichte den Offizieren eine Wunschliste der Waffen und militärischen Geräte, die wir benötigten. Die Zahlen hatte ich etwas hoch angesetzt, damit mir Verhandlungsspielraum blieb. Zu meiner größten Überraschung wichen die Offiziere weder zurück noch versuchten sie dagegenzuhalten.

Voller Zuversicht kehrten wir nach Hause zurück, und bald trafen die ersten Waffen aus Frankreich ein. Wir beobachteten weiter Nassers Truppenbewegungen und wehrten alle Grenzübertretungen ab. Im Juli 1956 verkündete Nasser dann eine verhängnisvolle Entscheidung: Er beabsichtigte, den Suezkanal zu verstaatlichen.

Bis dahin wurde der Kanal von einem gemeinsamen Unternehmen der Briten und der Franzosen betrieben, die ihn beide als Handelsroute für den Transport von Erdöl und anderen wichtigen Wirtschaftsgütern nutzten. Dass Ägypten nun die Kontrolle über den Suezkanal übernahm, war für die Wirtschaft der beiden Westmächte eine große Gefahr. Die Franzosen waren schon zuvor bereit gewesen, gegen Nasser in den Krieg zu ziehen. Jetzt neigten auch die Briten dazu.

Ich war in Paris, als Nasser seine Erklärung abgab, und am nächsten Tag traf ich mich mehrmals mit dem französischen Verteidigungsminister Maurice Bourgès-Maunoury. Am folgenden Nachmittag kehrte ich nach Israel zurück und wurde von Ben-Gurion und Mosche Dajan am Flughafen abgeholt. Auf der Fahrt nach Jerusalem informierte ich die beiden über die Gespräche, die ich geführt hatte. Die Franzosen und die Briten waren beide an einer Zusammenarbeit mit Israel interessiert, um die ägyptische Bedrohung zu beseitigen. Die Briten würden mitspielen, wenn Israel sich verpflichtete, Jordanien nicht anzugreifen, mit dem Großbritannien durch einen Beistandspakt verbunden war. Neben den Details des militärischen Vorgehens, die noch zu klären blieben, war auch die Frage des zeitlichen Ablaufs noch offen. Die Franzosen wollten sofort losschlagen, während sich die Briten noch zwei Monate um eine politische Lösung bemühen wollten. Ben-Gurion äußerte sich im Großen und Ganzen positiv zum Inhalt des Gesprächs, blieb aber skeptisch im Hinblick auf die Beteiligung der Briten. Was die zeitliche Planung anging, so teilte er angesichts der Wahrscheinlichkeit eines ägyptischen Angriffs die Haltung der Franzosen, sofort zuzuschlagen.

Kurz danach flog ich wieder nach Frankreich, um die Gespräche fortzusetzen und nach der Beantwortung der allgemeinen Frage, ob wir gemeinsam in den Krieg ziehen sollten, auch die Details des Feldzugs zu besprechen. Ich wurde von Golda Meir begleitet, die vor kurzem zur Außenministerin ernannt worden war. Für Golda war ich ein einziges Ärgernis. Sie war enttäuscht, dass ich das Vertrauen Ben-Gurions gewonnen hatte, den sie zu Recht als einzigartige Persönlichkeit verehrte. Sie war frustriert, dass er sich meine Ideen anhörte, selbst diejenigen, die sie für leichtsinnig oder phantastisch hielt. Und sie war verärgert, dass ich unsere Beziehungen mit den Franzosen ohne das Außenministerium knüpfte, wo so etwas eigentlich stattfinden sollte. Ich verstand sie, auch wenn sie mir so viel Misstrauen entgegenbrachte. Sie hatte seit Jahren an Ben-Gurions Seite gestanden, und ich war eben erst angekommen. An ihrer Stelle, so dachte ich, wäre ich wohl auch verstimmt.

Unsere erste Sitzung in Frankreich trug nicht zur Verbesserung unseres Verhältnisses bei. Zu unserer Überraschung nahm Guy Mollet nicht daran teil, was Golda ärgerte und ihre Zweifel an den Chancen einer militärischen Zusammenarbeit und ihre Geringschätzung meiner Person verstärkte. Doch als sie den empfohlenen Schlachtplan zu hören bekam, schlug ihre Ungeduld in Wut um. Bei dem vorgeschlagenen Szenario sollte Israel den Vorwand liefern: Die Franzosen und die Briten wollten, dass wir Ägypten angriffen und ihnen damit einen Grund gaben, in den Konflikt einzugreifen. »Die Israelis werden einen Krieg gegen Ägypten beginnen«, erklärte einer der anwesenden Franzosen, »und dann kommen wir, um sie voneinander zu trennen. Wenn sich die Israelis dann zurückziehen und die Ägypter nicht, haben wir den Vorwand, den wir brauchen, um sie zum Rückzug [aus der Kanalzone] zu zwingen.«

Golda fand die Idee völlig abwegig – keine Chance auf Realisierung. Ihrer Meinung nach hatte ich es mit der französischen Bereitschaft zur Zusammenarbeit übertrieben und unser Land beschämend weit auf einen ungewissen Weg geführt. Und obgleich Ben-Gurion Goldas Meinung über mich nicht teilte, war auch er über den französischen Vorschlag besorgt. Er fürchtete, wenn wir diesen Vorwand lieferten, würden wir unser Ansehen in der internationalen Gemeinschaft aufs Spiel setzen – und möglicherweise selbst als Provokateur dastehen, auch wenn Ägypten uns ja schon einmal überfallen hatte und wiederholt aggressiv gegen uns vorgegangen war. Damit hatte er sicher recht. Aber Mosche Dajan brachte ein Gegenargument vor, das ich recht überzeugend fand.

»England und Frankreich brauchen uns nicht«, sagte er unverblümt zu Ben-Gurion. »Die haben genug Flugzeuge, um die ägyptische Luftwaffe auszuschalten. Wir haben nur einen Vorteil, den einzigen, den England und Frankreich nicht haben. Wir können ihnen den Vorwand liefern, den sie brauchen, damit sie mitmachen können.« Doch Ben-

Gurion blieb skeptisch und meinte, es sei noch möglich, die Sache anders zu regeln. Es sei an der Zeit für ihn, selbst nach Paris zu fahren und sich mit den Franzosen und Briten zu treffen. Ich telegraphierte sofort nach Paris und bat um einen Termin für eine Konferenz.

Am nächsten Sonntag landete eine Maschine aus Paris in Tel Aviv, die uns zu dem Treffen bringen sollte. Wir waren eine kleine Gruppe, die sich in aller Heimlichkeit zum Flughafen begab. Ben-Gurion trug einen Hut mit breiter Krempe, die sein wildes weißes Haar verbarg. Dajan nahm die Augenklappe ab und setzte eine dunkle Sonnenbrille auf. (Dass er jetzt eine bewaffnete Zusammenarbeit mit den Franzosen plante, war nicht ohne Ironie, denn 1941 hatte er sein Auge durch die Kugel eines französischen Scharfschützen verloren.)

Nach unserer Ankunft am Flughafen wurde Ben-Gurion sofort zu der Villa in Sèvres gebracht, in der die Gespräche stattfinden sollten. Das an der Seine gelegene ruhige Städtchen hatte eine reiche Geschichte. Trotz des förmlichen Ambientes und des ernsten Anlasses verlief das Gespräch recht freundschaftlich. Ben-Gurion präsentierte seine Forderungen einer Gruppe von Franzosen, die ihn sehr zu schätzen schienen. Das Hin und Her war äußerst herzlich und angenehm, eine sehr erfreuliche Begegnung. Doch beim Eintreffen des britischen Außenministers Selwyn Lloyd schien plötzlich ein eisiger Wind hereinzublasen.

Als Ben-Gurion und Lloyd einander die Hand gaben, war sofort klar, dass sie sich nicht mochten. Lloyd war unfreundlich und unangenehm, kurz angebunden, phantasielos und bisweilen offen feindselig. Er betrachtete Ben-

Gurion eher als früheren Feind und weniger als zukünftigen Verbündeten, als einen Partner, der ihm aufgezwungen worden war. Die Abneigung beruhte auf Gegenseitigkeit.

Als das Treffen am zweiten Tag fortgesetzt wurde, hatte Ben-Gurion noch nicht entschieden, ob er einem Plan zustimmen würde, in dem Israel den Vorwand lieferte, doch das Gespräch über die anzuwendende Taktik wurde unter der Annahme fortgesetzt, dass er letztlich einwilligen würde. Eine ganze Reihe von Vorschlägen machte die Runde, doch am Ende war klar, dass nur einer realisierbar war. Israel sollte Ägypten am 29. Oktober angreifen und seine Truppen auf der Sinai-Halbinsel einsetzen. Am nächsten Tag würden Frankreich und England fordern, dass Israel und Ägypten jegliche Militäraktion einstellten und sich vom Suezkanal zurückzogen. Wenn Nasser, wie zu erwarten war, diese Bedingungen ablehnte, würden die Franzosen und die Briten ihrerseits Ägypten angreifen.

Als Mosche und ich Sèvres verließen, hatte Ben-Gurion sich noch nicht entschieden. Wir gingen in ein Café und besprachen die Lage bei einem Glas Wein. Wir hatten kein gutes Gespür dafür, wie Ben-Gurion dachte, und obwohl wir dezidiert für eine Intervention waren, unterschätzten wir keineswegs die Entscheidung, vor der er stand. Sie war komplex und von großer Tragweite und musste auf einer mangelhaften Faktengrundlage getroffen werden. Und Ben-Gurion musste sie treffen, wohl wissend, dass jeder Krieg Unwägbares mit sich bringt. Eine Niederlage hätte für Frankreich und England natürlich gravierende politische und wirtschaftliche Schäden zur Folge gehabt. Doch für uns ging es um sehr viel mehr – nicht nur um unser Ansehen in der Welt, sondern um unser Überleben. In Ben-Gurions Hand tickte unerbittlich eine Uhr, und rasch verflossen die Stunden, bis er eine Entscheidung treffen musste, die das Ende nicht nur eines Landes, sondern auch der Zukunft des jüdischen Volkes bedeuten konnte. Keiner von uns beneidete ihn darum.

Am nächsten Morgen wurden wir wieder nach Sèvres gerufen. Bei unserer Ankunft saß Ben-Gurion im großen Garten der Villa unter einem Baum. Als er uns kommen sah, zog er ein Blatt Papier aus der Tasche, auf dem er eine Reihe von Fragen für uns aufgeschrieben hatte. Er begann, sie vorzulesen, und Mosche und ich wussten sofort, wie seine Antwort lauten würde. Die Fragen betrafen das taktische Vorgehen, den Zeitplan, die militärische Logistik und politische Erwägungen. Aus den Fragen ging klar hervor, dass er unserem Anliegen nicht mehr ambivalent gegenüberstand. Er hatte beschlossen, dass Israel in den Krieg ziehen würde.

Im weiteren Verlauf des Gesprächs bat Ben-Gurion Mosche, eine Karte des beabsichtigten Feldzugs zu skizzieren. Doch keiner von uns hatte Papier dabei, und so zog ich eine Zigarettenschachtel aus der Tasche und reichte sie Dajan. Er skizzierte darauf eine Karte der Sinai-Halbinsel und zeichnete Flugrouten ein und die Stellen, an denen unsere Fallschirmjäger abspringen sollten. Am Ende des Gesprächs war uns klar, dass wir soeben die erste Karte eines Feldzugs entworfen hatten, der in die Geschichte eingehen sollte. Wir schoben sie einander zu und unterzeichneten den Entwurf. Dann steckte ich ihn wieder ein.

Fünf Tage danach begann der Krieg.

Bei unserem ersten Gespräch über die Möglichkeit eines militärischen Vorgehens vor ein paar Monaten hatte mich der französische Verteidigungsminister gefragt, wie lange wir wohl brauchen würden, um den Sinai zu erobern.

»Drei bis vier Tage«, lautete meine Antwort. Er meinte, es werde mindestens drei bis vier Wochen dauern. Wir brauchten dann tatsächlich nur ein paar Stunden länger, als ich geschätzt hatte. Die IDF rückten auf dem Sinai unglaublich schnell vor und zwangen die Ägypter, sich in langen Fahrzeugkolonnen nach Westen zurückzuziehen. Unsere beschädigten Flugzeuge wurden in unseren eigenen Wartungseinrichtungen repariert, wo mehr als tausend Personen Tag und Nacht an der Arbeit waren. Alles ging so schnell, dass die Kämpfe bereits beendet waren, als die Franzosen und die Briten ihren Angriff auf Ägypten starteten. »Völliger Zusammenbruch der ägyptischen Armee im Sinai«, telegraphierte ich nach Paris. »Glänzender Sieg der IDF an allen Fronten.«

Auch die Blockade der Straße von Tiran war gesprengt, nahezu die gesamte ägyptische Luftwaffe war vernichtet, und die Stützpunkte der Fedajin lagen in Trümmern. Die unmittelbare Gefahr eines Angriffs auf unser Land bestand nicht mehr.

Mit dem Sieg festigten wir unsere Partnerschaft mit Frankreich, ein Bündnis, das bis zum Vorabend des Sechstagekriegs für uns wichtig bleiben sollte. Dieser Überraschungsangriff des, wie manche meinten, »kleinen Israel« verlieh uns neues Selbstvertrauen und den Ruf taktischer Brillanz. Und er brachte uns mehr als zehn halbwegs friedliche Jahre.

Für mich persönlich war es eine Zeit der tiefgreifenden

Weiterentwicklung – eine Zeit, in der Reife unter großem Druck geformt wird, so wie in der Tiefe der Erde ein Diamant entsteht. Ich lernte die Tugend der Phantasie und die Kraft der kreativen Entscheidungsfindung kennen. Ein Bündnis mit Frankreich war mein »unmöglicher« Traum gewesen, und ich hatte ihn beharrlich verfolgt. Eine eigene Luftfahrtindustrie war mein und Al Schwimmers »unmöglicher« Traum gewesen, und wir hatten sie gemeinsam aufgebaut. Wir waren schnell und kreativ und hatten große Ambitionen, und das war uns Lohn genug.

Doch ich lernte auch, dass Träume ihren Preis haben. Zuerst wurden nur meine Ideen bespöttelt. Bald aber richtete sich das gegnerische Feuer gegen mich selbst – und erst in zweiter Linie gegen meine Ansichten. Man griff mich an und setzte mich herab, betrachtete mich als gefährlich naiv und bezichtigte mich schrecklicher Dinge. Meine Kritiker konnten nicht begreifen, wie ich in Ben-Gurions Gunst gelangen konnte oder wie sie es bewerkstelligen konnten, mich dort wieder herauszudrängen – als könnten sie den Mann, den sie (genau wie ich) verehrten, für sich selbst vereinnahmen. Und weil so vieles von dem, was ich getan hatte, im Dunklen erfolgt war, wie das Waffengeschäft, das Bündnis mit Frankreich und die Operation Suez, blieb mir nichts anderes, als im Hintergrund zu bleiben. Meine Kritiker kannten oftmals nur die eine Hälfte der Geschichte und sollten auch niemals mehr erfahren.

So verstand ich langsam, was den Kern einer Führungspersönlichkeit ausmacht: Man muss große Träume verfolgen und die Konsequenzen tragen oder aber die eigenen Ambitionen zurückschrauben, um voranzukommen. Ich hatte keine Wahl. Ich konnte nicht jemand anderes werden und beschloss deshalb, ich selbst zu bleiben und damit einer größeren Sache zu dienen. Ich entschied, dass Leistung wichtiger war als Ehre, wichtiger als Beliebtheit, wichtiger als ein Titel. Nicht, dass ich all das nicht gewollt hätte; aber wenn ich es bekommen hätte, ohne zu handeln, ohne Risiken einzugehen und ohne meinen Mut zu beweisen, dann wäre es bedeutungslos gewesen. Es gab einfachere Wege, nach dem Mittelmaß zu streben. Und so beschloss ich, mich weder auf die faule Haut zu legen noch von meinen Träumen ablenken zu lassen, sondern kreativ und erfinderisch nach einem Weg zu suchen, dem unser junger Staat folgen konnte. Ich wollte, dass dieser Staat erblühte und dass er gerecht, friedlich und integer wurde. Und so ließ ich meinen Träumen freien Lauf und weigerte mich, zum Zyniker zu werden.

Gab es Rückschläge auf diesem Weg? Selbstverständlich. Meine großen Träume bereiteten mir ruhelose Tage und schlaflose Nächte. Ihretwegen verlor ich Wahlen. Und auch einige Freunde. Aber sie haben mir nie den Mut zur Phantasie genommen. Die Erfolge stärkten mein Selbstvertrauen, die Fehlschläge stählten mein Rückgrat.

Die Erfahrung hat mich drei Dinge über den Zynismus gelehrt: Erstens ist er eine starke Kraft, die die Hoffnungen eines ganzen Volkes vernichten kann. Zweitens ist er ein universeller, grundlegender Teil der menschlichen Natur, eine allgegenwärtige, weltweit verbreitete Krankheit. Drittens ist er die größte Bedrohung für die nächste Generation politischer Führer. Was könnte gefährlicher sein in einer Welt, die vor so vielen großen Herausforderungen steht, als die Menschen von neuen Ideen und neuen Zielen abzuhalten?

Von vielen Menschen und in vielen Sprachen wurde mir immer wieder vorgeworfen, ich sei zu optimistisch und sähe die Welt und die Menschen durch eine rosa Brille. Meine Antwort lautet stets, dass wir letztlich alle sterben werden, aber die Optimisten führen ein Leben voller Hoffnungen und Freude, während die Pessimisten ihre Tage als teilnahmslose Zyniker fristen. Dieser Preis ist entschieden zu hoch.

Im Übrigen ist Optimismus eine Voraussetzung für den Fortschritt. Er liefert uns die Inspiration, die wir brauchen, gerade in schweren Zeiten. Und er ermutigt uns dazu, unsere ehrgeizigsten Ziele in die Welt hinaus zu tragen, anstatt sie in die sichere Ruhe unserer Gedanken wegzusperren.

Kapitel 3

DIE LEGENDE UND DAS VERMÄCHTNIS VON DIMONA

Am Morgen des 13. September 1993 stand ich mit einer kleinen Gruppe in einem runden, fensterlosen Raum mit großen Panoramabildern. Als die antike Uhr die elfte Stunde schlug, wurden wir instruiert, uns in einer Reihe aufzustellen. Wir schickten uns an, ein historisches Dokument zu unterzeichnen – die erste Prinzipienerklärung für einen Frieden zwischen Israelis und Palästinensern –, und die Zeremonie sollte gleich beginnen. Herzlich begrüßte ich die vor mir stehenden ehemaligen Präsidenten George H. W. Bush und Jimmy Carter, die auf dem langen Weg zum Frieden eine wichtige Rolle gespielt hatten. Hinter mir standen Präsident Bill Clinton, der PLO-Vorsitzende Jassir Arafat und Premierminister Jitzchak Rabin, bereit zu einem historischen Schritt zum Frieden.

»Meine Damen und Herren, der Vizepräsident der Vereinigten Staaten, Albert Gore, Jr.; Seine Exzellenz Schimon Peres, Außenminister von Israel; Herr Abbas, Mitglied des Exekutivrates der Palästinensischen Befreiungsorganisation.«

Wir traten aus dem Weißen Haus hinaus auf den weiten

Südrasen, wo sich Tausende Menschen versammelt hatten, darunter viele Fernsehreporter und Journalisten aus aller Welt. Wir gingen zur Bühne, wo Präsident Clinton uns in Kürze zu diesem historischen Moment der Hoffnung beglückwünschen würde, und ich dachte zurück an die erste Entscheidung, die uns auf diesen langen, ungewissen Weg zum Frieden geführt hatte. Nicht an den Entschluss, den Palästinensern im Geheimen die Hand hinzustrecken, und auch nicht an unsere früheren Bemühungen, Verhandlungen mit unseren Feinden aufzunehmen. In diesem Augenblick schweiften meine Gedanken etwa 40 Jahre zurück – in eine Zeit, als Ben-Gurion und ich einer geschlossenen Opposition gegenüberstanden.

Es war der 24. Oktober 1956, in der Villa in Sèvres, wo sich die führenden französischen und israelischen Politiker trafen, um die Pläne für die Operation Suez endgültig festzulegen. Ben-Gurion und ich standen in einem der großzügigen Räume, der zugleich ein Tanzsaal, ein Kunstmuseum und ein elegant möblierter Salon war. Uns gegenüber waren der französische Außenminister Christian Pineau und der Verteidigungsminister Maurice Bourgès-Maunoury in ein Gespräch vertieft, hatten aber offenbar nichts Dringendes zu erledigen. Ich witterte eine günstige Gelegenheit, vielleicht den perfekten Augenblick.

Ich wandte mich Ben-Gurion zu und flüsterte: »Ich denke, jetzt krieg ich's hin.« Er nickte kaum merklich, ich holte kurz Luft.

Ich trat zu den beiden Herren, mit denen ich bereits Freundschaft geschlossen hatte, und sprach ein Thema an, das sie völlig überraschte. Ich wollte mit ihnen über eines unserer ehrgeizigsten Ziele sprechen: den Aufbruch ins Atomzeitalter. Um das zu bewerkstelligen, würden wir etwas von Frankreich benötigen – etwas, das kein Land je einem anderen gegeben hatte.

Unser Interesse an der Kernenergie war nicht neu. Schon lange vor jenem schicksalhaften Augenblick in Sèvres hatte das Thema meine und Ben-Gurions Neugierde geweckt. Wir waren beide keine Experten auf dem Gebiet, aber sehr daran interessiert. Wir sahen großes Potential in ihrer friedlichen Nutzung. Ben-Gurion war überzeugt, dass das, was uns die Natur vorenthielt, nur durch Wissenschaft zu kompensieren sei. Wir hatten weder Öl noch hinreichenden Zugang zu Süßwasser, und die Kernkraft bot die Möglichkeit, beide Probleme zu lösen – Länder wie Frankreich nutzten sie nicht nur als zuverlässige Energiequelle, sondern auch zur Entsalzung von Meerwasser. Auch er glaubte, genau wie ich, dass an den Grenzen der technischen Entwicklung intellektuelle wie wirtschaftliche Wertschöpfung erzielt werden kann. Durch Investitionen in Spitzentechnologien, durch den Ausbau unserer Universitäten zu Talent- und Expertenschmieden glaubten wir, die unerschlossenen Potentiale unserer Nation ausschöpfen zu können.

Dieser Gedanke war natürlich bestechend. Doch in Wahrheit war mein Interesse eher politischer als technischer Natur. Wenn es uns gelingen sollte, einen Reaktor zu bauen, würden unsere Feinde keine Sekunde an einen friedlichen Zweck glauben. Alle, die das Existenzrecht Israels leugneten, beäugten uns ohnehin mit so großem Misstrauen, dass weder öffentliche Erklärungen noch private Zusicherungen, ja nicht einmal die Vorlage konkreter Beweise die Skeptiker von dem Glauben abbringen würden, wir besäßen die Möglichkeit zum Bau von Atomwaffen. Wie es Thomas Hobbes im »Leviathan« formulierte: »Der Ruf von Macht ist Macht.« Meine Theorie war die logische Konsequenz: Der Ruf von Atommacht ist Abschreckung. Und die, so glaubte ich, war der erste Schritt auf dem Weg zum Frieden.

Damals galt in der gesamten arabischen Welt der feste Wille, Israel auszulöschen, als Lackmustest für eine politische Karriere; jeder Politiker, jeder General im Nahen Osten, der höher hinauf wollte, musste beweisen, dass er noch entschlossener war, uns zu vernichten, als sein Rivale. Unser oberstes Sicherheitsgebot war daher nach meiner Ansicht, Zweifel an ihrer Fähigkeit zur konkreten Umsetzung dieser Verpflichtung zu säen.

Im Lauf der Zeit verschoben sich meine Gespräche mit Ben-Gurion von der Theorie hin zur Praxis. Wenn wir diese Option ernsthaft ins Auge fassen wollten, mussten wir genau wissen, was dazu erforderlich war. Zunächst einmal war es eine Mammutaufgabe – was die Baumaßnahmen und das technische Know-how anging. Zweitens verfügten wir weder über die Rohstoffe noch über das wissenschaftliche Potential, um einen Reaktor zu bauen. Zugleich war uns sehr wohl bewusst, dass wir keine Abstriche machen konnten – bei der Kernenergie kann jeder Kompromiss zur Katastrophe führen.

Wir brauchten also Hilfe, und Frankreich, das Land, zu dem wir die freundschaftlichsten Verbindungen aufgebaut hatten, stellte eine Chance dar. Als Europas modernste Nuklearmacht war das Land auch unsere beste Option, denn das französische Militär hatte Teams von Ingenieuren und

Wissenschaftlern mit spezifischen Fachkenntnissen aufgebaut. Frankreichs Universitäten waren der beste Ort der Welt, um Kernphysik zu studieren. Kurzum, sie hatten alles, was wir brauchten, um einen Kernreaktor zu bauen.

Ben-Gurion fand, es reiche nicht aus, wenn ich das Thema nur anschnitt. Vielmehr sollte ich die konkrete Bitte formulieren, uns einen Kernreaktor für friedliche Zwecke zu verkaufen. Ein solches Ersuchen war ohne Beispiel, und ich rechnete damit, dass meine Freunde es ablehnen würden. Sie gingen ohnehin schon ein großes Risiko ein, da sie uns heimlich Waffen verkauften und damit gegen das Waffenembargo der westlichen Welt verstießen. Doch etwas in dieser Größenordnung war, wenn es entdeckt wurde, weitaus gefährlicher, denn es konnte Frankreichs Beziehungen sowohl zu seinen arabischen Partnern wie auch zu seinen westlichen Verbündeten belasten. Dennoch glaubte ich, wenn eine solche Vereinbarung zwischen zwei Ländern überhaupt möglich war, dann zwischen Frankreich und Israel. Also startete ich den Versuch.

Nach dem ersten Schock über meine Frage entschuldigten sich Pineau und Bourgès-Maunoury und zogen sich zurück, um sich zu besprechen. Der Zeitpunkt meiner Bitte war nicht zufällig, und ich nahm an, dass ihnen das klar war. Zur selben Zeit saß Mosche Dajan im Raum nebenan mit seinem französischen und britischen Kollegen zusammen und entwarf das Protokoll von Sèvres, in dem die Details des Sinai-Feldzugs festgelegt wurden, auch die Forderung, dass wir zuerst angriffen. Wir alle wussten, dass Ben-Gurion dem Plan nur auf Drängen der französischen Seite zugestimmt hatte. Mir war daran gelegen, dass Bourgès-Maunoury und

Pineau das bei der Abwägung der Risiken, die mein Ersuchen für sie barg, im Hinterkopf behielten und entsprechend berücksichtigten.

Wenige Augenblicke später kamen die beiden zurück.
Zu meiner größten Überraschung nickten sie.

»Ich kann die Vereinbarung gleich aufsetzen«, sagte
Pineau.

Wir kehrten mit einhelliger Unterstützung der französischen Führungselite nach Jerusalem zurück und trafen dort
auf fast ebenso einhellige Ablehnung. Golda Meir war fest
davon überzeugt, dass ein solches Projekt unsere Beziehungen zu den Vereinigten Staaten beschädigen würde, während
Isser Harel, Chef des Mossad, Sorge vor einer Reaktion der
Sowjets äußerte. Manch einer sagte den Einmarsch von
Bodentruppen voraus, andere erwarteten Luftangriffe. Der
Leiter des Ausschusses für Äußeres befürchtete, das Projekt
werde »so teuer, dass wir kein Brot und nicht einmal mehr
Reis haben werden« – eine Anspielung darauf, dass wir in
diesen Zeiten der Sparmaßnahmen nach wie vor Mühe hat-
ten, unsere Bevölkerung zu ernähren. Levi Eschkol, damals
Finanzminister, erklärte rundheraus, wir würden keinen
Schekel von ihm bekommen. Uneins war man sich lediglich
darüber, welches Katastrophenszenario das realistischste war.

Die Reaktionen aus der Wissenschaft waren auch nicht
ermutigender. Die israelischen Physiker wollten sich mit
ihrer Arbeit aus der Politik heraushalten, denn sie befürchteten eine zu große Einflussnahme der Regierung auf ihre
Forschungstätigkeit und den Verlust ihres internationalen

Renommees. Vor allem aber, so erklärten sie, sei ein solches Bestreben weder klug noch zweckmäßig. Ich sei naiv zu glauben, ein so kleines Land könne eine so große Aufgabe schultern – das sei keine Vision, sondern Wahnsinn, und damit wollten sie nichts zu tun haben. Als ich mich an das Weizmann-Institut wandte, die angesehenste Forschungseinrichtung Israels, sagte mir der Leiter der Abteilung für Physik, ich hegte einen unverantwortlichen Traum, der uns mit Sicherheit auf dunkle und gefährliche Wege führen würde. Er sagte mir klipp und klar, dass sein Institut bei meinem Vorhaben nicht mitspielen werde, was immer ich auch plane.

Innovation, so weiß ich inzwischen, ist immer ein steiniger Weg. Doch dass einem so viele Hindernisse gleichzeitig in den Weg gelegt werden, ist selten. Wir hatten weder Geld noch Ingenieure und auch keine Unterstützung aus der Welt der Physik, vom Kabinett, der Militärführung oder der Opposition. »Was tun wir jetzt?«, fragte mich Ben-Gurion einmal spätabends, als wir in seinem Büro saßen. Es war die zentrale Frage. Wir hatten nichts als ein Versprechen aus Frankreich, und wir hatten einander.

Oft dachte ich, wie ungewöhnlich meine Beziehung zu Ben-Gurion doch geworden war – wie selten es vorkam, dass ein Premierminister einem jungen politischen Aspiranten so viel Vertrauen entgegenbrachte. Immer wieder war er das Risiko eingegangen, mich mit wichtigen und umstrittenen Projekten zu betrauen. Die angemessene Antwort auf seine Frage wäre sicher ein Eingeständnis der Niederlage gewesen, doch ich befand, dass ich es ihm schuldig war, nach einem anderen Weg zu suchen. Ich hätte ein ehrliches, aufrichtiges Scheitern akzeptieren können – aber nur, wenn ich sicher gewesen wäre, dass meine Bemühungen wirklich des Vertrauens würdig waren, das er in mich gesetzt hatte. Im vorliegenden Fall war sein Vertrauen so groß, dass ich statt einer Kapitulation einen Alternativplan vorschlug.

Dieser Plan gründete auf meinen Erfahrungen mit Al Schwimmer. Die fehlenden öffentlichen Ressourcen, so mein Argument, ließen sich mit privaten Mitteln kompensieren. Und wenn wir es nur richtig anstellten, könnten wir ein Team israelischer Ingenieure anwerben, die mit den französischen Kollegen zusammenarbeiten würden.

»Wenn wir weder das Geld noch das Team zusammenbekommen, dann akzeptieren wir die Niederlage«, sagte ich. »Bis dahin halte ich es für töricht, es nicht zu versuchen.«

Ben-Gurion nickte. »Na dann«, sagte er. »Gehen wir's an.«

In leidenschaftlichen persönlichen (und absolut vertraulichen) Telefongesprächen appellierten wir an die zuverlässigsten Geldgeber Israels in der ganzen Welt. In kurzer Zeit hatten wir etwa die Hälfte der Kosten für das Atomkraftwerk beisammen – mehr als genug, um ein Team zusammenzustellen.

Glücklicherweise konnten wir Israel Dostrovsky als einen der Ersten gewinnen. Der hochangesehene israelische Wissenschaftler hatte einen Prozess zur Herstellung von Schwerem Wasser entwickelt – unerlässlicher Bestandteil eines Atomkraftwerks – und vor Jahren an die Franzosen verkauft. Doch der brillanteste von ihnen war Ernst David Bergman, den ich zum Leiter der Mission bestellte. Chaim Weizmann soll 1934 Albert Einstein gefragt haben, welchen Forscher er ihm für sein neues, außerhalb von Tel Aviv errichtetes Institut empfehlen könne. Einstein nannte nur einen Namen, den von Ernst Bergman, der sein vollstes Vertrauen besaß. Er war einer der wenigen israelischen Physiker, der meine Bemühungen befürwortete, und er sollte bald auch mein Vertrauen besitzen.

Mit Bergman und Dostrovsky hatten wir das wissenschaftliche Know-how. Aber was wir noch dringender benötigten, war ein Projektmanager, dem wir eine solch heikle Aufgabe anvertrauen konnten. Es musste ein Prinzipienreiter sein, der keine Kompromisse einging – was beim Umgang mit radioaktivem Material besonders wichtig ist. Doch gleichzeitig brauchten wir jemanden, der flexibel genug war, um ein Projekt zu übernehmen, für das ihm sicher die Fachkenntnisse fehlen würden. Das natürliche Spannungsverhältnis, in dem diese Anforderungen zueinander standen, ließ meine Liste der potentiellen Kandidaten schnell auf einen einzigen Mann zusammenschrumpfen.

Manes Pratt war ein ausgewiesener Wissenschaftler und stand mit beiden Beinen fest auf dem Boden der Tatsachen. Wir hatten uns im Unabhängigkeitskrieg kennengelernt, beim hektischen Aufbau der IDF. Äußerste Präzision war für ihn kein fernes Ziel, sondern eine selbstverständliche Minimalanforderung. Er war körperlich und geistig rege und forderte von seinen Mitarbeitern die gleiche strikte Arbeitsmoral, die er selbst praktizierte.

Als ich ihm meinen Vorschlag und die Rolle, die er dabei spielen sollte, unterbreitete, sah er mich fassungslos an.

»Sind Sie von Sinnen?«, fuhr er mich an. »Ich habe keinen Schimmer, was man braucht, um einen Reaktor zu bauen. Ich weiß nicht, wie so ein Ding aussieht; ich weiß nicht mal genau, was das ist! Erwarten Sie im Ernst, dass ich ein solches Projekt leite?«

»Manes, hören Sie zu: Ich weiß, dass Sie noch keine Ahnung haben. Aber wenn es in diesem Land einen Menschen gibt, der sich drei Monate damit befasst und dann ein Experte ist, dann sind Sie das.«

Seine Erregung ließ merklich nach. »Und was genau würde das beinhalten?«

Ich schlug ihm vor, drei Monate nach Frankreich zu gehen und sich dort gemeinsam mit den Experten, die uns beim Bau des Reaktors helfen würden, mit der Materie vertraut zu machen. Und ich versprach ihm, dass er problemlos in seinen alten Job zurückkehren könne, falls er sich bei seiner Rückkehr aus Frankreich in diesem Thema noch immer nicht zu Hause fühlte. Da er sich also nicht sofort festlegen musste, stimmte er schließlich zu. Und natürlich kam er drei Monate später aus Frankreich zurück und war der beste Nuklearexperte, den wir uns vorstellen konnten.

Nachdem die Leitungsfragen geklärt waren, machte ich mich an die Zusammenstellung eines Teams. Ich wusste, dass die ältere Physikergeneration unserem Ansinnen sehr ablehnend gegenüberstand, vermutete aber, dass sich Studenten und Hochschulabsolventen finden ließen, die ein so ehrgeiziges Projekt gern angehen würden. Da mir das Weizmann-Institut einen Korb gegeben hatte, wandte ich mich an das Technion, die technische Hochschule in Haifa. Dort fand ich eine Gruppe von Wissenschaftlern und Ingenieuren, die darauf brannten, den Sprung mit uns zu wagen. Genau wie Pratt sollten auch sie alle eine Zeitlang nach Frankreich gehen.

Die nächste Hürde bestand darin, den jungen Wissenschaftlern zu helfen, ihre Familien zu überzeugen. Wir wollten den Reaktor in der Wüste Negev bauen, nahe Beersheba, was seinerzeit dem Ende der Welt gleichkam. Verständlicherweise waren die jungen israelischen Familien nicht erpicht darauf, die modernen Städte Haifa und Tel Aviv gegen eine öde Wüste einzutauschen. Und die französischen Vertragspartner würde erst recht der Schlag treffen. Deshalb plädierte ich dafür, nicht nur einen Industriekomplex zu errichten, sondern eine richtiggehende kleine Stadt, nicht weit von Beersheba, mit allem, was man für ein gutes Leben brauchte: gute Schulen, ein modernes Krankenhaus, Einkaufsmöglichkeiten, und auch einen Friseursalon.

Nach einigem Zögern fassten die Familien Vertrauen zu mir, und die Arbeit begann. Die Studenten gingen nach Frankreich und machten sich mit der Nukleartechnik vertraut. Ich ging mit ihnen – nicht als Projektleiter, sondern als Studienkollege. Chemie und Kernphysik waren anspruchsvolle Fachgebiete, und ich stieg ohne großes Vorwissen in die Materie ein. Doch ich hielt es für unverzichtbar, etwas von der Wissenschaft zu verstehen, die hinter dem Projekt stand. Bei früheren Vorhaben hatte ich gelernt, dass eine wahre Führungspersönlichkeit neben einer klaren Vision und Strategie auch fundierte Kenntnisse braucht – man muss sich selbst mit den kleinsten Details befassen. Wenn ich eine Gruppe von Wissenschaftlern und Ingenieuren leiten sollte, musste ich verstehen, was ich von ihnen forderte. Und so studierte ich zusammen mit diesen jungen Physikern Tag und Nacht Atomteilchen, Kernenergie und die technischen Möglichkeiten, diese Kraft nutzbar zu machen.

Nun blieb uns nur noch, der Partnerschaft mit Frankreich einen formalen Rahmen zu geben. Wir hatten eine erste Vereinbarung unterzeichnet, in der unsere Pläne in groben Zügen festgehalten wurden, doch es waren noch einige Details zu klären. Im Sommer 1957 reiste ich nach Paris, um die Sache zu regeln.

Als ich ankam, traf ich auf einen frischgebackenen Premierminister Bourgès-Maunoury. Guy Mollets Regierung war im Juni gestürzt. Für Israel war das ein glücklicher Zufall. Zwar war Mollet stets ein großzügiger und verlässlicher Partner gewesen, doch zwischen Bourgès-Maunoury und mir war eine besonders enge Freundschaft entstanden. Sein Humor war gelegentlich bissig und zynisch, aber in Wirklichkeit war er ein genauso hoffnungsfroher Optimist wie ich, der sich Israel instinktiv stets verpflichtet fühlte. Sein Engagement für den jüdischen Staat rührte von irgendwo tief in seinem Inneren, und mir schien, es gäbe nichts, um das ich ihn nicht bitten könnte.

Wir machten uns an weitere Vereinbarungen, in denen die Art der Zusammenarbeit unserer beiden Länder festgelegt wurde. Bourgès-Maunoury war kooperativ, doch Pineau, der gerade Außenminister geworden war, meldete Bedenken am vorgeschlagenen Wortlaut an. Ich war mir sicher, dass Pineau und ich unter normalen Umständen einen gemeinsamen Nenner und eine gemeinsame Sprache hätten finden können – dass seine Vorbehalte rasch durch einen Kompromiss hätten ausgeräumt werden können. Doch gerade als wir uns mit dem Kern seiner Einwände befassten, begann die eben erst gewählte Regierung Bourgès-Maunoury zu zerbrechen. Für uns bedeutete das eine Krise. Wir mussten uns der Unterstützung beider Politiker versichern, solange sie noch an der Macht waren.

Ich erfuhr in Israel, dass im französischen Parlament ein Misstrauensantrag gegen Bourgès-Maunoury gestellt werden sollte, und flog sofort wieder nach Paris. Als ich dort ankam, war bereits klar, dass die Regierung am nächsten Abend stürzen würde. Mir blieb nur ein Tag, um von Pineau die Zustimmung zur vorgeschlagenen Vereinbarung mit den erforderlichen beiden Unterschriften zu erhalten und so die Krise zu beenden und das Atomprogramm zu retten. Ich war mit einem Schlag Zeuge und Mitspieler eines der größten Dramen meines Lebens geworden.

Ich begann mit Pineau. Als ich sein Büro betrat, war klar, dass er mich erwartet hatte. Er grüßte mich freundlich, teilte mir aber ohne Umschweife mit, dass er an seinem Standpunkt festhalten werde und die Vereinbarung im gegenwärtigen Wortlaut entschieden ablehne. Er fürchtete vor allem, dass die Vereinbarung bekannt wurde. Ich bat ihn inständig um eine letzte Chance, ihn zu überzeugen. Aus Respekt vor unserer langen Freundschaft tat er mir den Gefallen.

Ich erklärte ihm alles so gründlich, wie ich konnte, schilderte ihm sehr offen meine aufrichtige Sorge um unser Land. Ich wollte sichergehen, dass er verstand, welche Macht er in Händen hielt und welche Folgen seine Entscheidung haben würde, wie immer sie ausfiel. Das war kein Augenblick, der bald wieder vergessen sein würde. Dieser Augenblick würde den Lauf der Geschichte beeinflussen.

Schließlich ergriff er das Wort.

»Ich akzeptiere Ihre Argumente, Schimon«, sagte er zu meinem größten Erstaunen. »Sie haben mich überzeugt.«

Es war ein unerwarteter, stimulierender Sieg, doch angesichts der kurzen Zeit, die uns blieb, war mir auch klar, dass allein Pineaus Einwilligung nicht ausreichte, damit das Geschäft wirklich gültig war. Ich drängte auf Eile.

»Was ist Ihre Zustimmung wert, wenn die Regierung abgelöst wird? Könnten Sie vielleicht Bourgès-Maunoury anrufen? Er muss es von Ihnen hören.«

Pineau stimmte zu, aber er konnte Bourgès-Maunoury nicht erreichen. Man sagte uns, er leite gerade seine letzte Kabinettssitzung. Dadurch gab es für mich keine Gelegenheit mehr, mit ihm zu sprechen, bevor die Regierung zurücktrat.

Ich wollte mich nicht damit abfinden. »Dann geben Sie mir Ihr Einverständnis schriftlich, und ich bringe es umgehend zu Bourgès-Maunoury!«

Pineau tat mir den Gefallen, auch wenn er von der Sinnlosigkeit überzeugt schien. Ich dankte ihm für seine Freundschaft und für seine außerordentlichen Bemühungen und eilte zur Tür.

Unbeirrt rannte ich zum Parlament und kam außer Atem dort an. Ich hatte keine Ahnung, wie ich zu Bourgès-Maunoury gelangen könnte, hoffte aber, das Problem würde sich irgendwie von selbst lösen. Und tatsächlich, als ich die Treppe des französischen Parlaments hinaufeilte, kam mir die Lösung entgegen: ein Berater des Premierministers, den ich seit Jahren kannte. Er sah mich und begrüßte mich auf Französisch. Ich erklärte ihm die Lage in allen Einzelheiten und kritzelte rasch eine Notiz für Bourgès-Maunoury auf ein Blatt Papier.

»Bitte geben Sie das dem Premierminister«, bat ich ihn. »Es ist von äußerster Dringlichkeit.« Der Berater nickte, nahm das Blatt und verschwand im Sitzungszimmer. Ich wartete gespannt.

Ein paar Minuten später hörte ich am anderen Ende des Gangs: »Bonjour, Schimon!« Es war Bourgès-Maunoury, trotz seiner Bedrängnis äußerlich völlig ruhig. Er sagte, nach dem Lesen meiner Notiz habe er etwas ganz Ungewöhnliches getan: Er habe die Sitzung unterbrochen.

»Für einen wahren Freund«, flüsterte er.

Ich zeigte ihm Pineaus Brief und erklärte ihm, was auf dem Spiel stand. Er musste zurück in die Sitzung gehen und sein Kabinett dazu bringen, das Geschäft noch in dieser Legislaturperiode abzuschließen. Und er musste die Genehmigung unterzeichnen, ehe seine Regierung zurücktrat. Er versprach mir seine Hilfe. Er würde zurück in die Sitzung gehen, rasch die Zustimmung des Kabinetts einholen und die Sitzung erneut so lange unterbrechen, dass er Zeit genug hatte, die Endfassung der Vereinbarung zu unterzeichnen.

»Warten Sie in meinem Büro auf mich«, schlug er vor. »Ich komme dann zu Ihnen.«

Und so wartete ich. Ich wartete mehrere Stunden. Aber Bourgès-Maunoury kam nicht. Er hatte keinen Vorwand gefunden, die Sitzung zu verlassen. Die Opposition hatte ihren Misstrauensantrag zur Abstimmung gebracht, und er konnte nicht viel mehr tun, als das Ganze etwas hinauszuzögern. Spät in der Nacht musste die Regierung zurücktreten. Das Dokument war nicht unterzeichnet.

Am nächsten Morgen ging ich wieder in Bourgès-Maunourys Büro und traf ihn niedergeschlagen und erschöpft an. Jetzt war er der ehemalige Premierminister. Ich wusste nicht, was ich sagen sollte.

»Versteh ich recht, dass mein sozialistischer Freund der Vereinbarung zugestimmt hat?«

Ich nickte.

»Wunderbar«, meinte er. »Dann bringen wir das unter Dach und Fach.«

Er nahm ein Blatt Papier aus dem Schreibtisch, der jetzt nicht mehr der seine war, und schrieb einen Brief an den Leiter der französischen Atomenergiekommission. Die Regierung habe das Geschäft genehmigt, schrieb er, und die Kommission solle bei der Durchführung in vollem Umfang kooperieren. Er unterzeichnete als Premierminister und setzte unter dem Briefkopf das Datum des Vortags ein.

Ich stellte keine Fragen. Ich sagte kein Wort. Was hätte ich sagen sollen? Bourgès-Maunoury konnte die Erleichterung in meinen Augen sehen. Er konnte meine Dankbarkeit spüren. Was er soeben für Israel und auch für mich getan hatte, war der großzügigste Freundschaftsbeweis, der mir je zuteil wurde. Am nächsten Tag räumte Frankreich Israel einen Kredit über 10 Millionen US-Dollar ein. Endlich konnten wir loslegen.

Am 17. Juli 1958 wurde mein zweiter Sohn Nechemia »Chemi« Jacob geboren. Mit unserer nun kompletten Familie begann für Sonia und mich ein wunderbarer neuer Lebensabschnitt. Wir waren dankbar und glücklich.

Doch meine Arbeit hinter den Kulissen der Regierungspolitik forderte ihren Tribut. In einem so komplexen politischen System war es schwer, die eigenen Ideen und Handlungen zu verteidigen oder gar Anerkennung dafür zu finden. Als Staatsbediensteter durfte ich nicht öffentlich sprechen, auch nicht über Themen, die nicht als geheim eingestuft waren, und so musste ich mir immer wieder anhören, wie sich Kritiker über mich lustig machten, ohne dass ich darauf reagieren konnte. Das war zugegebenermaßen schwer zu ertragen, gehört aber dazu, wenn man eine Führungsrolle innehat, und ich fand mich damit ab.

Und doch, Ende der 1950er Jahre erkannte ich, dass ich durch mein Schweigen nicht nur darauf verzichtete, meine Ehre zu retten, sondern auch darauf, meine wesentlichen Argumente über Werte und Motive zum Ausdruck zu bringen, über die Bereitschaft zu träumen und die Bedeutung der Phantasie. Ich spürte, dass meine Sicht der Welt, meine grundlegende Arbeitsweise für die Zukunft unseres Staates unerlässlich waren. Und während ich über Dinge, die ungesagt bleiben mussten, stets Stillschweigen bewahren würde, spürte ich, dass es an der Zeit war, zu allen Dingen, über die ich sprechen durfte, mutig die Stimme zu erheben. Ich erwog, als Abgeordneter für die Knesset zu kandidieren. Dazu musste ich meine Stelle im Verteidigungsministerium aufgeben und wieder nach Alumot ziehen. Dann würde ich meine Kandidatur beim Nominierungsausschuss der Mapai einreichen, der weitgehend von Ben-Gurion kontrolliert wurde. Als ich ihm die Idee im Frühjahr 1958 vortrug, war ich besorgt, wie er reagieren würde. Zu meiner Erleichterung zeigte er Verständnis. Ihm schien der Gedanke zu gefallen, meiner Stimme auf diese Weise mehr Gewicht zu verleihen. Aber dass ich wegging, machte ihm Sorgen.

Auch ich wollte eigentlich gar nicht weg. Deshalb schlug ich vor, er solle mich, sobald ich im Parlament saß, zum stellvertretenden Verteidigungsminister ernennen; in dieser Position konnte ich das Ministerium wieder genauso führen wie als Generaldirektor. Ich würde wieder die gleiche Rolle bekleiden, nur mit größerer Arbeitsbelastung, aber als Parlamentsabgeordneter würde ich mich zu allem äußern können. Ben-Gurion fand meinen Plan gut und gab meiner Kandidatur seinen Segen.

Inzwischen begannen wir auf dem Plateau von Dimona im Norden des Negev mit dem Bau eines nuklearen Forschungszentrums. Pratt und ich engagierten die besten Architekten des Landes, um sicherzustellen, dass die äußere Form genauso beeindruckend wurde wie die Funktion der Anlage. Und wir verwandten auf die Errichtung des Gebäudekomplexes ebenso viel Sorgfalt wie auf den Bau des Reaktors selbst.

Alles lief vielversprechend. Aber gerade als ich mit dem Wahlkampf für die Knesset begann, wurde Paris erneut von einem politischen Erdbeben erschüttert. Und wieder geriet unser ganzes Programm in Gefahr.

Am 1. Juni 1958 wurde General Charles de Gaulle als Premierminister eingesetzt. Zum Außenminister bestimmte er Maurice Couve de Murville, einen Karrierediplomaten, der kein Freund Israels war. Als der von unserer nuklearen Partnerschaft erfuhr, machte er sich sofort daran, sie zu beenden. Er rief den französischen Botschafter aus Tel Aviv zurück und setzte Golda Meir, unsere damalige Außenministerin, von seiner Absicht in Kenntnis, die französischen Nuklearvereinbarungen mit Israel zu kündigen. Er erwarte, dass die Arbeiten sofort eingestellt würden. Er war nach Goldas Ansicht durch nichts umzustimmen.

Ich bat Ben-Gurion, mich nach Paris zu schicken. Ich wollte mit Couve de Murville sprechen, wusste aber nicht, was ich ihm sagen sollte. Ich hatte keinen Grund, an Goldas Darstellung zu zweifeln. Vielleicht konnte Couve de Murville doch überzeugt werden, auch wenn sie das nicht für möglich hielt. Ben-Gurion wohl auch nicht. Deprimiert und frustriert bestieg ich das Flugzeug, überzeugt, dass ich ohne Erfolg zurückkommen würde. Ich war schon lange davon überzeugt, dass man ein Land am besten von einer Zusammenarbeit mit uns überzeugen konnte, wenn man nicht erklärte, welchen Nutzen Israel daraus zog, sondern was es selbst davon haben würde. Ich musste Couve de Murville klarmachen, dass es für ihn (und für Frankreich) besser war, wenn die Vereinbarungen weiter galten. Ich spielte auf dem ganzen Flug meine Argumente und seine möglichen Antworten durch und überlegte, wie ich ihn überzeugen konnte.

Als ich sein Büro betrat, begrüßte mich Couve de Murville mit einem blassen Lächeln, nicht aus Freundschaft, sondern aus reiner Höflichkeit. Mit knappen Worten erläuterte er mir seine Einwände und versicherte mir, dass die Nuklearvereinbarung ad acta gelegt sei.

»Das heißt, Sie wollen die von Frankreich eingegangenen Verpflichtungen nicht einhalten«, entgegnete ich. »Sie wollen Vereinbarungen brechen, die Ihre Vorgänger rechtskräftig abgeschlossen haben. Und wir werden beide darunter leiden.«

»Wie das?«

»Israel wird ohne diese Vereinbarungen schlechter dastehen als vorher. Kein Reaktor, kein Forschungszentrum und keine Möglichkeit, Geld und Aufwand zurückzubekommen. Aber auch für Frankreich ist es ein Problem«, erklärte ich. »Die Vereinbarungen beinhalten die Verpflichtung, die Einzelheiten unserer Kooperation nicht an arabische Staaten weiterzugeben. Das könnte einen Boykott französischer Unternehmen zur Folge haben.«

Hier unterbrach er mich. »Wir haben nicht die Absicht, gegen diesen Teil der Vereinbarung zu verstoßen. Frankreich wird nicht das geringste Detail weitergeben.«

»Ja, sehen Sie«, fuhr ich fort. »Sie können nicht gegen einen Teil der Bestimmungen verstoßen und zugleich von uns erwarten, dass wir unseren Verpflichtungen uneingeschränkt nachkommen.«

Es war subtil, aber wirkungsvoll. Couve de Murville stand jetzt vor einem Szenario, mit dem er nicht gerechnet hatte. Was würde es kosten, wenn sich die arabische Welt gegen Frankreich wandte?

»Was schlagen Sie vor?«, fragte er in einem plötzlich sehr zurückhaltenden Tonfall.

»Frankreich kann die Vereinbarung mit sofortiger Wirkung kündigen, aber Sie haben nicht das Recht, irgendwelche Entscheidungen rückwirkend außer Kraft zu setzen«, beharrte ich. »Israelische und französische Unternehmen haben bereits Verträge über den Bau des Reaktors geschlossen, mit ausdrücklicher Zustimmung Ihrer Regierung. Diese Verpflichtungen können Sie nicht einfach vom Tisch wischen.«

»Da haben Sie nicht ganz unrecht«, räumte er schließlich ein. »Wir werden tun, was Sie vorschlagen.«

Am 3. November 1959 wurde ich mit 36 Jahren zum ersten Mal in meinem Leben in ein öffentliches Amt gewählt. Und meine Arbeit ging wie geplant weiter. Im Sommer 1960 ging das Dimona-Projekt rasch voran. Frankreich stand zu seinem Teil der Vereinbarung, und die französischen und israelischen Arbeiter hatten auf der kargen Hochebene den ersten Spatenstich ausgeführt.

Im September war ich im Auftrag Ben-Gurions in Westafrika, um die Beziehungen Israels zum ferneren Teil dieses Kontinents zu stärken. Ich nahm an der Vereidigung des ersten Präsidenten der Republik Senegal teil, Léopold Sédar Senghor, der im Krieg für Frankreich gekämpft hatte und nach seiner Gefangennahme ein deutsches Konzentrationslager von innen kennengelernt hatte. Doch ich musste meine Reise abbrechen, als ich ein Telegramm mit der dringenden Aufforderung bekam, umgehend nach Israel zurückzukehren. Ein Grund wurde nicht genannt.

Am Flughafen von Tel Aviv wartete bereits ein Hubschrauber mit Golda Meir und dem Mossad-Chef Isser Harel auf mich. Wir sprachen kaum ein Wort auf dem Flug nach Sde Boker, wo Ben-Gurion Harels Bericht erwartete.

»Lagebericht«, sagte Ben-Gurion knapp, als wir in seiner bescheidenen »Hütte« eintrafen. Harel hatte zwei Geheimdienstinformationen. Der Mossad hatte erfahren, dass die Sowjets vor kurzem Dimona überflogen und die Baustelle fotografiert hatten. Zum anderen war durchgesickert, dass der sowjetische Außenminister überraschend nach Washington gereist war. Harel sah eine Verbindung zwischen beiden Ereignissen – eine sehr besorgniserregende. Er befürchtete, dass die sowjetische Regierung unsere Arbeit in Dimona als schändliches Vorgehen betrachtete und ihr Außenminister bei seinem Besuch in Washington wahrscheinlich verlangt hatte, dass die Vereinigten Staaten eingriffen. Allem Anschein nach stand Israel vor einer Konfrontation mit den beiden Supermächten.

»Was ist die Empfehlung?«, fragte Ben-Gurion uns alle. Harel meinte, Golda oder, noch besser, Ben-Gurion solle selbst umgehend nach Washington fliegen und das Weiße Haus beruhigen. Golda stimmte zu; sie hielt die Lage für katastrophal und möglicherweise aussichtslos. Ich hörte aufmerksam zu und konnte ihre Besorgnis nachempfinden, aber als mich Ben-Gurion nach meiner Meinung fragte, musste ich ihm ehrlich antworten.

»Ja, und wenn ein sowjetisches Flugzeug den Negev überflogen hat? Was hat es fotografiert? Ein paar Löcher im Wüstenboden«, sagte ich. Das Projekt stand noch in der Anfangsphase, nur eine große Baugrube war ausgehoben und ein Betonfundament gegossen worden. »Was lässt sich damit beweisen? Jedes Gebäude braucht ein Fundament.«

Und für die überraschende Reise des sowjetischen Außenministers in die Vereinigten Staaten mochte es eine ganze Reihe von Gründen geben, fuhr ich fort, und wir hatten keinen Anhaltspunkt dafür, dass es um uns ging. Außerdem sollten wir das ganze Schachbrett im Blick haben. Wenn Ben-Gurion nach Washington flog und dort offenlegte, was wir bauten, würde das unsere Beziehungen zu Frankreich zerstören.

Ich war ziemlich sicher, dass Harels Analyse korrekt war. Doch ich vertrat die Ansicht, dass voreiliges Handeln ein schwerer Fehler sein würde. Wenn Harel recht hatte, stand uns eine Konfrontation bevor, und ich sah keinen Grund, bereits im Vorfeld Zusicherungen zu geben. Sollten wir damit nicht besser warten, bis das Ergebnis feststand?

Ben-Gurion stimmte mir zu und verärgerte damit Golda und Harel. Ich konnte das gut verstehen. Sie wollten Israel im letzten Augenblick vor einer Katastrophe retten, die allein ich zu verantworten hatte – und nun stand ich hier zwischen ihnen und Ben-Gurion und hatte ihren letzten Versuch blockiert. Jetzt konnten sie nur noch darauf warten, ob ein Konflikt ausbrach, und gegen ihre eigene Überzeugung hoffen, dass sie unrecht hatten.

Am 18. Dezember 1960 stellten wir meine Theorie auf die Probe. In den Tagen davor hatten Zeitungen in aller Welt sensationelle Berichte über ein namentlich nicht genanntes kleines Land veröffentlicht, das Atomwaffen entwickelte. Schon bald sprach eine Londoner Zeitung konkret von Israel. Am 18. Dezember wiederholte der Vorsitzende der US-Atomenergiekommission das im amerikanischen Fernsehen. Die Geschichte wurde rasch von Zeitungen in der ganzen Welt weiter verbreitet, zusammen mit den von einem Spionageflugzeug gemachten Fotos der Baustelle.

Fünf Tage nachdem die Londoner Zeitung die Sache an die Öffentlichkeit gebracht hatte, gab Ben-Gurion in der Knesset eine öffentliche Erklärung ab. Die Existenz unseres Atomprogramms ließ sich nicht länger bestreiten. Eine Erklärung unseres großen alten Mannes war die wirksamste Methode, aufkommende Befürchtungen zu beschwichtigen.

»Die Berichte in den Medien sind falsch«, erklärte er. »Der Forschungsreaktor, den wir im Negev bauen, wird unter Leitung israelischer Experten konstruiert und ist nur für friedliche Zwecke bestimmt.« Mit dieser Erklärung wurden zwar die Spannungen in der Öffentlichkeit abgebaut, doch hinter den Kulissen blieb noch viel zu tun. Im Frühjahr 1961 reiste Ben-Gurion nach Washington, um die Angelegenheit ausführlich mit Präsident Kennedy zu besprechen. Er versicherte erneut, dass wir weder Atomwaffen besaßen noch finstere Absichten verfolgten, und kam in der Überzeugung nach Israel zurück, dass die Krise abgewendet war. Die Arbeit in Dimona konnte weitergehen.

Fast zwei Jahre nach Ben-Gurions Besuch in Washington stand ich selbst dort, wo er gestanden hatte: im Oval Office, vor dem Schreibtisch des US-Präsidenten. Ich war nach Washington gekommen, um mit der amerikanischen Regierung den Kauf von Flugabwehrraketen zu vereinbaren. Das Geschäft bedeutete einen grundlegenden Wandel in den Beziehungen zwischen unseren beiden Staaten, auch in der Bereitschaft Amerikas, uns militärisch zu unterstützen. Und es war einer der wichtigsten Punkte, die Ben-Gurion bei dem Treffen mit Präsident Kennedy im Jahr 1961 angesprochen hatte.

Kennedys Nahost-Berater Mike Feldman hatte mich zusammen mit unserem Botschafter Avraham »Abe« Harman ins Weiße Haus eingeladen. Als ich dort eintraf, wurde mir – völlig unerwartet – mitgeteilt, dass Präsident Kennedy mit mir sprechen wolle. Er wusste, dass ich für das israelische Atomprogramm zuständig war, und hatte, wie Feldman erklärte, eine Reihe von Fragen.

Da ich nicht der Regierungschef war, verstieß es gegen das Protokoll, dass Kennedy sich zu einem offiziellen Gespräch mit mir traf. Deshalb eskortierte man mich durch den Seiteneingang im Westflügel ins Weiße Haus und durch einen der hinteren Flure ins Oval Office. Auf dem Weg sollte ich zufällig auf Präsident Kennedy treffen, der mich dann aus reiner Höflichkeit zu einem Gespräch einladen würde.

An seinem Schreibtisch im Oval Office wirkte Kennedy steif und entschlossen, und auch wenn er es zu verbergen wusste, sah ich doch, dass er gegen Schmerzen ankämpfte. Er erhob sich, um mir die Hand zu schütteln, dann bot er mir einen Platz auf dem Sofa an und setzte sich neben mich in einen gepolsterten Schaukelstuhl.

»Mr. Peres, was führt Sie nach Washington?«, fragte er mit seinem bekannten Akzent.

Ich sagte ihm, dass ich gekommen sei, um Hawk-Raketen zu kaufen, wofür Israel sehr dankbar sei. Und wir hofften, fügte ich an, dass diese Waffenvereinbarung nur ein Anfang sei. Wir bräuchten jede Unterstützung, zu der Amerika bereit sei.

»Bitte sprechen Sie mit meinem Bruder darüber«, antwortete er und sprach das Thema an, das ihn stärker umtrieb. »Wir beide sollten über Ihre Atomanlage sprechen.«

Kennedy legte mir alle von den Vereinigten Staaten gesammelten Geheimdienstinformationen zu unserem Projekt vor und erklärte mir in allen Einzelheiten, was seine Regierung wusste. Offensichtlich hatte er die Erkenntnisse des Geheimdienstes ganz genau studiert. Als er fertig war, hatte ich den Eindruck, dass die Amerikaner jede Schraube der Anlage kannten. Und doch wusste Kennedy, dass das Rätsel um Dimona nicht gelöst war, und die Gerüchte darüber bereiteten ihm Sorgen.

»Sie wissen, dass wir jedes Anzeichen für den Ausbau militärischer Kapazitäten in Ihrer Region mit großer Sorge zur Kenntnis nehmen«, sagte er. »Was können Sie mir dazu sagen? Was planen Sie im Hinblick auf Atomwaffen, Mr. Peres?«

Ich hatte nicht damit gerechnet, mit dem Präsidenten zu sprechen, und schon gar nicht damit, eine solche Frage gestellt zu bekommen. Doch ich tat alles, um ihn zu beruhigen.

»Herr Präsident, ich kann Ihnen versichern, dass wir in unserer Region keinesfalls als erstes Land Kernwaffen einsetzen werden.«

Nun äußerte sich Kennedy sehr zufrieden, und nach ein paar belanglosen Höflichkeiten beendeten wir das Gespräch. Als ich zusammen mit unserem Botschafter das Weiße Haus verließ, brachte dieser mir sein Missfallen zum Ausdruck.

»Was haben Sie getan?«, fuhr er mich an. »Hatten Sie die Erlaubnis, das zu versprechen? Sie haben da drin ohne jede Absprache Politik gemacht.«

»Was hätte ich machen sollen?«, gab ich zurück. »Hätte ich sagen sollen: Einen Augenblick bitte, Herr Präsident, ich muss rasch meinen Premierminister anrufen und den genauen Wortlaut meiner Antwort abklären? Ich musste eine Entscheidung treffen, und ich wollte nicht lügen.« Zurück in Israel wurde ich von Levi Eschkol und von Golda Meir wegen meiner Formulierung heftig kritisiert. Später übernahmen sie dann aber meinen Wortlaut. Ja, zu meiner Überraschung wurde meine spontane Äußerung gegenüber Präsident Kennedy zur amtlichen israelischen Politik. Sie ging als »nukleare Ambiguität« in die Geschichte ein, meine

Entscheidung, die Existenz von Atomwaffen weder zu bestätigen noch zu bestreiten.

Seit fast fünfzig Jahren ist das die offizielle israelische Position – nicht weil ich in jenem Augenblick die perfekte Formulierung gefunden hatte, sondern weil meine Worte genau die strukturelle Veränderung in der Region bewirkten, die wir uns immer gewünscht hatten. Bevor ein Land ein anderes vernichten kann, wie es die arabischen Staaten Israel in unseren ersten dreißig Jahren immer wieder angedroht haben, benötigt es zweierlei: zum einen den dringenden Wunsch, das zu tun, und zum anderen die Überzeugung, die erforderliche militärische Überlegenheit zu besitzen. Dimona mag ihr Verlangen, uns zu vernichten, verstärkt haben. Aber die Vermutungen, die sich um die Anlage rankten, raubten ihnen den Glauben daran, uns überwältigen zu können.

Mit der Zeit lernten wir, dass Ambiguität ein sehr wirkungsvolles Instrument sein kann. Bis in die siebziger Jahre herrschte unter den politischen Führern der arabischen Welt die Überzeugung, dass Israel Kernwaffen besaß. Was an Beweisen fehlte, wurde durch Gerüchte ergänzt, die sich noch schneller als die Tatsachen in der ganzen Region verbreiteten. Wir taten nichts, um den Verdacht zu bestätigen, und genau so wenig, um ihn zu zerstreuen. Mit der Zeit verfestigte er sich bei unseren Feinden und wurde schließlich zur unverrückbaren Überzeugung. Der Glaube, dass Israel die Macht besaß, sie zu vernichten, brachte sie einen nach dem anderen von dem Ziel ab, uns zu vernichten. Der Zweifel war ein hervorragendes Abschreckungsmittel für diese Länder, die sich einen zweiten Holocaust wünschten.

Atomare Abschreckung reichte nicht aus, um alle Kriege zu verhindern, aber zur Abwehr einer bestimmten Art von Krieg genügte sie. 1973, während des Jom-Kippur-Kriegs, starteten Ägypten und Syrien einen Überraschungsangriff auf Israel, und unsere Städte waren ihrer koordinierten Offensive weitgehend ungeschützt ausgesetzt. Und dennoch wagte keiner unserer Gegner, das Herz Israels anzugreifen, auch wenn sie militärisch dazu in der Lage gewesen wären; die ägyptischen Truppen erhielten den Befehl, nicht über den Mitla-Pass im Sinai hinaus weiter vorzurücken, die syrischen blieben auf den Golanhöhen stehen. Nach jahrelanger lautstarker Ankündigung der Vernichtung Israels hatten Ägypten und Syrien nun ihre Ziele drastisch reduziert und wollten nur noch die im letzten Krieg verlorenen Gebiete zurückerobern. Jahre später räumte der ägyptische Präsident Anwar Sadat ein, dass er befürchtet hatte, ein Angriff auf die israelischen Städte hätte einen atomaren Vergeltungsschlag gerechtfertigt.

Atomare Abschreckung barg auch die Möglichkeit, Frieden zu schaffen. Im November 1977 kam Sadat zu seinem historischen Besuch nach Jerusalem, der zu einem Friedensvertrag zwischen Ägypten und Israel führen sollte. Nach seiner Ankunft sprach Sadat als Erstes über das israelische Atomprogramm. Und nach Kritik an seiner Politik aus den eigenen Reihen erklärte er, ansonsten gebe es nur einen Angriff mit Atomwaffen. »Die Alternative zum Frieden ist furchtbar«, mahnte er.

Mitte der 1990er Jahre hatte sich Israel nicht nur mit Ägypten, sondern auch mit Jordanien ausgesöhnt. Und wir arbeiteten in einem mühsamen Prozess daran, auch mit den

Palästinensern Frieden zu schließen. 1995 unternahm ich als Außenminister eine Reise nach Kairo, um meinen ägyptischen Amtskollegen Amr Moussa zu treffen. Wir kannten uns seit Jahren, und nach einem langen Gespräch stellte er mir eine Frage, die ihm offensichtlich am Herzen lag.

»Schimon, wir sind doch Freunde. Lassen Sie mich doch mal einen Blick auf Dimona werfen. Ich schwöre Ihnen, dass ich niemandem davon erzählen werde.«

»Amr, sind Sie verrückt?«, erwiderte ich. »Angenommen, ich würde Ihnen Dimona zeigen, und Sie sehen, dass da nichts ist? Dann bräuchten Sie sich keine Sorgen mehr zu machen. Aber für mich wäre das die Katastrophe. Mir ist es lieber, wenn Sie weiter misstrauisch bleiben. Das ist meine Abschreckung.«

Ich habe oft gesagt, dass ich Dimona gebaut habe, um nach Oslo zu kommen. Mein Ziel war nicht, einen Krieg zu führen, sondern einen zu verhindern. Wichtig war nicht der Reaktor selbst, sondern die Wirkung, die er hervorrief. Ich hatte den Großteil meiner Jugend damit zugebracht, Sicherheit für Israel und für unser Volk zu schaffen. Doch das hier war eine ganz andere Art von Sicherheit. Es war die Sicherheit zu wissen, dass unser Staat niemals vernichtet werden würde – ein erster Schritt in Richtung Frieden, der mit innerem Frieden begann. So gesehen hatte der Bau von Dimona, ein Projekt, dem sicheres Scheitern vorhergesagt worden war, das Versprechen erfüllt, das ich meinem Großvater gegeben hatte, wenn auch in einem weitaus größeren Maßstab: immer Jude zu bleiben und sicherzustellen, dass das jüdische Volk nie untergehen wird.

Kapitel 4

DIE OPERATION ENTEBBE
UND DER MUT ZUM WAGNIS

Mit Terrorismus hatte ich fast mein ganzes Leben lang zu tun. Ich war noch keine zehn Jahre alt, als in Wischnewa gleich hinter dem Wald zwei Juden ermordet wurden. Ich war fünfzehn, als ich lernte, mit einer Flinte umzugehen, nicht um zu jagen, sondern um meine Schule vor dem gewalttätigen Aufstand zu beschützen, der uns Nacht für Nacht in Schrecken versetzte. Ich habe an den Schauplätzen unvorstellbarer Massaker gestanden und mit Familien geweint, die Mütter und Kinder verloren hatten. Noch bevor Israel ein Staat war und in all den Jahren, seit es zu einem wurde, mussten wir mit dem Terrorismus leben, mussten uns gegen ihn verteidigen, seine Opfer begraben und nach Mitteln zu seiner Beseitigung suchen. Wir mussten durch Schmerz und Tragik bittere Lektionen lernen – über die Kosten von Feindseligkeit und über ihre Ursachen.

Die Geißel des Terrorismus ist nicht auf Israel beschränkt; er ist eine globale Krise von wachsender Brutalität, der sich alle Nationen entschlossen entgegenstellen müssen. Er ist wie eine tödliche Krankheit – ansteckend und um sich greifend – und nicht durch Kompromisse oder Zugeständnisse zu besiegen. Wer auf die Forderungen von Terroristen eingeht, steht bald vor immer mehr und weitergehenden Forderungen. Im Umgang mit Terroristen sollten sich Politiker bewusst machen, dass man mit der Mündung einer Waffe an der Schläfe kein Verhandlungspartner ist, sondern eine Geisel.

Das mag sich einfach anhören, setzt jedoch unglaubliche Führungsstärke voraus. Wer unverrückbar diese Haltung einnehmen will, muss bereit sein, schwierige und gefährliche Entscheidungen zu treffen. Er muss unweigerlich gewisse Risiken eingehen. Die neuere Geschichte kennt unzählige Beispiele für Situationen, in denen tapfere Frauen und Männer zum Wohl derer, die von ihnen regiert wurden, schier unmögliche Entscheidungen treffen mussten. Darunter ist wohl keine, an der sich dieser Kampf zwischen Überzeugung und Komplexität besser veranschaulichen ließe als die Operation der IDF in einer Stadt namens Entebbe.

Am 27. Juni 1976 begab ich mich ins Amtszimmer des Premierministers, um an der wöchentlichen Kabinettssitzung teilzunehmen. Jitzchak Rabin führte den Vorsitz. Zwei Jahre zuvor waren Rabin und ich als Bewerber um das Amt des Regierungschefs gegeneinander angetreten, und nach seinem Sieg hatte Rabin mir den Posten des Verteidigungsministers angeboten. Die Sitzung an diesem Tag verlief weitgehend genauso wie jede andere: Es ging um knifflige Budgetfragen im Zusammenhang mit wichtigen Vorhaben. Keiner von uns ahnte, was wir gleich erfahren sollten, als plötzlich einer meiner militärischen Berater hereinkam. Er trat mit raschen Schritten zu mir und überreichte mir eine zusammengefaltete Mitteilung, deren kaum leserliche Handschrift ebenso dringlich wirkte wie die Eile des Mannes.

»Air-France-Flug 139 vom Flughafen Ben Gurion nach Paris-Orly wurde nach einer Zwischenlandung in Athen entführt«, las ich. »Die Maschine ist jetzt in der Luft, Ziel unbekannt.«

Ich reichte Rabin den Zettel. Die Sitzung wurde vertagt, und unmittelbar danach bat er eine kleinere Gruppe von Kabinettsmitgliedern, einen Krisenstab zu bilden und im Konferenzraum mit ihm zu besprechen, welche Optionen wir hatten. Wir mussten uns eingestehen, dass wir noch so gut wie nichts wussten. Es wurde beschlossen, in einem Kommuniqué die derzeitige Faktenlage darzustellen und mit aller Entschiedenheit zu erklären, dass die Regierung nicht daran denke, mit Terroristen zu verhandeln. Rabin beendete die Besprechung, und wir gingen daran, uns ein Bild von der Lage zu machen und unser weiteres Vorgehen abzustimmen.

Im Lauf der nächsten Stunden liefen nach und nach Details ein. Es hieß, die Terroristen, die in Athen zugestiegen waren, gehörten der notorisch gewalttätigen Volksfront zur Befreiung Palästinas an und hätten eine Maschine mit annähernd 250 Passagieren gekapert, darunter über hundert Israelis und zwölf Besatzungsmitglieder aus Frankreich. Am Nachmittag wurde berichtet, das Flugzeug sei in Libyen aufgetankt worden. Mordechai »Motta« Gur, der Generalstabschef der IDF, nahm mich beiseite und sagte, die Maschine sei möglicherweise auf dem Weg nach Israel. Ich rief Rabin an und teilte ihm die neuen Informationen mit. Wir kamen überein, die Entführer gewähren zu lassen, falls sie tatsächlich nach Israel wollten. Wir hatten einige Erfahrung mit Aktionen zur Geiselrettung und rechneten uns bessere Erfolgschancen aus, falls sie in unserem Flughafen auf unserem eigenen Boden stattfinden sollte. Das war der Fall gewesen, als vier Jahre zuvor Terroristen eine Sabena-Maschine auf dem Flug von Wien nach Tel Aviv in ihre Gewalt gebracht hatten. Damals hatten wir die Passagiere retten können. Aber das war auf unserem eigenen Territorium gewesen. Diesmal war es ganz anders. Im Augenblick hatten wir kaum eine andere Wahl, als zu warten.

In den späten Abendstunden fuhr ich mit Jekutiel »Kuti« Adam, dem Einsatzleiter der IDF, zum Flughafen, wo die Spezialeinheit Sajeret Matkal eine Geiselbefreiung übte. Ich hatte allergrößtes Vertrauen in die Tapferkeit und Kompetenz dieser Truppe. Die Männer waren sehr kreativ und nicht nur körperlich, sondern auch geistig stark. Sie waren die beste Kampftruppe Israels. In meinen Augen sogar die beste der Welt. Der kürzlich ernannte Kommandant der Einheit war Jonathan Netanjahu, ein Bruder des künftigen Premierministers. Ich hatte mich schon mehrmals mit ihm getroffen, nachdem mir einige ranghohe Offiziere berichtet hatten, wie herausragend er sei und wie sicher sie waren, dass ich ihn mögen würde. Er sei ein phantastischer Kämpfer, erklärten sie – außergewöhnlich tapfer –, aber auch so etwas wie ein Intellektueller und Literaturfreund. Und tatsächlich konnte bei jeder unserer Begegnungen die Sprache genauso auf Edgar Allan Poe kommen wie auf Panzerabwehrraketen. Im selben Jahr geboren wie meine Tochter, hätte er mein Sohn sein können, war aber auch klug und erfahren wie ein Altersgenosse.

Als Kuti und ich eintrafen, war Jonathan gerade in anderer Mission auf dem Sinai. Sein Stellvertreter Muki Betzer hatte die Aufgabe übernommen, die Eliteeinheiten über die Situation zu unterrichten und ihre Vorbereitungen auf eine nächtliche Stürmung der entführten Maschine anhand eines leeren Flugzeugs zu leiten. Doch in den frühen Morgenstunden änderte die Maschine ihren Kurs und flog nicht mehr Richtung Israel, sondern nach Ostafrika. Um vier Uhr morgens wurde dann bestätigt, dass die Passagiermaschine auf dem Flughafen Entebbe gelandet war, am Ufer des Viktoriasees, dreißig Kilometer außerhalb der ugandischen Hauptstadt und über dreitausend Kilometer von unserem Standort entfernt.

Das stellte uns vor enorme Herausforderungen. Seit dem Krieg von 1973 hatten Rabin und ich daran gearbeitet, unsere Streitkräfte zu modernisieren und wiederaufzustocken und sie auf die Option eines »langen Arms« vorzubereiten – auf die Fähigkeit, Ziele weit über unseren unmittelbaren Horizont hinaus anzugreifen. Doch kein Land und keine Armee hatte jemals eine Herausforderung von solchen Dimensionen erwogen. In unserem Fall würde eine militärische Operation in mehreren tausend Kilometern Entfernung nötig sein, gegen bewaffnete Terroristen und möglicherweise die ugandische Armee – und dies unter größtem Zeitdruck und mit suboptimaler nachrichtendienstlicher Aufklärung. Die meisten unserer ranghohen Militärs hielten offenbar eine militärische Rettungsaktion für ein Ding der Unmöglichkeit.

Die Herausforderungen waren gewaltig, aber es stand auch ungeheuer viel auf dem Spiel. Da waren zum einen die Geiseln selbst – über hundert Israelis in akuter Gefahr. Später sollten wir erfahren, dass einige der Terroristen aus Deutschland stammten und Befehle auf Deutsch brüllten. Eine der Geiseln, eine Holocaust-Überlebende, wurde hysterisch, als sie die Sprache hörte. Dann wurde sie – wie wir alle – erneut an den Holocaust erinnert, als die Geiseln in zwei Gruppen aufgeteilt wurden – Juden auf der einen, Nichtjuden auf der anderen Seite. Das war ein ominöser, düsterer Nachhall aus der Vergangenheit und eine unangenehme Mahnung an unsere eigenen Verpflichtungen.

Mir wurde klar, dass es hier um eine prinzipielle Frage ging. Wenn es uns nicht gelang, die Geiseln zu befreien, war die einzige Alternative, Verhandlungen zu führen und uns damit letztlich den Forderungen der Terroristen zu beugen. Das, so meine Befürchtung, würde einen furchtbaren Präzedenzfall mit unabsehbaren Folgen schaffen. »Wenn wir die Forderungen der Entführer erfüllen und Terroristen freilassen«, erklärte ich bei einer der turbulenten Kabinettssitzungen im Lauf der folgenden Woche, »werden alle Verständnis für uns haben, aber niemand wird uns noch respektieren.« Doch das Gegenteil – mochten die Resultate auch noch so grauenvoll sein – galt ebenso: »Wenn wir dagegen eine militärische Operation zur Befreiung der Geiseln durchführen, wird uns möglicherweise niemand verstehen, aber alle werden uns respektieren.« Mir war klar, dass solch ein kühner und scheinbar aussichtsloser Rettungsversuch ein gewaltiges Risiko für die Passagiere darstellte. Doch dass ich so entschlossen nach einer Alternative suchte, lag nicht etwa an mangelnder Sorge um ihre Sicherheit. Ich dachte im Gegenteil an das Leben und die Sicherheit zukünftiger Passagiere.

Die größte Gefahr war, dass terroristische Organisationen zu dem Schluss kämen, Aktionen wie die in Athen könnten zum Ziel führen. Aus einem einzigen Flugzeug konnten Hunderte werden. Und die Opferzahlen konnten in die Tausende steigen.

Und noch etwas stand auf dem Spiel, das nicht so leicht zu beziffern war: unser nationales Selbstvertrauen. Im Sechstagekrieg von 1967 hatten wir so viel Kraft und Geschick bewiesen, dass wir in aller Welt als tapfer und unbeugsam wahrgenommen wurden. In Israel selbst war man darauf sehr stolz. Nach so vielen Jahren der Ungewissheit waren wir zu der Überzeugung gelangt, dass wir unser größtes Ziel erreicht hatten: unseren Staat so weit zu festigen, dass er nicht mehr beseitigt werden konnte. Doch 1973 führten dann Ägypten und Syrien einen Angriff gegen Israel, der uns total überraschte. Wir konnten den Überfall abwehren, doch nur unter hohen Kosten, und plötzlich kam es im ganzen Land zu einem ausgeprägten Verlust an Selbstvertrauen. Schon nach einem Monat war aus unerschütterlicher Zuversicht tiefe Unsicherheit geworden. Vorsicht und Skepsis stellten sich wieder ein – in aller Offenheit wurde die existentielle Frage unserer Sicherheit gestellt –, und die beunruhigende Ahnung griff um sich, dass in der Zeit nach dem Sechstagekrieg aus Selbstvertrauen Überheblichkeit geworden war. Als ich im Jahr darauf Verteidigungsminister wurde, widmete ich einen Großteil meiner Arbeitskraft der Frage, was schiefgelaufen war, und der Aufgabe, die Mängel zu beheben, die diese Katastrophe möglich gemacht hatten. Wir ordneten eine tiefgreifende Umstrukturierung des militärischen Geheimdienstes an, der uns nicht vor dem bevorstehenden Angriff gewarnt hatte. Unterdessen las ich Hunderte Seiten von Originalberichten, statt mich auf die Einschätzungen der Geheimdienstler zu verlassen. Nicht selten unternahm ich auch unangemeldete Kontrollbesuche, um zu überprüfen, ob die neuen Regeln, die wir für das gesamte Militär erlassen hatten, auch befolgt wurden.

Im Sommer 1976 leckten wir noch unsere Wunden. Große Reiche sind untergegangen, weil ihre Bevölkerung das Vertrauen in sie verlor. Desgleichen große Nationen und große Wirtschaftsunternehmen. Israel bezog seine Kraft aus dem Streben seiner Menschen, und eine Krise dieser Art setzte unser Selbstverständnis und dadurch wiederum unseren zukünftigen Staat aufs Spiel. »Sollten wir gezwungen sein, Terroristen freizulassen«, schrieb ich eines Abends während der folgenden dramatischen Tage, »wird Israel als Versager wahrgenommen werden, und schlimmer noch, es wird einer sein.«

Mir war klar, dass ich in dieser Situation keine andere Wahl hatte, als zu handeln. Als man mir sagte, eine Rettung sei unmöglich, beschloss ich, dem Rat meines 1973 verstorbenen Mentors Ben-Gurion zu folgen: »Wenn ein Experte sagt, es ist unmöglich, such dir einen anderen Experten.«

Am Montagmorgen kam ich bei Sonnenaufgang nach Hause und rief Rabin an, um ihn über den neuesten Stand zu informieren. Nach einer Dusche und einer Tasse Kaffee fuhr ich wieder ins Verteidigungsministerium, wo ich den Tag damit verbrachte, zusammen mit Dutzenden anderen über unzuverlässigen Informationen zu brüten. Nachrichten gingen aus verschiedenen Quellen ein, und viele davon waren widersprüchlich. Am Abend wussten wir nur, dass die Maschine noch in Entebbe auf der Rollbahn stand. Die Forderungen der Entführer kannten wir noch nicht.

Generalstabschef Gur sagte zu Rabin, wir hätten zwar noch keinen konkreten Plan, prüften aber zurzeit die Möglichkeit einer Operation unter Einbeziehung von Fallschirmjägern. Rabin schien zumindest für den Augenblick erleichtert, dass die Planung lief und eine Rettungsaktion möglich schien. Doch am selben Abend stellte sich nach einem weiteren Gespräch mit Gur heraus, dass sonst niemand eine militärische Option für realisierbar hielt. Es gebe zu viele Unsicherheiten, meinten alle, zu viele Unbekannte, zu wenig Aufklärung, zu viele Risiken.

Ich teilte ihre Bedenken. Selbst unter günstigsten Bedingungen würden wir die gewagteste Operation unserer Geschichte durchführen müssen. Und die Bedingungen waren alles andere als günstig. Aber ich wollte nicht klein beigeben.

»Wir müssen unsere Phantasie walten lassen und jede Idee prüfen, so verrückt sie auch scheinen mag«, insistierte ich vor versammelter Mannschaft. »Ich möchte hören, wie Ihre Pläne aussehen.«

»Wir haben keine Pläne«, erwiderte einer.

»Dann will ich die Pläne hören, die Sie nicht haben!«, entgegnete ich.

Das Tauziehen ging noch mehrere Stunden weiter, aber am Ende der Sitzung waren wir doch einen Schritt weiter. An die Stelle der Zweifel innerhalb der Gruppe war Entschlossenheit getreten. Selbst die skeptischsten Mitglieder wollten sich durch die geringen Erfolgsaussichten nicht davon abhalten lassen, nach einer Lösung zu suchen. Das war der entscheidende kognitive Durchbruch – wie ich ihn in den schwierigsten Situationen meiner Laufbahn immer wieder angestrebt hatte. Allzu oft, vor allem unter Stress (und kaum etwas konnte belastender sein als die Entebbe-Krise), wenden wir uns nach innen und machen dicht. In dem Glauben, dass Ablenkung die größte Gefahr darstellt, vereinfachen wir unsere Analyse in der Hoffnung, zwar nicht unbedingt die Erfolgschancen zu vergrößern, wohl aber die Chance, dass wir sicher sind, wie das Ergebnis aussehen wird. Das kann eine sehr gute Verteidigungsstrategie sein, doch solange man nicht akzeptiert, dass »unwahrscheinlich« nicht »unmöglich« bedeutet, ist die Chance, kreative Lösungen zu entwickeln, sehr begrenzt.

In jenen Tagen der Anspannung kam mir wiederholt der Gedanke, dass, wenn überhaupt, nur wenige Armeen über eine solche Gruppe mutiger, ernsthafter Menschen verfügten wie die unsere. Während wir weiter diskutierten, war mir bewusst, dass ich in einer fürchterlichen Zwangslage schier Unmögliches von meinen Leuten verlangte. Aber ich wusste auch, dass sie willens und bereit waren, jede meiner Forderungen zu erfüllen, einschließlich meiner Bitte, ihre Phantasie spielen zu lassen.

Am Ende unserer Überlegungen hatte die Gruppe drei mögliche Pläne entwickelt.

Der erste kam von Kuti Adam. Wenn wir die Geiseln nicht in Entebbe befreien könnten, sollten wir zu erreichen suchen, dass die Geiseln zu uns kamen. Wenn wir die Entführer dazu bringen könnten, nach Israel zu fliegen – vielleicht in der Annahme, dass wir bei ihrer Ankunft Geiseln

Mein Großvater Meltzer mit seinen Nachkommen 1932 in Wischnewa in Polen. Ich stehe als Dritter von rechts in der oberen Reihe. *GPO*

Ich (rechts), mein Bruder Gershon (Gigi) und unsere Eltern, Sara und Jitzchak Persky 1928 in Wischnewa. *Shimon Peres Archives*

Die Tarbut-Schule in Wischnewa im Jahr 1931.
Ich sitze links in der vorderen Reihe.
Shimon Peres Archives

Als Teenager im Alter von 14 Jahren im Land unserer Vorfahren. Die Geburt des Staates Israel ist noch mehr als ein Jahrzehnt entfernt.
Shimon Peres Archives

Frisch verheiratet mit Sonia in Tel Aviv im Mai 1945.
Shimon Peres Archives

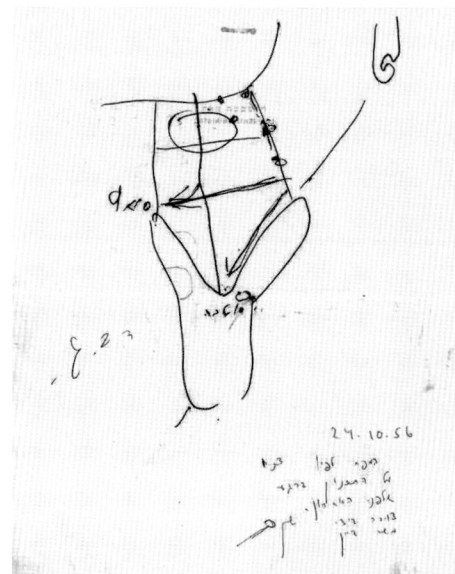

Unser Plan für die Sinai-Operation 1956, von Mosche Dajan gezeichnet und von David Ben-Gurion unterschrieben.
Mit freundlicher Genehmigung der IDF and Defense Establishment Archives

Sonia, Tsvia, Yonatan (Yoni) und ich bewundern 1958 das Baby Nechemia (Chemi). *Avraham Vered,* aus dem Magazin *Bamahane; mit freundlicher Genehmigung der IDF and Defense Establishment Archives*

Mit Premierminister David Ben-Gurion in Dimona in den späten 1950ern.
Shimon Peres Archives

Premierminister Jitzchak Rabin und ich begrüßen die Geiseln
nach der Operation Entebbe. *Uri Herzl Tzahik, mit freundlicher Genehmigung
der IDF and Defense Establishment Archives*

Im Gespräch mit den Geiseln nach der Operation Entebbe.
Uri Herzl Tzahik, mit freundlicher Genehmigung
der IDF and Defense Establishment Archives

Treffen mit dem ägyptischen Präsidenten Anwar Sadat
in Beersheba 1979. *Sa'ar Ya'alov/GPO*

Mit Generalsekretär Jisra'el Kesar von der Histadrut,
der den Ökonomischen Stabilisierungsplan von 1985 unterzeichnet,
sowie dem Finanzminister Jitzchak Modai und dem Wirtschaftsminister
Gad Ja'akobi. *Nati Harnik/GPO*

Beim Unterschreiben des Osloer Abkommens in Washington im September 1993. *Avi Ohayon/GPO*

links: Einer der Erfolge als Premierminister Mitte der 1980er Jahre, auf den ich mit am stolzesten bin: Die Operation Moses, eine Geheiminitiative, um äthiopische Juden nach Israel in Sicherheit zu bringen. Von den ca. 8000 Geretteten waren 1500 Kinder. *Nati Harnik/GPO*

Mit Premierminister Jitzchak Rabin und Jassir Arafat,
dem Vorsitzenden der PLO, bei der Nobelpreis-Verleihung im Oktober 1994.
Sa'ar Ya'acov/GPO

Begrüßung von Papst Franziskus auf der Rollbahn
bei seinem Besuch in Israel. *Avi Ohayon/GPO*

Mit Bundeskanzlerin Angela Merkel in Berlin.
Amos Ben Gershom/GPO

Beim Launch meiner Facebook-Seite mit Gründer Mark Zuckerberg
im Facebook-Hauptquartier in Kalifornien 2012. *Moshe Milner/GPO*

Verleihung der Presidential Medal of Freedom durch Präsident Barack Obama im Juni 2012. *Amos Ben Gershom/GPO*

Bei der Zeremonie für herausragende Soldaten in der Residenz des Präsidenten am Unabhängigkeitstag 2013. *Amos Ben Gershom / GPO*

gegen Häftlinge austauschen würden –, könnten wir womöglich ein ähnlich erfolgreiches Kommandounternehmen durchführen wie seinerzeit bei der Sabena-Maschine. Das war durchaus kreativ, setzte allerdings voraus, dass wir Druck ausüben konnten, dass wir Spielraum hatten, wo keiner war. Die Terroristen hatten sich bestimmt aus gutem Grund für Entebbe entschieden – nicht nur wegen der großen Entfernung von Israel, sondern auch, weil sie auf die Unterstützung Idi Amins, des ugandischen Staatspräsidenten, zählen konnten, der sie als »willkommene Gäste« begrüßt hatte. Sie würden kaum auf einen solchen Vorteil verzichten, zumindest nicht, solange sie keinen Beweis dafür hatten, dass wir unseren Teil der Vereinbarung einhalten würden. Außerdem war die Sabena-Rettungsaktion weithin veröffentlicht worden, also nicht mehr als geheimes Drehbuch nutzbar.

Der zweite Vorschlag – er stammte von Gur – ging davon aus, dass die Rettungsaktion in Entebbe stattfinden müsse. Nach seinen Vorstellungen sollten sich israelische Fallschirmjäger vom Viktoriasee aus nach Entebbe einschleusen, einen Überraschungsangriff gegen die Entführer starten und zum Schutz der Geiseln vor Ort bleiben.

Für diesen Vorschlag sprach, dass er praktikabel war; zu einer solchen Operation wären die IDF ohne weiteres in der Lage gewesen. Der entscheidende Nachteil war, dass er keinen Plan für die Rückführung enthielt. Nach der Befreiung der Geiseln hätte es keine Möglichkeit gegeben, sie außer Landes zu bringen. Sollte sich die ugandische Armee zu einer Intervention entschließen, konnte sie sicher eine Truppe mobilisieren, die groß genug war, um auch unsere besten Eliteeinheiten zu überwältigen.

Der dritte Ansatz war mit Abstand der phantasievollste. Generalmajor Benny Peled, der Kommandeur der israelischen Luftwaffe, schlug vor, Israel solle Uganda erobern – oder wenigstens Entebbe. Israelische Fallschirmjäger würden vorübergehend die Stadt, den Flughafen und den Hafen besetzen, und dann die Entführer angreifen und töten. Sobald das Terrain gesichert wäre, könnte die Luftwaffe mit ihrer Hercules-Transportmaschine auf dem Flughafen landen und die Geiseln heimholen.

Auf den ersten Blick schien der Plan absurd. Gur bezeichnete ihn als »unrealistisch, pure Phantasie«. Die anderen stimmten ihm zu. Dennoch, von den drei Vorschlägen faszinierte er mich am meisten. Abgesehen vom schieren Ausmaß und Anspruch fand ich, dass Peleds Plan nichts enthielt, was ihn unbrauchbar gemacht hätte. Im Gegensatz zu Gurs Plan enthielt er auch einen Vorschlag zur Heimführung der Geiseln. Und im Unterschied zu Kutis Plan setzte er nicht voraus, dass wir die Terroristen dazu bringen müssten, gegen ihre eigenen Interessen zu handeln. So war denn auch Peleds Plan am Schluss der einzige, den ich nicht ablehnte.

Am späten Abend rief Rabin noch einmal die wichtigsten Minister zusammen, und wir diskutierten die Forderungen der Entführer und unsere möglichen Reaktionen. Wir hatten eine Liste von Gefangenen erhalten, die bis zum 1. Juli 11.00 Uhr freikommen sollten. Wir hatten also weniger als sechsunddreißig Stunden. Auf der Liste standen vierzig in Israel einsitzende Terroristen sowie sechs in Kenia, fünf in Deutschland, einer in Frankreich und einer in der Schweiz. Auch wenn ich dazu bereit gewesen wäre, hätten wir die Forderung unmöglich erfüllen können – die Zeit reichte nicht für die Organisation einer so komplexen Freilassung in so vielen Ländern, und wir konnten nicht hoffen, dass die anderen mitmachen würden. Die kenianische Regierung teilte mit, die fraglichen Terroristen befänden sich nicht mehr im Lande. Die Franzosen behaupteten, sie hätten die angeblich in Frankreich inhaftierten Terroristen bereits freigelassen. Und die Westdeutschen würden ganz sicher keinen der auf der Liste stehenden Baader-Meinhof-Terroristen freilassen, die für so viele entsetzliche Mord- und andere Gewalttaten verantwortlich waren.

Meiner Ansicht nach sprach die Unerfüllbarkeit der Forderungen für eine Rettungsaktion. So utopisch eine militärische Option auch sein mochte, eine erfolgreiche Rettungsaktion schien inzwischen doch eher möglich als erfolgreiche Verhandlungen. So gesehen fand ich es besser, unsere Anstrengungen auf die aussichtsreichste Option zu konzentrieren. Anders als ich war Rabin nicht davon überzeugt, dass Verhandlungen einen Präzedenzfall schaffen würden. Angehörige von Geiseln hätten ihn bei einem Treffen daran erinnert, dass wir nach dem Jom-Kippur-Krieg Gefangene gegen die Leichname gefallener Soldaten ausgetauscht hatten. Wie konnten wir uns dann jetzt weigern, diese Gefangenen freizulassen, wenn dafür die Geiseln am Leben blieben?

Mir war bewusst, in welch verzweifelter Lage sich die Familien der Geiseln befanden. Aber, so sagte ich Rabin, noch nie hätten wir Gefangene freigelassen, die unschuldige Zivilisten getötet hatten, und genau dies verlangten die Terroristen jetzt. Auf ihre Forderungen einzugehen würde in der Tat einen gefährlichen Präzedenzfall schaffen.

Im weiteren Verlauf der Debatte zeigte sich Rabin mir gegenüber zunehmend ungehalten. Ich war zutiefst überzeugt, dass eine militärische Option sowohl moralisch vertretbar als auch praktikabel war, aber ich war der Einzige, der ihr das Wort redete. Allerdings konnte ich dem Premierminister nach wie vor keinen detaillierten durchführbaren Plan vorlegen. Da das Ultimatum der Entführer in weniger als zwei Tagen ablief, erschien Rabin mein Plädoyer als abstraktes Gedankenspiel oder sogar als Ablenkungsmanöver. Am Ende der Besprechung war er zu dem Schluss gekommen, Israel müsse seine Bereitschaft verkünden, die vierzig Gefangenen freizulassen. Und mir war klar, dass ich einen besseren Plan brauchte.

Als wir erfuhren, dass die Air-France-Maschine in Uganda gelandet war, nahm mich einer meiner Bodyguards beiseite und sagte mir, er kenne Idi Amin ziemlich gut, da er früher einer seiner persönlichen Berater gewesen sei.

»Er wird das möglichst in die Länge ziehen«, sagte er. »Er wird die Aufmerksamkeit auskosten.«

Als ich am Mittwoch in den frühen Morgenstunden wach lag, kamen mir immer wieder diese Worte in den Sinn. Wenn der Leibwächter recht hatte, bedeutete dies, dass Amin und ich aus unterschiedlichen Gründen dasselbe Ziel verfolgten: das Ende der Krise hinauszuzögern. Als ich am Vormittag ins Ministerium zurückkehrte, gelangte ich mehr und mehr zu der Überzeugung, dass Amin die Terroristen bitten würde, ihr Ultimatum zu verlängern. Unterdessen rief ich einige IDF-Offiziere zusammen, die in Uganda gedient hatten und Amin kannten. Es war ein Augenblick großer Klarheit.

Die Offiziere sagten mir, Amin verlasse sich sehr auf das Urteil der Menschen in seiner nächsten Umgebung, er stehe gern im Rampenlicht und sehne sich danach, auf der Weltbühne auf Augenhöhe behandelt zu werden; er träume sogar davon, eines Tages einen Nobelpreis zu erringen. Aber er sei ein grausamer, feiger Tyrann. Einer der Männer erinnerte sich, dass Amin einmal, als man ihm ein Gewehr als Geschenk überreicht hatte, die Waffe auf die im Hof seiner Villa versammelten Menschen gerichtet und aufs Geratewohl zu feuern begonnen hatte. Ich erfuhr auch, dass Amin sich nicht in fremde Kriege verwickeln lassen wollte und es deshalb unwahrscheinlich war, dass die ugandische Armee in Entebbe groß in Erscheinung treten würde. Die Offiziere glaubten nicht, dass der Diktator die Geiseln aus eigenem Antrieb umbringen würde: Amin hatte einmal erzählt, seine Mutter habe ihm eingeschärft, niemals Juden umzubringen, denn dafür würde er teuer bezahlen müssen. Andererseits betonten sie Amins Unberechenbarkeit. Wenn er sich in seiner Ehre gekränkt fühle oder wenn er, wie schon vorgekommen, in der Nacht schlecht geträumt habe, sei er zu allem fähig.

Das Gespräch war ungeheuer wertvoll. Es überzeugte mich davon, dass die ugandische Armee keine Gefahr für eine militärische Option darstellen und Amin wohl kaum der Hinrichtung von Geiseln zustimmen würde, solange er im Mittelpunkt einer internationalen Krise stand. Außerdem vermutete ich, dass Amin zu unserem Vorteil manipulierbar war – dass wir an seinen Narzissmus appellieren und daraus Nutzen ziehen konnten.

Ich bat einen der Offiziere, Oberst Baruch »Burka« Bar-Lev, Kontakt mit Idi Amin aufzunehmen, der ihn als Freund betrachtete. Falls möglich, solle er Amin anrufen und ihm sagen, er spreche im Auftrag höchster Regierungsstellen. Er solle ihm schmeicheln – ihm vorspiegeln, Israel halte ihn für einen Staatsmann von internationaler Bedeutung –, und versuchen, ihn zu einer Intervention zu überreden. »Sagen Sie ihm, man wird ihm die Schuld geben, falls etwas schiefgeht, und ihm das als Schwäche auslegen«, fügte ich hinzu. »Sagen Sie ihm, er könnte vielleicht sogar den Nobelpreis bekommen.«

Am Nachmittag rief Rabin die ranghöchsten Minister zu einer Lagebesprechung zusammen. Wie wir alle machte er sich größte Sorgen um die Geiseln, vor allem um die Kinder. Als hochdekorierter ehemaliger IDF-Kommandant wusste er sehr gut, wo unsere Stärken – und unsere Schwächen – lagen. Er sagte uns, dass wir, ungeachtet unserer offiziellen Position, mangels einer militärischen Option keine andere Wahl hätten, als zu verhandeln.

»Wie die Dinge liegen«, sagte er, »halte ich eine militärische Operation nicht für möglich. Was könnten wir denn tun? Uganda angreifen? Wie sollten wir überhaupt nach Uganda kommen? Unser Ziel ist nicht, militärisch vorzugehen, sondern Menschenleben zu retten. Im Augenblick sehe ich da keine Möglichkeit.«

Kurz danach setzte ich selbst eine Besprechung an – einen »Phantasie-Rat«, wie Gur ihn nannte. Ich wollte die kreativsten Denker der IDF versammeln, um mit ihnen alle uns bekannten Optionen durchzusprechen und unerschrocken auch nach noch unbekannten Optionen zu suchen. Ich bat Gur, vor allem solche Leute einzuladen, die sich besonders dafür interessierten, Unmögliches möglich zu machen. Als alle anwesend waren, bat ich Gur, ihnen die neuesten Erkenntnisse zu seinem Plan zu erläutern, Fallschirmjäger über dem Viktoriasee abzusetzen. Er hatte nicht viel Gutes zu berichten: Die Armee bestätigte, dass es in dem See von Krokodilen wimmelte und die Übung der vergangenen Nacht fehlgeschlagen war. Die Alternative, für die Schnellboote nötig gewesen wären, sei undurchführbar, berichtete der Mossad-Chef. Daran hätte sich Kenia beteiligen müssen, und er sei sich sicher, dass die kenianische Regierung keinen Vergeltungsschlag riskieren wolle. Außerdem gab es immer noch keine klare Vorstellung, wie die Geiseln nach ihrer Rettung außer Landes gebracht werden konnten.

Nachdem Gurs Plan auf Eis gelegt worden war, wandte ich mich an Peled. Seit unserer letzten Diskussion hatte er seinen Plan auf bescheidenere Ziele reduziert. Anstatt die Stadt zu erobern, wollte er jetzt nur noch den Flughafen besetzen. Er schlug vor, aus zehn Hercules-Maschinen tausend Fallschirmjäger abzusetzen.

General Dan Schomron, der Kommandeur der Fallschirmjäger und der Infanterie, hatte sogleich einen Einwand. »Wenn unser erster Fallschirmjäger landet, ist niemand mehr da, den man noch retten könnte.« Die Terroristen, erklärte er, würden die vom Himmel fallenden Fallschirmjäger mit Sicherheit bemerken und sofort mit der Erschießung der Geiseln beginnen.

Andere schlugen eine begrenzte Operation vor – mit zweihundert Soldaten, die mit einem Flugzeug auf dem Airport landen würden. Das Risiko war, dass die Maschine vom

Radar entdeckt wurde, aber der Plan hatte den zusätzlichen Vorzug, dass man die Geiseln ausfliegen konnte.

Meiner Ansicht nach war das die am ehesten realisierbare Variante, und deshalb bat ich die Versammelten, die Details weiter auszuarbeiten. Unglücklicherweise gab es immer noch viel zu viel, was wir nicht wussten. Die unzulängliche Aufklärung war ein schwerwiegendes Handicap, und den Informationen, die wir hatten, konnten wir nicht unbedingt trauen. In einem Bericht war die Rede davon, ein Geschwader sowjetischer Kampfjets könne möglicherweise eingreifen, in einem anderen hieß es, ein ganzes Bataillon ugandischer Truppen sei zum Flughafen abkommandiert worden. Wir wussten nicht, wie viele Terroristen es waren, ja nicht einmal, ob die Geiseln sich noch in der Maschine befanden. Wir planten eine Rettungsaktion, für die unsere Soldaten auf dem Flughafen landen mussten – ohne die geringste Vorstellung davon, was sie dort vorfinden würden.

Nach der Besprechung erfuhr ich, dass Burka tatsächlich mit Amin hatte sprechen können und mir dringend Bescheid geben wollte. Er hatte alles getan, was ihm aufgetragen worden war, doch Amin war unerbittlich geblieben: Es stehe nicht in seiner Macht, den Terroristen in seinem eigenen Land Einhalt zu gebieten. Das bestärkte mich in meiner Auffassung, dass eine militärische Rettungsaktion unsere einzige Option war.

Amin hatte Burka auch mitgeteilt, die Entführer hätten die achtundvierzig nichtisraelischen Geiseln freigelassen, was später bestätigt wurde. Trotzdem war es nach wie vor recht schwierig, Dichtung und Wahrheit auseinanderzuhalten. Amin hatte steif und fest behauptet, es seien dreißig

Entführer, doch wir gingen eher von sieben aus. Amin hatte gesagt, die Entführer trügen Sprengstoffgürtel und hätten genügend TNT, um den ganzen Flughafen in die Luft zu sprengen. Das war zwar nicht unmöglich, aber schwer zu glauben, da sie mit einer kommerziellen Fluggesellschaft nach Entebbe gekommen waren.

Aber so lagen die Dinge. Nach einer weiteren schlaflosen Nacht bewegten mich schwärzeste Gefühle. Es war Donnerstag, der 1. Juli, und an diesem Nachmittag sollte das Ultimatum ablaufen. Ich vermutete zwar, dass es verlängert werden würde, fürchtete aber trotzdem das Blutbad, das uns bevorstand, falls ich mich irrte.

Rabin setzte eine frühmorgendliche Ministerrunde an. Kurz zuvor nahm ich Gur beiseite, um neue nachrichtendienstliche Informationen zu besprechen, die inzwischen eingegangen waren. Einige der achtundvierzig nichtisraelischen Geiseln waren bereits wieder in Paris und hatten wichtige Einzelheiten geliefert. Beispielsweise bestätigten sie, dass die Geiseln nicht mehr in der Maschine, sondern in einem von zwei Terminals festgehalten wurden – dem alten Terminal, wie wir es nannten. Bewacht wurden sie von Terroristen und ugandischen Soldaten. Wir erhielten auch detaillierte Beschreibungen von der Anlage des Terminals. Mir genügte das, um mit den Vorbereitungen für eine Rettungsaktion zu beginnen. Ich war zwar der Verteidigungsminister, aber mir war bewusst, dass ich, um Rabin zu überzeugen, auch die Unterstützung anderer brauchte, vor allem die von Gur. Das Wort des Generalstabschefs hatte so viel Gewicht, dass ein militärisches Vorgehen ohne seine Zustimmung undenkbar war. Solange ich ihn nicht überzeugte, brauchte ich gar nicht erst zu versuchen, das Kabinett zu überzeugen. Aber so leicht war er nicht umzustimmen.

»Ich als Generalstabschef kann diesen Plan nicht gutheißen«, sagte er, nachdem er sich angehört hatte, was es Neues vom Nachrichtendienst gab. Wieder stand ich mehr oder minder allein da.

Die Sitzung begann in düsterer Stimmung und unter ungeheurer Belastung. Angesichts des in Kürze ablaufenden Ultimatums war die Anspannung unvermeidlich. Als Erstes verlas ich das Transkript von Burkas Telefongesprächen mit Idi Amin. Daraus hätten wir einige nützliche Informationen gewonnen, erklärte ich, aber es sei auch ganz klar geworden, dass Amin nicht die Führungsgestalt sein würde, die wir brauchten.

Die Diskussion kam auf die Familien der Geiseln. Minister Chaim Zadok teilte mit, dass die Familien auf Verhandlungen drängten; sie erwarteten von uns, alles Notwendige zu tun, um ihre Angehörigen zu retten.

»Das Problem liegt nicht nur in den Forderungen der Familien«, sagte ich schon zum zweiten Mal an diesem Tag. »Durch Verhandlungen und ein Eingehen auf die Forderungen der Geiselnehmer würden wir zukünftigem Terror Tür und Tor öffnen.«

»Wer sagt das?«, fuhr Rabin auf.

»Ich sage das«, entgegnete ich.

»Erläutern Sie das näher«, erwiderte Rabin.

»Bis jetzt haben die Amerikaner sich nie dem Terror gebeugt, weil die Israelis es zum weltweiten Standard gemacht haben, nicht nachzugeben«, erläuterte ich. »Wenn wir das jetzt tun, wird weltweit kein einziges Land mehr in der Lage sein, Widerstand zu leisten. Wir werden es mit immer mehr Angriffen dieser Art zu tun bekommen.«

»Die augenblickliche Lage ist die«, sagte Rabin, »dass keine Entscheidung zu treffen auch eine Entscheidung ist.«

Die Debatte ging noch mehrere Stunden weiter, bis Rabin erneut eingriff. »Ich will eines klarstellen: Wir haben keine Zeit mehr für Ausweichmanöver. Die grundlegende Frage lautet: Sind wir bereit, in Verhandlungen einzutreten, oder nicht? Ich fordere die Regierungsmitglieder auf, sich der Beantwortung dieser Frage nicht zu entziehen.«

Minister Jisrael Galili reagierte mit der Feststellung, er glaube, die Regierung solle unverzüglich mit Verhandlungen beginnen und »ihre Bereitschaft kundtun, Gefangene freizulassen«. Rabin unterstützte Galilis Vorschlag und führte an, wir hätten uns auch früher schon mehrfach auf Verhandlungen eingelassen, und er sei nicht bereit zu diskutieren, warum ein solcher Austausch in dieser Situation angeblich nicht akzeptabel sei.

»Präzedenzfälle sind nicht das Problem«, sagte ich. »Das Problem ist die Zukunft, die Zukunft der Menschen und die Zukunft der israelischen Luftfahrt. Wir sollten uns mit dem Schicksal der Menschen hier befassen, mit der Frage, was mit diesem Land und seiner Stellung zu Geiselnahme und Terror geschehen wird, zusätzlich zum Schicksal derer, die als Geiseln genommen wurden.«

Rabin ließ sich nicht beirren, da ich nach wie vor keine zufriedenstellende Alternative anzubieten hatte. »Ich wüsste gern, ob hier irgendjemand dagegen ist«, sagte er, »und bitte verstehen Sie mich richtig: Ich schlage nicht vor, dass wir über Verhandlungen diskutieren, sondern dass die Regierung das Team ermächtigt, unsere Bemühungen zur Freilassung der Geiseln fortzusetzen, einschließlich eines Austauschs gegen in Israel einsitzende Gefangene.«

Als er die Frage stellte, wer für diesen Vorschlag sei, hoben alle am Tisch die Hand – auch ich. Da ich keine klare militärische Option vorlegen konnte, musste ich vor allem Zeit gewinnen. Wenn durch den Beginn eines langwierigen Verhandlungsprozesses ein Aufschub zu erreichen war, dann konnte vielleicht doch noch ein Wunder geschehen. Unterdessen hätte ich den Vorteil, die Kommunikationswege offen zu halten und selbst nicht als ein Paria dazustehen, dessen Ansichten man von vornherein übergehen konnte. Wenn es irgendwie doch noch gelingen sollte, eine militärische Option vorzulegen, musste ich glaubwürdig sein, um Rabins Zustimmung zu erlangen.

Eine Stunde nach der Besprechung führte Burka erneut ein Telefongespräch mit Amin. Dieser forderte ihn auf, eine Ankündigung in Radio Africa anzuhören. Mehr wollte er nicht sagen, außer dass er vergeblich zu intervenieren versucht habe und dass die Geiseln wie angekündigt um 2.00 Uhr nachts getötet würden.

Wir warteten voller Bangen auf die Erklärung im Radio. Und atmeten dann erleichtert auf: Die Geiselnehmer hatten sich bereit gefunden, das Ultimatum um drei Tage zu verlängern. Amin sollte zu einer Konferenz der Organisation für Afrikanische Einheit nach Mauritius reisen, und die Entführer würden bis dahin stillhalten. Plötzlich blieben uns nicht mehr nur Stunden, sondern Tage.

Ich bestellte Gur in mein Büro und sagte ihm, dass wir unsere Optionen durchsprechen müssten. Er war fassungslos. »Sie haben doch eben auch für die Kapitulation gestimmt«, rief er ungläubig. »Das war nur ein Trick, um Zeit zu gewinnen«, erklärte ich, »und die haben wir jetzt. Und wir sollten sie nutzen.« Noch am selben Nachmittag trat der »Phantasie-Rat« erneut zusammen, und zum ersten Mal schien sich so etwas wie ein Rettungsplan abzuzeichnen. Kuti Adam und Dan Schomron hatten bereits einen Aktionsplan entworfen, demzufolge wir mit mehreren Maschinen auf dem Flughafen Entebbe landen und diesen dann einnehmen sollten. Sie schilderten den Ablauf in allen Einzelheiten. Die Operation würde im Schutz der Dunkelheit stattfinden und nicht länger als eine Stunde dauern. Die erste Maschine würde um 23.00 Uhr landen, dicht hinter einer britischen Passagiermaschine, um einer Radarerfassung zu entgehen. Aus dem Bauch der Maschine würden zwei Autos kommen und eine Gruppe von Soldaten zum alten Terminal bringen, die dann die Entführer ausschalten und die Geiseln befreien würden. Binnen zehn Minuten würde eine weitere Hercules-Maschine mit zwei weiteren Autos landen. Diese Soldaten würden zum »neuen Terminal« fahren und die Kontrolle über dieses sowie über die Rollbahnen und die Treibstofftanks übernehmen. Nach Erledigung ihrer Mission würden zwei weitere israelische Maschinen landen und die Geiseln ausfliegen.

Wir sprachen über jeden denkbaren Ausgang, über jede Variable und über alles, was schiefgehen konnte. Der spätest mögliche Zeitpunkt für die Aktion war Samstagabend, und obwohl weiterhin Fragen über die Durchführbarkeit im Raum standen, herrschte unter den Offizieren immerhin Einigkeit darüber, dass wir genügend Zeit für die

Vorbereitungen hatten. Doch Gur war besorgt. Er meinte, selbst wenn die Operation wie geplant ablief, könnten wir Uganda nicht ohne Zwischenlandung erreichen. Sollte uns Kenia keine Möglichkeit zum Auftanken einräumen, sei die Operation schlechthin unmöglich. Und selbst wenn wir von der kenianischen Regierung grünes Licht bekämen, sei die nachrichtendienstliche Aufklärung nicht ausreichend, um den Erfolg der Operation zu sichern. So wüssten wir beispielsweise immer noch nicht, mit wie vielen Terroristen wir rechnen mussten.

»Ohne entsprechende Aufklärung sehe ich mich außerstande, eine solche Operation abzusegnen«, rief er aus. »Manches von dem, was ich hier gehört habe, ist des IDF-Generalstabs nicht würdig. Wenn Sie James Bond wollen – nicht mit mir!«

Der Mossad arbeite daran, uns bessere Informationen zu beschaffen, sagte ich zu Gur und bat ihn, den Krisenstab zu ermächtigen, mit den Vorbereitungen für den Angriff zu beginnen; sobald wir über die erforderlichen Informationen verfügten, müssten wir bereit sein loszuschlagen. Gur stimmte mir zu und ernannte Dan Schomron zum Leiter der Operation.

Um 5.00 Uhr morgens kam ich mit Rabin und einigen Ministern zu weiteren Gesprächen zusammen. Bis dahin hatte ich Rabin noch nicht über die Details unseres neuen Plans unterrichtet. Ich hielt es nicht für ratsam, dies vorzeitig zu tun. Aber ich drängte weiter auf eine Rettungsaktion.

»Wenn es eine Möglichkeit für eine militärische Lösung gibt, ist diese vorzuziehen«, sagte ich. »Ich gebe zu, dass wir im Augenblick noch keinen konkreten Vorschlag haben.

158

Aber die Alternative wäre die bedingungslose Kapitulation.«

Erneut wurde mein Appell weitgehend ignoriert.

Nach dieser Besprechung war ich ganz mutlos geworden. Trotz all der Arbeit der Menschen in meiner Umgebung, obwohl sie bereit waren, für mich ihr Äußerstes zu leisten und kreativ zu denken, fühlte ich mich zunehmend allein. Und obwohl mir Ben-Gurion immer wieder vor Augen geführt hatte, wie gut es sei, für sich allein zu stehen, glaube ich, dass man, wenn man ganz allein dasteht, auch erwägen muss, ob man nicht doch falsch liegt. Allmählich fragte ich mich, ob mein Eifer nicht mein Urteilsvermögen hinsichtlich der Erfolgsaussichten trübte, ob er mich blind machte für die Tatsache, dass wir chancenlos waren. Ich konnte mich jetzt nicht mehr um Rat und Hilfe an Ben-Gurion wenden. Also ging ich zu dem, der ihm am nächsten kam: meinem alten Freund Mosche Dajan.

Ich hatte gehört, dass Dajan, der kein politisches Amt mehr innehatte, mit australischen Gästen in Tel Aviv in einem Restaurant am Meer beim Essen war. Ich fuhr direkt zu dem Restaurant. Er war überrascht, mich zu sehen, genauso wie seine Gäste, die anscheinend gerade erst bei der Suppe waren. Ich entschuldigte mich und bat Dajan, kurz den Tisch zu verlassen, damit wir ungestört reden konnten. Während ich anfing, ihm die Situation zu schildern, brachte uns ein Ober zwei Glas Rotwein. Mir ging auf, dass ich den ganzen Tag noch nichts zu mir genommen hatte.

Ich setzte ihn ins Bild – der gewagte Rettungsplan, die fehlende Aufklärung, die zahlreichen Risiken, die Einwände, die unabsehbaren Konsequenzen –, und dabei sah ich, wie Dajan sich immer mehr begeisterte.

»Das ist ein Plan, den ich zu hundertfünfzig Prozent unterstütze!«, sagte er und tat die Nachteile als unvermeidliche Kriegsrisiken ab. »Du hast recht, das mit aller Kraft zu verfolgen.« So bestärkte er mich zu einem ganz entscheidenden Zeitpunkt in meiner Überzeugung. Obwohl ich nicht gegessen hatte, fühlte ich mich beim Verlassen des Restaurants gestärkt.

Am Donnerstagabend um 23.00 Uhr hielt Rabin eine weitere Kabinettssitzung ab, bei der die Verhandlungen mit den Entführern in allen Einzelheiten durchgesprochen wurden. Ich weiß nicht, ob ich überhaupt etwas sagte. Ich musste immer wieder an das Gespräch mit Dajan denken und legte mir einen Plan für die bevorstehende Überzeugungsarbeit zurecht.

Die Sitzung endete lange nach Mitternacht, doch bevor ich nach Hause fuhr, beschloss ich, noch einen Versuch mit Gur zu unternehmen. Wir redeten mehrere Stunden lang, nicht nur über den jüdischen Staat, sondern auch über das jüdische Volk und darüber, was für uns alle auf dem Spiel stand. Ich räumte ein, dass die von mir befürwortete militärische Aktion gefährlich war, betonte aber, dass wir allesamt einer noch größeren Gefahr ausgesetzt wären, sollten wir doch nachgeben. Ich versuchte, seine Zweifel zu entkräften, aber als wir in den frühen Morgenstunden auseinandergingen, war er noch immer nicht überzeugt. Ich ruhte mich kurz auf der Couch in meinem Büro aus und hoffte, dass meine Worte bei ihm doch noch einen Sinneswandel herbeiführen würden.

Ich hatte wohl kaum länger als eine oder zwei Stunden geschlafen, als ich ganz plötzlich von den Zahnschmerzen erwachte, die mich schon die ganze Woche geplagt hatten und jetzt unerträglich geworden waren. So musste ich in all dem Durcheinander auch noch zum Zahnarzt.

Mein Zahnarzt Dr. Langer war ein alter Freund. Sein Sohn war ein IDF-Elitesoldat und hatte in dieser Woche einen Einsatzbefehl erhalten. Dr. Langer wusste bestimmt, warum – er musste in der Presse von der Geiselnahme in Entebbe gelesen haben. Er muss sich gefragt haben, ob eine Rettungsaktion geplant war und sein Sohn womöglich in Lebensgefahr geraten würde. Aber er erwähnte es mit keinem Wort, während er meinen Zahn versorgte – so war er.

Zurück im Büro, wurde ich mit neuen Nachrichten überschüttet, die inzwischen eingegangen waren. Wir hatten einen Sajeret-Matkal-Offizier namens Amiram Levin nach Paris geschickt, der die französischen Geheimdienstleute bei der Befragung der nichtisraelischen Geiseln unterstützen sollte. Eine der Geiseln, ein älterer Herr, hatte sich an Levin gewandt: »Ich weiß genau, was Sie brauchen.«

Er sagte Levin, er sei Oberst in der französischen Armee gewesen und habe deshalb genau gewusst, worauf er während der Geiselhaft in Entebbe achten musste. Er hatte eine Skizze vom sogenannten alten Terminal angefertigt, in dem die Geiseln festgehalten wurden, und die Anlage genau beschrieben. Von ihm wussten wir jetzt, dass es dreizehn Terroristen und rund sechzig ugandische Soldaten waren. Die Geiseln befanden sich in der Haupthalle des Terminals, aber die französische Crew wurde in den Damentoiletten festgehalten. Die Maschine war nicht in der Nähe abgestellt. Laut

Levin waren in dem Terminal zahllose Kisten aufgestapelt, in denen sich, den Entführern zufolge, Sprengstoff befand. Es seien aber keinerlei Drähte zu sehen gewesen, und auch sonst habe nichts darauf hingewiesen, dass die Kisten für eine Explosion vorbereitet waren. Das war eine Fülle von Informationen. Wieder einmal hatte sich ein Franzose um die Sicherheit Israels verdient gemacht.

Zusätzlich erhielten wir einen Bericht vom Mossad. Tage zuvor hatten wir einen Aufklärungsflug über Entebbe genehmigt. Die Mission war erfolgreich gewesen, und wir besaßen jetzt sehr gute Fotos von dem Flughafen. Außerdem berichtete Mossad-Chef Jitzchak Chofi, dass Kenia uns Zwischenlandungen erlauben würde. Gur und ich trafen uns in seinem Büro und besprachen die neuen Erkenntnisse. Seine Skepsis löste sich in Luft auf. Er war bereit, den Plan zu unterstützen.

Mit Gurs Rückendeckung setzte ich alles in Gang. Er sollte mit den neuen Informationen darangehen, den Plan zusammen mit anderen Mitgliedern des »Phantasie-Rats« umzusetzen, während ich Rabin informierte.

Ich betrat das Büro des Premierministers. »In diesem Augenblick«, sagte ich, »bin ich als Privatperson, also nicht dienstlich, der Überzeugung, dass uns eine echte militärische Option zur Verfügung steht.« Ich beschrieb Rabin den Plan, verschwieg aber auch nicht die Vorbehalte der Leute, die an seiner Verwirklichung arbeiteten. Ich erzählte ihm alles über die Planungssitzungen, über die vorgebrachten und entkräfteten Zweifel und auch über die nach wie vor bestehenden. Rabin zog Chofi hinzu, um die anstehenden Fragen durchzusprechen.

Rabin hatte sowohl politische als auch taktische Bedenken. In taktischer Hinsicht befürchtete er, die erste gelandete Maschine könnte identifiziert und angegriffen werden, bevor sie entladen werden konnte, so dass die Soldaten gar nicht zum Einsatz kamen und die Geiseln in der Gewalt der Terroristen blieben, die dann glaubten, sie würden angegriffen. Außerdem war er besorgt, dass eine solche Mission dem Land großen Schaden zufügen könne. »Sie könnte schlimmere Folgen für Israel haben als jede der anderen Optionen«, erklärte er. Der Mossad-Chef befürwortete die Operation aus taktischer Sicht. Ob das Risiko des Scheiterns in Kauf genommen werden könne, diese Frage müsse Rabin selbst beantworten.

»Wie auch immer, ich bin an die Entscheidung des Kabinetts gebunden«, schloss Rabin mit Bezug auf den bestehenden Beschluss über die Aufnahme von Verhandlungen. Ihm waren die Hände gebunden, da gab ich ihm recht. Aber ich bat ihn, uns die Chance zu geben, ihm einen Plan vorzulegen. »Wenn Sie dafür sind, kann auch das Kabinett sich dafür entscheiden, sein Plazet zu geben.«

Als ich an diesem Nachmittag die Mitglieder des »Phantasie-Rats« in meinem Büro versammelte, verkündete Gur, dass sie einen Plan ausgearbeitet hätten, den sie dem Premierminister vorlegen könnten. »Erklären Sie mir die Details«, bat ich ihn.

Ich wusste zwar noch nicht, wie Rabins Entscheidung ausfallen würde, aber eines war klar: Unser Erfolg hing davon ab, dass wir sofort zuschlagen konnten, wenn wir grünes Licht bekamen. Als Verteidigungsminister durfte ich ohne Zustimmung des Premierministers die IDF an jeden Ort innerhalb der israelischen Grenzen schicken. Statt eine Antwort abzuwarten, ordnete ich daher an, dass die Hercules am nächsten Tag von Tel Aviv nach Scharm El-Scheich im Süden vom Sinai fliegen sollte. Ich wusste, dass dies der beste Ausgangspunkt für die Mission war – und wenn Rabin zustimmte, hatten wir keine Zeit mehr zu verlieren.

Der Plan stand jetzt fest. Von Scharm El-Scheich würden unsere Truppen durch äthiopischen Luftraum fliegen, außerhalb der Radarerfassung des Landes, und sich auf derselben Route wie die Verkehrsmaschinen Uganda nähern. Unter Führung von Joni Netanjahu würden unsere Kämpfer die Terroristen angreifen und die Geiseln im alten Terminal in ihre Obhut nehmen. Die anderen Maschinen würden im Fünf-Minuten-Takt landen und die Kommandoeinheiten absetzen. Einige von ihnen sollten das neue Terminal, die Rollbahnen und Tankanlagen einnehmen, andere die in der Nähe abgestellten Kampfjets sowjetischen Typs zerstören. Wieder eine andere Einheit sollte die Zufahrtsstraßen sperren, um den Transport von Verstärkungen zum Flughafen zu verhindern.

Die geretteten Geiseln sollten zu einer der Hercules-Maschinen gebracht werden, die dann zum Auftanken nach Nairobi fliegen sollte. Die anderen Maschinen würden ebenfalls nach Kenia fliegen, und gemeinsam würden sie dann nach Israel zurückkehren. Die Operation wurde auf die Minute genau geplant, und die Elitesoldaten waren bereits dabei, alle Einzelaktionen immer wieder zu proben und alle Szenarien durchzuspielen. Sie studierten die Pläne des Flughafens so akribisch, wie ihre Väter und Großväter den Talmud studiert hatten. Dennoch mussten die verschiedensten Variablen berücksichtigt werden – es gab zahllose Möglichkeiten, wie etwas schiefgehen konnte.

Im Lauf der Diskussion trug jemand eine originelle Idee vor: Da wir ja wüssten, dass Amin nicht in Uganda war, könnten wir einen unserer Soldaten als Amin verkleiden, so dass es so aussehen würde, als sei der zurückkehrende Staatspräsident mit seiner Autokolonne auf dem Flughafen gelandet. Vielleicht würden sich die ugandischen Soldaten, die das alte Terminal bewachten, im Dunkeln wenigstens für kurze Zeit täuschen lassen. Gur und ich fanden die Idee sehr gut und ordneten an, sofort einen schwarzen Mercedes ähnlich dem von Amin ausfindig zu machen. Am Abend zuvor hatte Gur mich noch wegen meiner angeblichen James-Bond-Phantasien angegriffen. Offenbar hatte er seine Meinung inzwischen geändert.

Ich schickte Rabin eine Notiz, um ihn an dieser amüsanten neuen Entwicklung teilhaben zu lassen: »Jitzchak, eine letzte Verfeinerung des Plans: Statt des eigentlich vorgesehenen Flughafenfahrzeugs wird ein großer Mercedes mit Standern aus der Maschine kommen – Idi Amin auf der Rückkehr von Mauritius. Ich weiß nicht, ob das möglich ist, aber es ist interessant.«

Hinterher gingen wir in Rabins Büro, und Gur informierte den Premierminister und den Ministerausschuss über die Einzelheiten unseres Plans. Rabin schien grundsätzlich nicht abgeneigt, legte sich aber nicht fest. »Ich bin mir nach wie vor nicht sicher«, sagte er. »Wir hatten noch nie so viele Geiseln. Und wir hatten noch nie so unvollständige Informationen. Das wird eine riskantere Operation als alle, mit denen ich je zu tun hatte.« Dann überschüttete er Gur mit weiteren Fragen zu den Details der Aktion. »Ich bin dafür, dass die Vorbereitungen in vollem Umfang weitergehen, aber ich möchte, dass wir das nach wie vor nur als mögliche Ergänzung zu den laufenden Verhandlungen sehen«, sagte er. »Wenn ich sie wenigstens dazu bringen könnte, die Frauen und Kinder freizulassen ... das würde alles ändern.« Er beschloss, am Nachmittag des folgenden Tages eine außerordentliche Kabinettssitzung abzuhalten, unmittelbar bevor die Maschinen nach Entebbe starten mussten. Erst dann werde er seine endgültige Entscheidung treffen.

An dem Abend hatten Sonia und ich eine Verpflichtung, der wir uns nicht entziehen konnten. Einige Wochen zuvor hatte mich das Außenministerium gebeten, einen Professor an der Columbia University namens Zbigniew Brzezinski während seines Besuchs in Israel zu bewirten. Die Vereinigten Staaten befanden sich mitten im Präsidentschaftswahlkampf, und Professor Brzezinski war für den Fall, dass Jimmy Carter die Wahl gewann, als Sicherheitsberater im Weißen Haus vorgesehen. Er sollte an diesem Abend zum Sabbat zu uns nach Hause kommen, zusammen mit dem Herausgeber der Zeitung *Haaretz* und dem Chef des militärischen Nachrichtendienstes. Hätten wir plötzlich abgesagt, wären womöglich alle, die von der Einladung wussten, misstrauisch geworden.

Ich verließ das Verteidigungsministerium kurz vor Sonnenuntergang und begrüßte Brzezinski und die anderen bei mir zu Hause. Beim Diner führten wir ein tiefgehendes, faszinierendes Gespräch über die politische Weltlage, und eine Zeitlang mieden wir das Thema der Geiselnahme. Doch schließlich lenkte der Professor das Gespräch auf Entebbe und gestand seine Überraschung, dass Israel nicht zu einer militärischen Rettungsaktion bereit war. Er verlangte eine Erklärung von mir. Ich wollte ihn nicht anlügen, war jedoch außerstande, ihm die Wahrheit zu sagen, und beschränkte mich auf vage Äußerungen über den Mangel an verlässlichen Informationen und die Gefahren, die sich aus der großen Entfernung ergaben. Brzezinski schien nicht überzeugt, doch zu meiner Erleichterung kam das Gespräch auf andere Themen. Als das Diner beendet war, gab ich Sonia einen Gutenachtkuss, entschuldigte mich für mein Fernbleiben in der zurückliegenden Woche und kehrte unverzüglich ins Ministerium zurück.

In den frühen Morgenstunden des Samstags stürmten zunehmend angstvolle Gedanken auf mich ein. Ich lag wach und stellte mir alle die Faktoren vor, die zu einem Scheitern führen konnten. In diesen Tagen führte ich Tagebuch. »Wer kann garantieren«, schrieb ich, »dass nicht irgendeines dieser zehntausend Dinge – aus denen die Flugzeuge, die Panzerwagen und die Waffen bestehen – im kritischsten Augenblick oder am kritischsten Ort versagt?«

Im Morgengrauen rief ich den »Phantasie-Rat« in meinem Büro zusammen und befahl den Leuten, alle Einzelheiten der Operation noch einmal genauestens durchzugehen. »Wie lautet Ihr Bericht?«, fragte ich Gur. Er sagte, die Übungen seien wie geplant abgelaufen und hätten am Boden fünfundfünfzig Minuten gedauert. Einen schwarzen Mercedes hätten sie in ganz Israel nicht aufgetrieben, aber sie hätten ein ähnliches Modell in Weiß gefunden und bereits angeordnet, es schwarz umzulackieren.

»Es gibt keinen Grund, die Operation nicht durchzuführen«, verkündete Gur am Ende unserer Zusammenkunft, vor Zuversicht strahlend. »Die Erfolgsaussichten sind sehr gut.«

Anschließend fuhren Gur und ich gemeinsam zum Flughafen, um die Soldaten zu verabschieden. Sie hatten für die waghalsigste Mission geübt, die wir jemals ins Auge gefasst hatten, doch auch als sie schon an Bord der Maschinen gingen, wussten sie noch nicht, ob sie grünes Licht bekommen würden. Einige wandten sich an mich, als ich ankam. Sie wollten wissen, ob die Regierung ihnen den Auftrag geben würde, und fragten sich, woher wir den Mut dazu nahmen. Andere kamen herbei, schüttelten mir die Hand und versicherten, dass sie fest an ihren Erfolg glaubten. Ich sah zu, wie sie unter Jonis Führung an Bord gingen, und war mir absolut bewusst, dass Mut und Tapferkeit ganz auf ihrer Seite waren.

Noch am selben Nachmittag eröffnete Rabin die außerordentliche Kabinettssitzung und erläuterte die Lage, wie sie sich jetzt darstellte. »Seit heute verfügen wir über eine militärische Option«, erklärte er und umriss dann die geplante Operation. Danach wandte ich mich an die Versammelten.

»Die herzzerreißende Frage ist: Wollen wir das Leben unschuldiger, unbewaffneter Zivilisten aufs Spiel setzen, um die Zukunft unseres Landes zu sichern, oder nicht? Wenn wir nachgeben, werden sich manche zu ähnlichen Aktionen veranlasst sehen. Viele Länder überall auf der Welt werden unsere Handlungsweise verstehen, sich aber insgeheim über uns lustig machen.«

Als Nächstes beschrieb Gur den Plan Schritt für Schritt und fasste seine Schlussfolgerungen zusammen. Die Operation sei gut durchdacht und werde seiner Einschätzung nach gelingen. Opfer auf unserer Seite seien natürlich nicht auszuschließen, doch sei das auch »bei jeder anderen Operation, die wir je zur Rettung von Zivilisten unternommen haben«, nicht anders gewesen.

»Falls wir nicht auftanken können, wie lange dauert der Flug?«, fragte ein Minister.

»Dann werden die Maschinen nicht heimkehren können«, sagte Gur.

»Und wie ist dort die Wetterlage?«, wollte ein anderer wissen.

»Riskant«, räumte Gur ein.

»Und wenn sich herausstellt, dass die Geiseln über Nacht an einen anderen Ort gebracht wurden?«, erkundigte sich ein Dritter.

»Dann wird die Mission ein katastrophaler Fehlschlag«, sagte Rabin.

Aber so standen die Dinge nun einmal. Die Mission – die erste in der kurzen Geschichte der IDF, die außerhalb des Nahen Ostens stattfinden würde –, war schon allein deswegen ohne Beispiel. »Nimmt man noch die übrigen Unwägbarkeiten hinzu«, sagte ich, »muss man zugeben, dass dies eine andere IDF-Operation als alle anderen zuvor ist.« Aber das war nun einmal der Preis, den wir zu zahlen hatten.

Am Ende der langen Debatte hatte Rabin das letzte Wort.

»Ich bin für die Operation«, verkündete er zum ersten Mal. »Ich beschönige nichts. Im Gegenteil, ich weiß, worauf wir uns da einlassen… Die Regierung muss wissen, dass sie dabei ist, eine Operation anzuordnen, bei der es eine große Zahl an Opfern geben kann«, sagte er und bestätigte damit Gurs Einschätzung. »Dennoch bitte ich Sie, wenn auch schweren Herzens, diese Operation zu genehmigen.«

Die Entscheidung fiel einstimmig. Die Operation Entebbe konnte anlaufen.

Wir saßen mucksmäuschenstill in meinem Büro, der Kommandozentrale des Verteidigungsministeriums. Rabin kaute auf einer Zigarette. Ich spielte mit einem Kugelschreiber. Die Maschinen hatten Order, vom Augenblick des Starts an absolute Funkstille zu wahren, außer in einem Notfall. Wir hatten uns jetzt mit einer kleinen Gruppe von Mitarbeitern und Beratern zusammengesetzt, um über abhörsichere Funkgeräte den Fortgang der Operation zu verfolgen. Während die Maschinen über das Rote Meer und in den äthiopischen Luftraum flogen und schließlich über dem Viktoriasee zur Landung ansetzten, hörten wir nichts. Die Stille erzeugte eine unglaubliche Spannung, obwohl sie darauf schließen ließ, dass alles wie geplant lief.

Um 23.03 Uhr setzten heftige atmosphärische Störungen ein: Die erste Maschine war sicher gelandet. Dann blieb weitere sieben Minuten alles still. Währenddessen mussten die Fahrzeuge die Maschine verlassen und sich in Kolonne zum alten Terminal in Bewegung gesetzt haben.

Um 23.10 Uhr unterbrach Dan Schomrons Stimme die Stille. »Alles in Ordnung«, sagte er. »Bericht folgt.«

Acht quälende Minuten später hörten wir das Codeword »Ebbe« – alle Maschinen waren sicher gelandet.

»Alles läuft gut«, sagte Schomron weitere zwei Minuten später. »Ein ausführlicher Bericht kommt in Kürze.«

170

»Palästina.« Dieses Codewort bedeutete, dass der Angriff auf das alte Terminal begonnen hatte.

Die nächsten zwölf Minuten hörten wir nichts, aber unsere Phantasie arbeitete umso lebhafter. Wir wussten, dass unsere Elitesoldaten sich über dreitausend Kilometer von uns entfernt ein Feuergefecht mit Terroristen und ausländischen Truppen lieferten, aber das war auch alles.

Schließlich hörten wir »Jefferson«, das Codewort dafür, dass die Evakuierung der Geiseln begann. »Alles nach Galila« bedeutete, dass die Geiseln zu der Hercules-Maschine gebracht wurden. Noch war nicht alles in trockenen Tüchern, doch es schien, als laufe alles nach Plan.

Dann hörten wir plötzlich die Codewörter, die wir gefürchtet hatten. »Mandelhain«, ein Ruf nach medizinischer Hilfe für die Einheit unter Jonis Kommando. Wir hörten, dass es zwei Verwundete gab, wussten aber nicht, wie schwer die Verletzungen waren. In den nächsten Minuten rechneten wir mit dem Schlimmsten – dass es einen unvorhergesehenen Angriff irgendwelcher Truppen gegeben hatte, dass unsere Informationen falsch waren und wir jetzt den Preis dafür zahlen mussten.

Doch während wir uns noch den schwärzesten Gedanken hingaben, hörten wir den wichtigsten Code: »Berg Karmel«. Alle Maschinen waren in der Luft, die Geiseln wohlbehalten an Bord.

Die Erleichterung nach diesen beklemmenden Momenten machte sich in lauten Jubelrufen Luft. Wir hatten nach dem Unmöglichen gegriffen, und nun hielten wir es in Händen. Kurz nach Mitternacht rief Gur in meinem Büro an und schilderte uns den Ablauf der Aktion.

Sie hatte fünfundfünfzig Minuten gedauert, und alle Terroristen waren getötet worden. Wir hatten alle bis auf vier Geiseln gerettet. Eine, Dora Bloch, war schwer erkrankt und wurde, wie wir später erfuhren, in Uganda in einem Krankenhaus ermordet. Die anderen drei – Jean-Jacques Mimouni, Pasco Cohen und Ida Borochovitch – hatten die Aufforderung der IDF-Soldaten, sich während des Feuergefechts hinzulegen, missverstanden und waren tragischerweise ins Kreuzfeuer geraten. Wir bekamen auch bestätigt, dass zwei Soldaten verwundet worden waren, doch über ihre Identität und die Schwere ihrer Verletzungen war noch nichts bekannt.

Rabin fuhr wieder in sein Büro, und ich bestellte Burka in mein eigenes. Ich bat ihn, Idi Amin anzurufen und so zu tun, als hätte der Präsident uns bei dem Angriff unterstützt. Das war die beste Möglichkeit, Amins Glaubwürdigkeit bei den Terroristen zu untergraben – eine Chance, seine Beziehung zu unseren Feinden zu stören. Burka rief Amin auf seiner Privatnummer an, und ich stand daneben und hörte zu.

»Hier Präsident Amin.«

»Ich danke Ihnen, Exzellenz«, sagte Burka scheinheilig. »Ich möchte Ihnen für Ihre Zusammenarbeit mit uns danken. Vielen, vielen Dank, Exzellenz.«

Amin war verwirrt. »Sie wissen doch, dass Sie keinen Erfolg hatten«, erwiderte er.

»Die Zusammenarbeit war nicht erfolgreich?«, fragte Burka. »Warum?«

»Was ist denn passiert?«, fragte Amin aufgeregt. »Können Sie mir das sagen?«

»Nein, ich weiß es nicht. Ich wurde nur gebeten, Ihnen für Ihre Unterstützung zu danken. Meine Freunde, enge Vertraute der Regierung, haben mich gebeten, Ihnen dies auszurichten.«

Ich rief Rabin an und erzählte ihm von dem Telefongespräch mit Amin. Er musste laut lachen und bat mich, zum Feiern in sein Büro zu kommen. Menachem Begin, der Oppositionsführer und künftige Premierminister, war bei Rabin, als ich ankam, und sichtlich erfreut über den glücklichen Ausgang. »Die Operation Entebbe«, sollte er später sagen, »wird die Nation vom Trauma des Jom-Kippur-Krieges heilen.« Und so kam es auch.

Die glorreiche Operation war ein Moment reinster Inspiration in einer Zeit zunehmender Dunkelheit. Von ihr ging eine Botschaft an die ganze Welt aus – von der Tapferkeit Israels, seiner Schlauheit, seiner Weigerung, sich Terroristen zu beugen, und seinem Festhalten an universellen Werten. Die Aktion sollte als eine der tollkühnsten militärischen Operationen in die Geschichte eingehen und der Welt etwas mitteilen, was wir im Verteidigungsministerium bereits wussten: dass die IDF eine der tapfersten Armeen der Welt waren. Die Soldaten, die an der Mission teilgenommen hatten, wurden als Helden gefeiert und erlangten Berühmtheit, im Inland wie im Ausland.

Die Operation Entebbe war auch der Beginn eines Heilungsprozesses – sie gab dem Land das Gefühl der Sicherheit zurück, das im Gefolge des Jom-Kippur-Krieges verlorengegangen war. Und sie teilte jüdischen Menschen in aller Welt mit, dass es jetzt einen Staat gab, der sie zu schützen vermochte.

Rabin und ich beschlossen, eine knappe Presseerklärung herauszugeben, die wir gemeinsam aufsetzten. Sie bestand aus einem einzigen Satz. »Einheiten der IDF haben heute Nacht die Geiseln und die Flugzeugbesatzung auf dem Flughafen Entebbe gerettet.«

Am 4. Juli um drei Uhr morgens kehrte ich in mein Büro zurück und legte mich endlich auf die Couch, um zum ersten Mal seit Tagen wieder etwas zu schlafen. Aber trotz meiner Erschöpfung fand ich keine Ruhe, weil ich mir die Geiseln im Bauch der Hercules vorstellte – was sie wohl dachten, wie sie sich fühlen mussten. Ich schloss die Augen und dachte an die unglaubliche Furchtlosigkeit unserer Soldaten und auch an die Mitglieder des »Phantasie-Rats«. Diese Männer hatten unter Aufbietung all ihres Erfindungsreichtums Pläne ersonnen und, obwohl sie meinen Optimismus für unangebracht hielten, keinen Augenblick lang die Wichtigkeit – und die Möglichkeit – einer Mission in Frage gestellt. Ohne Menschen dieses Formats hätten wir solch eine Rettungsaktion niemals vollbringen können.

Ein Rascheln an der Tür, und ich öffnete die Augen: Gur stand vor mir. Als ich ihn das letzte Mal gesehen hatte, war er fröhlich, ja ausgelassen gewesen. Jetzt wirkte er hager und mitgenommen – seine Miene war die eines Mannes, der eine schlimme Nachricht erhalten hat und nicht weiß, wie er sie weitergeben soll.

»Was ist denn?«, fragte ich und erhob mich.

»Schimon«, sagte er bekümmert, »Joni ist tot. Ein Scharfschütze im Kontrollturm hat ihn mitten ins Herz getroffen.«

Ich wandte mich von Gur ab und starrte an die Wand. Bei all der Anspannung der vergangenen Woche hatte ich mich stets zusammengerissen und meine Gefühle im Zaum gehalten. Ich hatte keine Worte für Gur, und er keine weiteren für mich. Er verließ mein Büro, und ich brach in Tränen aus.

Am Vormittag fuhren Rabin und ich zum Flugplatz, um die geretteten Geiseln und die zurückkehrenden Soldaten zu begrüßen, die seit Jonis Tod von Muki Betzer kommandiert wurden. Die Erleichterung stand den Passagieren ins Gesicht geschrieben, die so lange mit dem Schlimmsten hatten rechnen müssen und nicht wissen konnten, dass wir kommen und sie retten würden. Ihre Dankbarkeit war überwältigend, eine ergreifende Erinnerung an die menschliche Dimension der Rettungsaktion. Ich sah, wie Familien wiedervereinigt wurden – Kinder, die ihre Mütter umarmten, Ehemänner, die von ihren Frauen gedrückt wurden. Ich war Zeuge dieser schönen Momente, in denen sich unsäglicher Kummer in unbändige Freude verwandelte. Und dennoch war ich im Innersten von tiefer Trauer erfüllt. Auch Jonis Tod war eine Erinnerung an die menschliche Dimension der Aktion.

»Welche Last haben wir Joni und seinen Kameraden aufgebürdet?«, sagte ich tags darauf in meiner Grabrede auf unseren gefallenen Helden. »Die gefährlichsten Aufgaben der IDF und die gewagtesten ihrer Operationen, so weit von zu Hause und so nah am Feind wie nie zuvor; die Finsternis der Nacht und die Einsamkeit des Kämpfers; immer wieder neue Risiken, in Zeiten des Friedens und in Zeiten des Krieges.

Jonathan war ein großer Kommandant ... Er hat seine Feinde durch seinen Mut besiegt. Er gewann die Herzen seiner Freunde durch die Weisheit seines eigenen Herzens.

Er fürchtete die Gefahr nicht, und Siege machten ihn nicht eitel. Durch seinen Tod im Gefecht hat er einer ganzen Nation Grund gegeben, den Kopf hoch erhoben zu tragen.«

Welche Überlegungen haben bei Ihrer Entscheidung hinsichtlich Entebbe den Ausschlag gegeben?«

In den vierzig Jahren, die seither vergangen sind, haben mir viele Menschen diese Frage gestellt. Aber nie hat sie mich tiefer bewegt als am 24. April 1980, als Präsident Jimmy Carter sie im Weißen Haus an mich richtete.

Ich war in der Woche in Washington gewesen, als Führer der israelischen Opposition. Das Büro des Präsidenten hatte einen frühmorgendlichen Termin für unser Treffen angesetzt. Als ich eintraf, begleiteten mich der Außenminister und der Vizepräsident ins Oval Office, doch Carter bat die beiden, draußen zu warten.

Es war etwa fünfeinhalb Monate her, dass eine Gruppe iranischer Studenten die amerikanische Botschaft in Teheran besetzt und amerikanische Diplomaten und Angestellte als Geiseln genommen hatte. Präsident Carter hatte seinen Sicherheitsberater – und meinen einstigen Diner-Gast – Zbigniew Brzezinski gebeten, einen Rettungsplan für die Geiseln auszuarbeiten. Nach wiederholt fehlgeschlagenen Versuchen, mit den Iranern zu verhandeln, bereitete Carter eine militärische Aktion vor.

»Was würden Sie tun, Mr. Peres?«, fragte er. »Welche Überlegungen haben Sie vor der Operation Entebbe angestellt?«

Ich erwiderte, wenn es eine realistische militärische

Option gäbe, würde ich sie wahrnehmen. Unser Problem sei gewesen, dass wir über so wenige Informationen verfügt hätten, dass wir praktisch im Dunkeln tappen mussten. Doch selbst als wir die benötigten Informationen hatten, sei das Risiko noch hoch gewesen. Das gelte aber für jede Operation, sagte ich. Deshalb hätten wir schließlich unser Glück versucht und festgestellt, dass es sich lohnen kann, ein Risiko einzugehen.

Carter dankte mir für meinen Rat, und wir gingen auseinander. Was ich nicht wusste, aber schon bald erfahren sollte: Er hatte am selben Morgen bereits eine gewagte Mission gestartet. Er hatte genau wie ich in die Mündung eines auf ihn gerichteten Gewehrs gestarrt und die gleiche Entscheidung getroffen. Doch im Gegensatz zu Entebbe endete alles in einer Katastrophe. Einige der eingesetzten Helikopter hatten technische Probleme, und einer stieß mit ihrer Hercules zusammen, wobei acht Soldaten ums Leben kamen, so dass die Mission abgebrochen werden musste. Es war eine furchtbare Tragödie.

Tags darauf erhielt ich am Nachmittag einen Anruf von der bekannten amerikanischen Journalistin und Fernsehmoderatorin Barbara Walters. »Haben Sie es schon gehört?«, fragte sie mich.

»Ja, natürlich, alle haben es gehört«, antwortete ich.

»Was halten Sie davon?«

»Ich glaube, Präsident Carter hat die richtige Entscheidung getroffen. Wenn ein Helikopter mit einer Transportmaschine zusammenstößt, was kann man da schon machen? Man kann nicht Präsident und Soldat zugleich sein. Ich finde, er hat Mut bewiesen, und es ist ein unglücklicher

Umstand, dass die Operation fehlgeschlagen ist. Das ist ein Risiko, mit dem jede Operation behaftet ist.«

Das ist, einfach gesagt, meine tiefste Überzeugung. Erst wenn wir scheitern, wissen wir, ob wir ein Risiko falsch eingeschätzt haben. Natürlich werden Historiker den Erfolg der Operation Entebbe mit Carters fehlgeschlagenem Unternehmen vergleichen. Man muss aber auch der Versuchung widerstehen, sich allzu intensiv damit zu befassen, welche taktischen Lehren aus dem Scheitern oder dem Erfolg zu ziehen sind. Ich glaube, die Entscheidung, eine Rettungsaktion in Uganda zu unternehmen, war richtig. Ein Scheitern hätte nichts daran geändert. Für manche Staatsmänner ist das nur schwer zu verstehen: Eine Entscheidung kann auch dann richtig sein, wenn sie zu einem Fehlschlag führt. Das soll nicht heißen, dass die Amerikaner mit ihrer Rettungsaktion einfach nur Pech hatten. Die Militärs müssen die umfangreichen Planungen und Vorbereitungen treffen, die für die Ausführung solch einer komplizierten Mission erforderlich sind. Doch obwohl es möglich – und wichtig – ist, die Wahrscheinlichkeit des Scheiterns zu minimieren, können die Verantwortlichen nicht jedes Risiko völlig ausschließen. Im Jahr 2011 konnte die sorgfältige Vorbereitung von Präsident Barack Obamas Angriff auf Osama bin Ladens Anwesen nicht verhindern, dass einer der US-Helikopter abstürzte. Fast wie durch ein Wunder gelang die Operation trotzdem und verdient es daher, in einem Atemzug mit Entebbe genannt zu werden. Aber es wäre falsch, anhand des Ausgangs der Mission darüber zu urteilen, wie mutig die Entscheidung des Präsidenten war. Schließlich musste er diesen Mut aufbringen, bevor man wusste, wie die Sache ausgehen würde.

Der Grat zwischen Erfolg und Scheitern ist sehr schmal, und was in einer Situation funktioniert, kann in einer anderen katastrophale Folgen haben. Was müssen wir angesichts dessen aus solchen Operationen lernen? Sicher nicht, dass wagemutiges militärisches Handeln die bessere Lösung ist – oder nicht ist; sondern vielmehr, dass wagemutiges Nachdenken über die vorhandenen Optionen *immer* die bessere Lösung ist.

Der Lauf der Geschichte wird durch Erfolg und Misserfolg bestimmt. Doch der Griff nach Ersterem, um Letzteren zu vermeiden, hängt nicht von unserer Fähigkeit zu hoffen ab. Sie hängt von unserer Fähigkeit ab, klar zu denken, eine kluge Wahl zu treffen und letztlich moralisch zu handeln, auch im Angesicht der Gefahr. Der »Phantasie-Rat« hatte Erfolg, weil er ein Forum für unermüdliche Neugier und radikale Vorschläge bot. Wenn die politisch Verantwortlichen Loyalität einfordern, ohne zu Kreativität und Inspiration anzuregen, steigt die Gefahr des Scheiterns steil an. Das ist eine der wichtigen Lektionen von Entebbe, aber sie ist in eine noch wichtigere eingebunden: Wenn wir die Menschen nicht ermutigen, das Unwahrscheinliche für möglich zu halten, erhöhen wir das Risiko, statt es zu verringern.

Kapitel 5

AUFBAU DER STARTUP-NATION

Die ersten jüdischen Pioniere, die nach Israel kamen, brachten nichts mit und fanden ein Land vor, das ihnen so gut wie nichts zu bieten hatte. Sie stellten fest, dass der überwiegend trockene, steinige Boden denkbar ungeeignet für den Anbau von Nutzpflanzen war. Die südliche Hälfte des Landes, der Negev, war Wüste. Der fruchtbarere Norden war malariaverseucht. Dieses heilige Land war einer der wenigen Landstriche in der Region ohne Erdölvorkommen. Die frühen Pioniere standen ohne Fachwissen oder Erfahrung vor einer gewaltigen Aufgabe. Ihrer Geschichte war nicht von vornherein ein glückliches Ende beschieden.

Dennoch ist Israel heute, fast siebzig Jahre nach der Staatsgründung, nicht eine zu ewiger Armut verdammte Wüste, sondern ein technologisches Wunder, ein Zentrum wissenschaftlichen Fortschritts, das von den großen Wirtschaftsnationen der Welt beneidet wird. Mit seinen nur gut acht Millionen Einwohnern ist Israel zur Heimat von über sechstausend Startups geworden – die höchste Dichte in der ganzen Welt.

Wie ist es dazu gekommen? Wie ist es uns gelungen, eine Nation aus dem Nichts aufzubauen und aus ihr eine Nation von Startups zu machen? Die Antwort liegt in einem Paradox: Dass wir nichts hatten, war für uns die größte Herausforderung und zugleich der größte Segen. Da wir über keine Bodenschätze verfügten, mussten wir unsere ganzen Hoffnungen auf unsere Kreativität setzen. Die Pioniere standen vor der Alternative, entweder Erfolg zu haben oder zu verhungern. Mehr noch: Die Entscheidung, trotz der minimalen Erfolgsaussichten weiterzumachen, beruhte nicht etwa auf freiem Willen, sondern auf schierer Notwendigkeit. Doch trotz all dieser Unwägbarkeiten blieb das Leben in Israel immer das, was es von Anfang an war: unsere beste und einzige Hoffnung.

Also nahmen die Pioniere den Kampf auf. Sie bestellten Felder, pflanzten Bäume und drängten die Wüste zurück. Sie gruben Brunnen in den Sand. Wenn der Boden nichts abwarf und sie hungrig zu Bett gingen, gelobten sie, eine Lösung zu finden. Sie gründeten 1921 ein Forschungsinstitut, in dem sie sich mit Saatgut und Bodenbeschaffenheit, Bewässerung und Tierhaltung befassten und nach Möglichkeiten suchten, dem Land bessere Erträge abzutrotzen. Die gewonnenen Erkenntnisse fanden unverzüglich den Weg zu den Kibbuzim, wo sie in die Praxis umgesetzt, verbessert und verfeinert werden konnten.

Ein Großteil der Bemühungen galt dem blanken Überleben. Gegen den Nahrungsmangel züchteten die Forscher Saatgut und bauten Pflanzen an, die länger gelagert werden konnten; so entstand unter anderem die Kirschtomate. Zur Überwindung des Wassermangels entwickelten sie neue Aufbereitungsverfahren, bis schließlich fast die Hälfte der Nutzpflanzen mit Wasser angebaut wurde, das zuvor schon einmal verwendet worden war. Sie erfanden eine Technik namens Tröpfchenbewässerung, mit der man bis zu 70 Prozent Wasser einsparen konnte, ohne dass die Pflanzen Schaden nahmen. Damals konnten sie sich noch nicht vorstellen, dass dieses Verfahren einmal als eine der weltweit wichtigsten landwirtschaftlichen Neuerungen zur Steigerung der Ernteerträge in vielen Ländern beitragen würde. Sie wussten nur, dass wir von ihnen abhängig waren, dass sie mit ihrer Arbeit unsere Familien ernährten und zugleich unserer Sache dienten.

Denselben Fortschrittsgeist brachten auch Wellen neuer Einwanderer mit, wenn sie ins Land der Väter zurückkehrten. Sie waren nach Israel gekommen, nachdem sie so gut wie alles verloren hatten: ihre Häuser, ihre Gemeinwesen, ihre Familien, ihre gesamte Lebensweise. Die Heimkehr nach Israel war nicht nur ein Akt der Verzweiflung, sondern auch des Wagemuts und der Tapferkeit. Dafür mussten sie sich durch Chaos kämpfen und weite Reisen ins Ungewisse antreten. Bei ihrer Ankunft verfügten sie kaum noch über Besitztümer, wohl aber über Mut und Selbstvertrauen, sie dachten nicht an das, was sie verloren hatten, sondern an das, was sie möglicherweise gewinnen konnten. Sie lehnten jede Form von Hierarchie unverhohlen ab, so als wäre die Chuzpe Israels bereits in ihrer DNA angelegt. Und sie brachten Kompetenz, Erfahrung und Erfindungsreichtum mit. Ende der 1980er Jahre machten beispielsweise die Juden in der UdSSR nur 2 Prozent der Bevölkerung aus, stellten jedoch geschätzte 20 Prozent der Ingenieure und 30 Prozent der Ärzte. Als Michail Gorbatschow 1989 schließlich die Grenzen der Sowjetunion öffnete, emigrierten deshalb über eine Million Juden nach Israel, von denen Zehntausende hochqualifiziert waren und darauf brannten, etwas Neues aufzubauen. Auf jeder Stufe unserer Entwicklung, von der Pionierzeit bis zur Epoche der Unternehmer, haben Einwanderer unserer Gesellschaft frische Schwungkraft verliehen und uns dabei geholfen, uns neu zu erfinden.

Der Gründer eines jungen Startup-Unternehmens fragte mich einmal, welches die wichtigste Lektion über Innovation sei, die ich im Lauf der Jahre gelernt hätte. »Das ist eine komplizierte Frage«, räumte ich ein, »aber ich gebe Ihnen eine einfache Antwort. Israel wurde geboren, damit die Juden endlich ihr Land mit eigenen Händen bestellen konnten. Das Wichtigste ist jedoch, dass wir uns mehr auf unser Gehirn als auf unsere Muskeln verlassen haben. Wir haben gelernt, dass die Schätze, die in uns selbst schlummern, viel größer sind als die Schätze, die man im Boden finden kann.«

Diese Lektion habe ich immer wieder aufs Neue gelernt. In Ben-Schemen lernten wir nicht nur, wie man Felder bestellt, wir lernten auch ad hoc entwickelte neue Techniken zur Steigerung der Ernteerträge. In Alumot ging die landwirtschaftliche Arbeit weiter, und wir lernten ständig dazu. Immer wieder wurden neue, vielversprechende Entdeckungen gemacht, die wir von Kibbuz zu Kibbuz weitergaben und so lange einübten, bis wir Meister darin wurden.

Mit der Zeit sah ich Innovation nicht bloß als Werkzeug zur Problemlösung, sondern als ein belebendes Prinzip, das eine eigene Art zu denken erforderte. Beim Aufbau der IDF hielt ich deshalb immer ein Auge auf die aktuelle Krise gerichtet und eines auf den Horizont. Mir war klar, dass wir nicht nur Waffen und Bündnisse brauchten, sondern auch wissenschaftliche Durchbrüche – um uns den Vorsprung zu sichern, der uns helfen konnte, uns gegen die Armeen zu verteidigen, die uns bedrohten.

Dieses Gefühl, dass wir etwas aus dem Nichts aufbauen konnten – und dass unsere Zukunft davon abhing –, veranlasste mich, in Israel eine Luftfahrtindustrie zu begründen. Und es veranlasste mich, die kerntechnische Anlage in Dimona zu bauen, zu einem Zeitpunkt, als das Land sich noch nicht einmal aus eigener Kraft ernähren konnte. Ich wusste noch nicht, dass unsere ersten Versuche mit der Reparatur von Flugzeugen uns so weit bringen würden, dass wir uns zu einem weltweit führenden Hersteller von Satelliten und unbemannten Fluggeräten entwickeln und sogar einen israelischen Astronauten, Ilan Ramon, in eine Umlaufbahn schicken würden. Als ich den Grundstein für das Rüstungsunternehmen RAFAEL legte, konnte ich nicht wissen, dass es uns eines Tages den Schutz eines Iron Dome bescheren würde. Sehr wohl wusste ich aber, dass wir ein Fundament für die Zukunft legten. Und dass wir uns durch die Ausbildung von Tausenden von Wissenschaftlern – auf den Gebieten Maschinenbau und industrielle Fertigung, Teilchenphysik und Molekularwissenschaften – Wissen erwarben, das mächtigste Werkzeug für die Gestaltung der Zukunft.

Natürlich gab es hin und wieder Skeptiker, nicht nur bei so ehrgeizigen Projekten wie Dimona. Als Stellvertretender Verteidigungsminister verwandte ich ungeheuer viel Zeit auf die Frage, welche neue Technologie uns einen Vorsprung verschaffen konnte. Wenn meine Amtsgeschäfte es zuließen, besuchte ich oft die israelischen Forschungsinstitute und Universitäten, sprach mit Professoren und Praktikern und machte mir ein genaues Bild von ihrer Arbeit. 1963 erregte ein in Israel konstruierter Computer großes Aufsehen, der im Weizmann-Institut eingesetzt wurde. Ich wollte ihn unbedingt in Betrieb sehen. Was man mir zeigte, war außerordentlich – ein technisches Meisterwerk, das von einem ganzen Team bedient werden musste. Genau das braucht die Armee, dachte ich – ein einzelner Computer konnte tausend Soldaten ersetzen und uns mehr Daten liefern, als sie ansonsten sammeln konnten. Ich verbrachte viele Tage und Nächte mit den Leuten, die den Computer bedienten, ließ mir erklären, wie er funktionierte und wie man ihn für militärische Zwecke einsetzen konnte. Bei der Rückkehr ins Ministerium war ich zutiefst von seinem Wert überzeugt und bestand darauf, dass wir uns auch einen anschafften.

»Wo soll der denn stehen?«, fragte ein General zweifelnd, als er erfuhr, wie riesig der Computer war.

»Was würden wir damit anfangen?«, wollte ein anderer wissen. »Kann man vielleicht einen Computer mit einer Division an die Front schicken? Natürlich nicht! Wir haben nicht einmal genügend Panzer, und Sie reden von Computern. Ein Panzer schießt. Er feuert. Was um alles in der Welt kann ein Computer?«

Wie ich damals schon wusste, können auch die Tüchtigen und Tapferen dem Pessimismus erliegen. Aber es dauerte nicht lange, bis der kreative Geist ihrer Landsleute sie eines Besseren belehrte. Als Erstes lernten wir, Computer einzusetzen, um unsere Gefechtsbereitschaft zu stärken, doch bald schon auch dafür, fortschrittliche Waffensysteme zu entwickeln. Für einen bestimmten Zweck entwickelte Technik konnte oft auch auf anderen Gebieten wertvolle

Dienste leisten. Die Technologie eines Waffensystems sollte später für ein bildgebendes System in der Medizin eingesetzt werden, das in aller Welt Menschenleben gerettet hat.

Im Jahr 1974 wählte Intel, eines der weltweit größten Technologie-Unternehmen, Israel als Standort für Forschung und Entwicklung; damals waren wir bereits dabei, uns international einen Ruf für Talent und Beharrlichkeit zu erwerben. Doch trotz unseres Potentials war der Weg, der uns nach »Silicon Wadi« führte, beileibe nicht vorgezeichnet. Anfang der 1980er Jahre löste sich die alte wirtschaftliche Ordnung, unter der wir uns organisiert hatten, allmählich auf. Schon bald musste ich mich einer der größten Herausforderungen meines Lebens stellen – und einer der größten Bedrohungen, denen Israel sich je gegenüber gesehen hatte.

Wenn ich an die schrecklichen Tage der Wirtschaftskrise zurückdenke, fällt mir wieder ein, dass Menschen zum Pessimismus neigen, die Geschichte dagegen optimistisch ist.

Es war im September 1984, in den letzten Sommertagen, als ich Premierminister des Staates Israel wurde. Die rechten Parteien unter der Führung des Likud waren sieben Jahre an der Macht gewesen, als die Wahl von 1984 stattfand. In diesem Zeitraum hatten sich Wirtschafts- und Sicherheitslage in Israel zunehmend verschlechtert, und es herrschte Wechselstimmung. Der Likud bekam das am stärksten zu spüren, er verlor sieben Sitze. Doch Nutznießerin war nicht die Ma'arach-Partei (die »Verbindung«, Vorläuferin der Arbeiterpartei), sondern eine Reihe kleinerer Parteien. Ma'arach erhielt deshalb nur vierundvierzig Sitze, ganze zwei mehr als der Likud. Da die kleineren Parteien nicht in eine Koalition eintreten wollten, blieb uns nur eine Möglichkeit zur Regierungsbildung: eine Einheitsregierung aus Arbeiterpartei und Likud. Jitzchak Schamir und ich handelten eine Vereinbarung aus, die auf dem Rotationsprinzip beruhte: In der ersten Hälfte der Legislaturperiode der Knesset sollte ich Premierminister und Schamir Außenminister sein. Anschließend würden wir die Positionen tauschen. Es war nicht das Ergebnis, auf das ich gehofft hatte, aber für Enttäuschung blieb keine Zeit. Die Verkürzung meiner Amtszeit machte effizientes, intensives Arbeiten umso dringender.

Ich hatte eine übervolle Agenda: Wir mussten unsere Streitkräfte aus dem Libanon abziehen und Friedensverhandlungen mit Jordanien und den Palästinensern beginnen. Aber ich hatte mein Amt nicht in einem Vakuum angetreten, sondern während eines so gravierenden wirtschaftlichen Zusammenbruchs, dass unser Staat zu implodieren drohte. Am Tag meiner Amtseinführung hatte die Inflationsrate in Israel horrende 400 Prozent erreicht. Nach mehr als zehn Jahren wirtschaftlichen Niedergangs war der Schekel drauf und dran, völlig wertlos zu werden. Zehntausende Israelis hatte die Krise bereits in den Ruin getrieben, und wahrscheinlich würde es weiteren Millionen ebenso ergehen. In vielen Supermärkten gingen die Angestellten einmal pro Tag an den Regalen entlang und zeichneten die Artikel neu aus. Die Menschen horteten Telefonmünzen, weil diese ihren Wert nicht einbüßten. Ein sarkastischer Witz voller Vorahnung machte die Runde: Für Israelis sei es billiger, mit dem Taxi zu fahren als mit dem Bus, weil sie das Taxi erst am Ende der Fahrt bezahlen mussten.

Die israelische Wirtschaft war nicht immer so schlecht gelaufen. Von 1948 bis 1970 hatte sich das Bruttoinlandsprodukt pro Kopf fast vervierfacht, während die Bevölkerung sich verdreifacht hatte. Das war das Ergebnis massiver staatlicher Investitionen in die Grundlagen des Staatswesens, von Wohnungs- und Straßenbau über Stromnetze bis hin zu Häfen. Doch in den 70er Jahren bahnte sich eine Änderung an. Im Zuge des Jom-Kippur-Kriegs hatte das Militär Tausende Reservisten einberufen müssen, was den privaten Sektor vorübergehend in Schwierigkeiten brachte. Nach dem Krieg erhöhte Israel seinen Verteidigungsetat drastisch. Im Verein mit einem großen neuen Sozialprogramm führte dies zu einem enormen Haushaltsdefizit. Gleichzeitig verhängten die arabischen Mitglieder der Organisation erdölexportierender Länder (OPEC) ein Erdöl-Embargo gegen alle Länder, die Israel im Jom-Kippur-Krieg unterstützt hatten, was eine globale Rezession zur Folge hatte. Das Wirtschaftswachstum verlangsamte sich und kam schließlich ganz zum Stillstand, was wiederum die Inflation ansteigen ließ. Die staatlichen Sozialausgaben erhöhten sich, und damit stieg auch das Haushaltsdefizit weiter an, wodurch die Inflation sich noch erheblich verschlimmerte. Wir gerieten in einen Strudel, der uns unaufhaltsam in den Abgrund zu reißen drohte.

Unsere Wirtschaft war damals ganz anders aufgebaut als heute. Sie war ein sozialistisches System, in dem der Staat in fast allen Aspekten des Wirtschaftslebens eine Rolle spielte. Er gründete Industrieunternehmen, und er war ihr Eigentümer. Er steuerte die Wirtschafts- und Geldpolitik und hielt, im Allgemeinen, nichts von den Kräften des

Marktes. Immerhin gab es aber auch einige Bereiche mit Mischwirtschaft. Beispielsweise befanden sich die Banken in Privatbesitz, ebenso wie viele Unternehmen. Wir schufen ein spezifisch israelisches System, um eine Volkswirtschaft zu entwickeln, die nicht allein auf Angebot und Nachfrage basierte, sondern auf gemeinsamen Werten. Doch als der Handel globaler wurde und multinationale Konzerne entstanden, machten wir die Erfahrung, dass unserer Kontrolle Grenzen gesetzt waren. Die Maßnahmen, die der Staat ergriffen hatte, um die Bevölkerung vor den Folgen der Wirtschaftsflaute zu schützen – Steuererhöhungen für Unternehmen zur Finanzierung höherer Gehälter –, hatten die gegenteilige Wirkung. Statt das Ungeheuer abzuwehren, mästeten sie es und erzeugten so eine Inflationsspirale, die das Land in den Ruin treiben würde. 1979 betrug die Inflation schon 111 Prozent. Innerhalb eines Jahrzehnts gaben die Bodendielen der Wirtschaft bereits unter dem Druck nach. 1983 musste die Tel Aviver Börse für mehrere Tage schließen, und vier der fünf israelischen Banken mussten verstaatlicht werden, um sie vor dem Zusammenbruch zu retten.

Die High-Tech-Industrie war auch nicht ganz immun gegen diese Kräfte, blieb aber selbst dann noch widerstandsfähig, als die übrige Wirtschaft schon ins Wanken geriet. Die Branche war exportorientiert, ihre Produkte wurden also überwiegend in Dollar bezahlt. Ihre staatlichen Unternehmen wurden nicht an der Tel Aviver Börse gehandelt. Und trotz des steigenden Ölpreises produzierte die Branche Software und miniaturisierte Hardware, die ohne hohe Transportkosten versandt werden konnten. Die Produkte wurden termingerecht geliefert, Entwicklungsprogramme wie geplant durchgeführt. In späteren Jahren war es eines der wichtigsten Verkaufsargumente der Branche, dass sie auch in schwersten Zeiten immer geliefert hatte.

Doch während der Techniksektor sich weiter gut entwickelte, kam die übrige Wirtschaft zum Stillstand. Ein Wirtschaftsübel brachte das nächste hervor, und jeden Tag schien es zu wütenden Demonstrationen und Protestveranstaltungen zu kommen.

Vor meiner Wahl zum Premierminister hatte ich eine Gruppe von Wirtschaftsexperten – Yoram Ben-Porah, Amnon Neubach, Michael Bruno, Eitan Berglas, Emmanuel Scharon und Chaim Ben-Schahar – gebeten, einen Plan zu erarbeiten, der den Aderlass stoppen konnte. Ich war kein Experte in Wirtschaftsfragen, aber ich wusste, wenn ich vertrauenswürdigen Rat suchte und mich umfassend informierte, konnte ich die Überzeugungskraft aufbauen, die ich brauchte, um mich bei der Wahl durchzusetzen. Es wäre nicht das erste Mal gewesen, dass mir das gelang.

Als ich den Vorschlag des Expertenteams erhielt, wurde mir sofort klar, dass ich es nicht nur mit einer wirtschaftlichen Herausforderung zu tun hatte, sondern auch mit einem Führungsproblem. Der einzige Weg zurück zu einer stabilen Wirtschaft würde empfindliche Einschnitte in allen Bereichen erfordern, wenn auch nicht überall in gleichem Ausmaß. Ich sah mich schon bald im Mittelpunkt eines Netzes widerstreitender Interessen: Gewerkschafter, die zu Recht die Konsequenzen für die israelischen Arbeiter fürchteten, Arbeitgeber, die besorgt waren, dass ein Premierminister der Arbeiterpartei die Last auf sie abwälzen werde, und nicht zuletzt meine Ministerkollegen, die für eine Senkung der Staatsausgaben waren – solange die Einsparungen nicht ihr eigenes Budget betrafen.

Obwohl die Einzelheiten eines Plans noch festgelegt werden mussten, war mir klar, dass der Deal, den ich aushandeln würde, nicht aus schrittweisen oder fragmentarischen Maßnahmen bestehen konnte; und es durften ihm auch nicht jahrelange Debatten vorausgehen. Er musste umfassend, dramatisch und rasch umgesetzt werden – ein radikaler Strukturwandel, ja, eine wirtschaftliche Revolution. Erforderlich war eine Reform, die kaum durchsetzbar erschien, vor allem mitten in einem zutiefst unsicheren politischen Klima und in einem Land, das bereits unter den verheerenden Folgen einer Wirtschaftskrise litt.

Vor mir lag ein so steiniger Weg, dass manche meiner Freunde mich beschworen, auf das Amt des Premierministers zu verzichten, weil sie befürchteten, man würde mich für ein Verhängnis haftbar machen, das ich nicht verursacht hatte und das ich nicht abwenden konnte. »Lass doch Schamir die Konsequenzen tragen«, drängten sie mich. Diese Freunde meinten es gut, aber ich hatte noch nie etwas davon gehalten, vor dem Risiko zurückzuscheuen. Deshalb nahm ich die Herausforderung an, obwohl von mir verlangt wurde, eine komplizierte Operation unter örtlicher Betäubung durchzuführen.

Sofort nach meinem Amtsantritt bat ich mein Wirtschaftsteam, mich umfassend über den Stand der Planung zu informieren. Es gab zwar unterschiedliche Meinungen in fachlichen Fragen, aber über den Ansatz als solchen war man sich einig. Der Konsens bedeutete aber nicht, dass meine Leute sich keine Sorgen gemacht hätten. Vor allem hegten sie die Befürchtung, dass jede umfassende Struktur- reform das System derart erschüttern könnte, dass auslän- dische Investoren Israel verlassen würden. Ein solcher Ader- lass hätte jeden Plan, den wir umsetzen wollten, scheitern lassen, gleichgültig, wie umfassend er gewesen wäre. Die einzige Lösung, so erklärte mir mein Team, bestehe darin, dass die Vereinigten Staaten (die mittlerweile Frankreich als unser wichtigster Verbündeter abgelöst hatten) uns eine Kreditlinie einräumen, sich also verpflichten würden, uns im schlimmsten Fall zu unterstützen. Ich bat sie, die politi- schen Optionen, die mir zur Verfügung standen, weiter zu verfeinern und dabei von der Annahme auszugehen, dass ich uns die Kreditlinie sichern konnte. Anschließend ließ ich meinen Stab sofort mit den Vorbereitungen für eine Reise nach Washington D. C. beginnen.

Im State Department begrüßte ich den Außenminister George Shultz. Man eskortierte mich zu einer Besprechung mit Herb Stein, einem renommierten ehemaligen Wirt- schaftsberater des Weißen Hauses, der auf Shultz' Anwei- sung über ein Jahr lang an Lösungen für die israelische Krise gearbeitet hatte. Stanley Fischer, ein Experte für Geldpolitik vom Massachusetts Institute of Technology, spielte ebenfalls eine führende Rolle, obwohl er an dieser ersten Besprechung nicht teilnehmen konnte. Ich dankte Shultz und Stein, be- tonte noch einmal, wie wichtig auch nach unserer Meinung schnelles Handeln sei, und informierte sie über den Plan, den unsere eigenen Experten bereits fertig hatten. Nach Schätzung der israelischen Ökonomen würden wir zur Um- setzung unseres Stabilisierungsplans ein Darlehen in Höhe von 1,5 Milliarden Dollar benötigen. Bei Beginn der Verhandlungen bat ich deshalb vorsorglich um 4 Milliarden.

Stein hörte mir aufmerksam zu, legte sich aber nicht fest. Bevor er das Darlehen zusagte, wollten Fischer und er an der detaillierten Ausgestaltung unseres Reformplans beteiligt werden. Ich stimmte zu und schlug vor, eine amerikanisch-israelische Taskforce einzurichten, ganz ähnlich wie bei einer gemeinsamen militärischen Operation, nur eben mit Ökonomen anstelle von Generälen. Das erschien mir als die beste Art, das Vertrauen der Amerikaner in unsere Bemühungen zu stärken – und außerdem würden wir so auch Zugang zu mehr Fachwissen erlangen.

Nach der Rückkehr aus Washington musste ich mich dem schwierigsten Aspekt der Krise widmen: die Arbeitnehmer und Unternehmer dazu zu bringen, der Umsetzung des Plans zuzustimmen – und sich daran zu beteiligen. Das ließ sich nicht allein durch eine politische Koalition bewerkstelligen; es erforderte eine wirtschaftliche Koalition. Ich brachte die Führer der Histadrut-Gewerkschaft (die sowohl eine eher traditionelle Gewerkschaft als auch, der sozialistischen Tradition Israels entsprechend, Eigentümerin einiger der größten Wirtschaftsunternehmen des Landes war), den Arbeitgeberverband, die ranghöchsten Wirtschaftsexperten der Regierung und Finanzminister Jitzchak Modai an einen Tisch. Die ersten Sitzungen waren angespannt. Der Raum vibrierte förmlich vor Widerständen, als die Regierungsmitglieder die Anwesenden in unseren Plan einweihten. Keine der Parteien war bereit, der unausweichlichen Realität ins Auge zu sehen: Wenn die Wirtschaft überleben sollte, mussten alle Opfer bringen, und die Kosten würden einschneidend sein. Als ich erläuterte, dass die Subventionen, mit denen wir die Gehälter aufgestockt und die Preise von Grundnahrungsmitteln stabil gehalten hatten, die wirtschaftlichen Probleme nicht gemildert, sondern sogar verschärft hatten, platzte den Gewerkschaftern der Kragen.

»Das ist doch Wahnsinn«, sagte einer. »Die Wirtschaft bricht zusammen, und Sie wollen den Arbeitern den Boden unter den Füßen wegziehen? Ich hätte mir nie träumen lassen, dass ein Premierminister von der Arbeiterpartei solch drakonische Maßnahmen vorschlagen würde.« Eine verständliche Reaktion. Auch ich hatte mir nie vorgestellt, dass ich jemals in die Lage kommen würde, das soziale Netz beschneiden zu müssen, an das ich so fest glaubte. Aber ich wusste, dass sich ohne solche Einschnitte die Lebensumstände ebendieser Arbeiter durch die galoppierende Inflation zunehmend verschlechtern würden, ohne dass ein Ende absehbar gewesen wäre.

Nicht weniger erbost reagierte die Arbeitgeberseite, als wir die Notwendigkeit eines landesweiten Preisstopps diskutierten. »Dann können wir zumachen!«, rief ein Unternehmer aus. »Sie wollen die Wirtschaft retten, aber ein solches Vorgehen würde sie zerstören!« Auch für diese Bedenken hatte ich Verständnis, wusste aber, dass die meisten Unternehmen ohne solche Maßnahmen keine Überlebenschancen hatten.

In den folgenden Monaten fanden weiterhin regelmäßige Besprechungen mit der Histadrut, dem Arbeitgeberverband und unserem Wirtschaftsteam statt. Alle sollten umfassend über unsere Bemühungen unterrichtet werden und ständig über das Ausmaß der Krise Bescheid wissen; denn nur so konnte ich hoffen, dass sie schließlich zu denselben Schlussfolgerungen kommen würden wie ich. Sie sollten das Gefühl haben, dass ihre Sorgen gehört wurden, sollten mich als ehrlichen Makler sehen, als jemanden, der ihre Interessen – und die des ganzen Landes – keine Sekunde aus den Augen verlor. Im Lauf der Verhandlungen legte ich eine Reihe von Maßnahmenpaketen vor, die bei besonders dringenden Problemen vorläufig Abhilfe schaffen sollten. Dadurch wollten wir die Zeit für die erforderlichen strukturellen Reformen gewinnen. Doch es waren nur halbherzige Vorhaben, die dementsprechend nur vorübergehend ein wenig Erleichterung brachten.

Allmählich begann sich abzuzeichnen, dass es einen Weg zu einer Vereinbarung gab – einer, die auf dem Vertrauen aufbaute, das ich zu entwickeln versuchte. Weder die Arbeitgeber noch die Gewerkschaften glaubten, dass die Regierung den Mut haben würde, auch selbst ein großes Opfer zu bringen – eine dramatische Kürzung der Staatsausgaben quer durch alle Ministerien und Abteilungen. Sie hatten die Reden meiner Ministerkollegen gehört, in denen diese die Folgen der Hyperinflation beklagten, erwarteten aber heftigen Widerstand, wenn die Zeit für Einsparungen in ihren eigenen ministeriellen Budgets gekommen war. Mir war klar: Wenn die Regierung nicht beweisen konnte, dass auch sie zu schmerzhaften Einschnitten bereit war, konnten wir das auch nicht von Gewerkschaften und Arbeitgebern erwarten. Wir mussten mit gutem Beispiel vorangehen.

Zwischen diesen vertrauensbildenden Sitzungen fuhr ich wieder nach Washington, um mich erneut mit den amerikanischen und israelischen Wirtschaftsteams zu treffen und die Zusicherung zu bekommen, dass wir das Darlehen erhalten würden, das wir für unser Stabilisierungsprogramm benötigten. Fischers Reaktion war grundsätzlich positiv, doch auch er stellte Bedingungen. Er überreichte mir eine maschinengeschriebene Liste – zehn ziemlich drastische Struktur- und Budgetreformen – und sagte mir, das Darlehen werde nur unter der Voraussetzung gewährt, dass Israel jede einzelne davon umsetze.

Ich las die Liste durch, überlegte ein paar Minuten und gab sie dann Fischer zurück.

»Okay«, sagte ich ruhig. »Wir akzeptieren alle diese Bedingungen.«

Die anwesenden Herren waren wie vom Donner gerührt, sie hatten sicher erwartet, dass ich widersprechen und aggressiv verhandeln würde, wie es meine Art ist. Doch ich hatte einen ganz einfachen Grund für meine Zustimmung. Stanley Fischer ist ein genialer Wirtschaftsexperte, und ich sah mich außerstande, mit ihm über Kosten und Nutzen jeder seiner Forderungen zu streiten. Außerdem vertraute ich dem amerikanischen Team. Sie hatten nichts davon, wenn sie überflüssige Bedingungen in ihre Liste aufnahmen. Und das meiste war ohnehin schon Bestandteil des Plans, den das israelische Team aufgestellt hatte. Und ich hatte auch ein strategisches Motiv: Dadurch, dass die Vereinigten Staaten mich unter Druck setzten, linderten sie tatsächlich ein wenig den Druck, dem ich zu Hause ausgesetzt war. Ich setzte also darauf, dass der Plan bei meinen Verhandlungen mit der Arbeitgeberseite und den Gewerkschaften größere Chancen hatte, wenn er nicht als israelischer Vorschlag gesehen wurde, sondern als eine amerikanische Forderung, die wir zu erfüllen hatten, um die, wie Unternehmer und Gewerkschaften sehr wohl wussten, unverzichtbare Garantie zu bekommen.

Zurück in Jerusalem, lud ich in der ersten Juniwoche 1985 unser Team von Wirtschaftswissenschaftlern zu mir nach Hause ein. Ich wollte sie über mein Gespräch mit Fischer unterrichten und über die sich verschlechternde Lage sprechen. Die Diskussion, die sich bis in die frühen Morgenstunden hinzog, konzentrierte sich mehr und mehr auf einige fundamentale Grundsätze. Als die Besprechung schließlich endete, wies ich die Teilnehmer an, eine kleine Arbeitsgruppe zu bilden, die auf der Grundlage unseres Gesprächs einen praktikablen Plan erstellen sollte.

»Ich habe die Absicht, dem Kabinett bis Monatsende einen Plan vorzulegen«, verkündete ich. »Wir haben also keine Zeit zu verlieren.«

Im Lauf der folgenden drei Wochen traf sich unsere Gruppe wiederholt zu Marathonsitzungen, legte die Einzelheiten des Plans endgültig fest und kleidete sie in die für ein Gesetz erforderliche Terminologie. Das Ergebnis war ein perfekt ausgefeiltes, drastisches Stabilisierungsprogramm. Als Erstes würden wir den Schekel abwerten, die staatlichen Subventionen für Güter des täglichen Bedarfs um 750 Millionen Dollar kürzen und einen befristeten Lohnstopp verfügen. Nach unserer Erwartung würde das zu einem scharfen Preisanstieg führen, dem wir aber eventuell mit einem generellen Preisstopp begegnen wollten. Als Nächstes stand eine substantielle Kürzungsrunde bei allen Ministerien an. An dritter Stelle würden wir eine restriktivere Geldpolitik einführen, um einer erneuten Inflation vorzubeugen. Es war ein sehr einschneidendes, weitreichendes Programm – und trotz ernster Bedenken hinsichtlich seiner Wirkung waren wir überzeugt, dass es sich um ausgewogene Maßnahmen handelte, und zuversichtlich, dass die Erfolgsaussichten günstig waren.

Die Arbeitsgruppe übergab mir den Vorschlag offiziell am Freitag, dem 28. Juni, am Vormittag. Ich dankte den Verantwortlichen für ihre mühselige, ja zermürbende Knochenarbeit und ihren unermüdlichen Dienst an unserem Land.

»Ich beabsichtige, den Plan am Sonntag dem Kabinett vorzulegen«, sagte ich, »und ich verspreche Ihnen, dass ich mich mit nichts anderem als einer uneingeschränkten Annahme zufriedengeben werde.«

Die außerordentliche Kabinettssitzung fand in höchst angespannter Atmosphäre statt. Vor der Genehmigung des Plans mussten wir Ausgabenkürzungen in Höhe von etlichen hundert Millionen Dollar auf die verschiedenen Ressorts verteilen. Ich gelobte, persönlich die Schere anzusetzen, jeden Budgetposten über 100 000 Dollar zu überprüfen und selbst geringste Ausgaben zur Diskussion zu stellen. Dadurch würde ich sowohl sicherstellen, dass wir weit genug gingen, als auch andere Kabinettsmitglieder vor möglicher Kritik schützen.

Für den Stabilisierungsplan selbst zeichnete sich eine Mehrheit ab. Modai, der beim Entwurf des Plans sehr kooperativ gewesen war, unterstützte ihn, ebenso Außenminister Schamir und Verkehrsminister Chaim Korfu. Wenn sie mir bei den Etatkürzungen nicht von der Fahne gingen, konnte ich sie wahrscheinlich bei der Stange halten. Doch die übrigen Minister, die die Erfolgsaussichten des Plans skeptisch beurteilten, zogen es vor, weiterhin Reden über die Krise zu schwingen, anstatt eine klare Aussage abzugeben und dann auch dazu zu stehen. Stattdessen schworen sie, die Sitzung durch eine Verzögerungstaktik platzen zu lassen, um zu verhindern, dass überhaupt eine Abstimmung stattfand, was den Plan als solchen hätte scheitern lassen. Sie unterschätzten in ihrer Sturheit jedoch, wie kampfbereit ich war. »Meine Herren, eine lange Sitzung liegt vor uns. Morgen früh werden wir einen Wirtschaftsplan haben«, verkündete ich im Kommandoton, »oder ich trete zurück, und dann haben wir keine Regierung mehr.«

Der Reihe nach ging ich die Budgets der Ministerien durch und nannte die Programme, die gestrichen werden sollten. Wenn jemand Einwände erhob, wies ich ihn auf das Kleingedruckte des Plans hin. Jeder durfte seine Ansicht äußern, auch wenn er noch so uneinsichtig war oder noch so lange brauchte. Die Sitzung dauerte die ganze Nacht bis in die frühen Morgenstunden. Einige Minister klagten über Erschöpfung. Das ließ ich nicht gelten. »Ein israelischer Minister sollte nicht schlafen«, beschied ich sie. »Im Krieg haben wir ganze Nächte hindurch diskutiert; ein Minister hat die Pflicht, wach zu bleiben.« Nicht alle hörten mir zu. Es ging sogar so weit, dass wir das Budget eines Ministeriums zusammenstrichen und dann feststellten, dass der Minister eingenickt war – er schnarchte.

Bei Tagesanbruch waren die Etatkürzungen komplett, und es war klar, dass die Minister mehrheitlich hinter meinem Programm standen. Nun galt es nur noch, die Verschleppungstaktik der Opposition durchzustehen, um klarzumachen, dass ich die Sitzung nicht ohne Abstimmung schließen würde. Nach vierundzwanzig Stunden gab die Minderheit endlich ihren Widerstand auf, und ich konnte zur Abstimmung rufen. Fünfzehn Minister stimmten für den Plan, sieben lehnten ihn ab, und drei enthielten sich.

Hinterher war ich stolz darauf, etwas erreicht zu haben, hatte aber auch ein ungutes Gefühl. Trotz all meiner Zuversicht und meiner wiederholten optimistischen Äußerungen im Verlauf des Hin und Her mit meinen Gegnern konnte ich nicht sicher sein, dass das Programm funktionieren würde, und mir war bewusst, dass wir im Falle des Scheiterns keine Alternativen hatten. Auch war ich unsicher, ob die Opferbereitschaft der Regierung ausreichen würde, um auch die Gewerkschaften für den Plan zu gewinnen.

Die Antwort sollte ich schon bald bekommen. Am Morgen des 1. Juli 1985 stellten wir das soeben beschlossene Programm in einer Presseerklärung vor. Ich setzte eine Rede auf, die ich noch am selben Tag halten würde, denn ich wusste, dass die israelischen Bürger von ihrem Premierminister hören wollten, was wir gemacht hatten – und warum – und wie sie das aus der Dunkelheit hinausführen sollte. Am Nachmittag fuhr ich ins Fernsehstudio, sah dort noch einmal mein Konzept durch und nahm dann vor der Kamera Platz, um mich live ans ganze Land zu richten. Doch bevor ich auch nur ein Wort sagen konnte, erhoben sich die Studiotechniker wie auf Kommando und marschierten hinaus.

Einer meiner Berater eilte herbei. »Was hat das zu bedeuten?«, fragte ich ihn, frustriert wegen der Konfusion und der mangelnden Achtung vor dem Staatsamt. »Die Histadrut hat einen Streik ausgerufen«, sagte er. »Die haben alle hier angewiesen, das Gebäude zu verlassen. Sie wollen nicht, dass die Menschen hören, was Sie zu sagen haben.«

Angesichts der schwierigen Aufgaben, die noch zu bewältigen waren, schluckte ich meinen Ärger hinunter. Ohne die Kooperation der Gewerkschaft war der Stabilisierungsplan zum Scheitern verurteilt. Ich musste sie überreden, ihren Widerstand aufzugeben.

Wir verhandelten die folgenden zwei Wochen lang. Ich bemühte mich offen und ehrlich, sie davon zu überzeugen, dass das Programm, mochte es auch auf kurze Sicht sehr schmerzhaft sein, langfristig die einzige Möglichkeit war, die israelische Wirtschaft für unsere Kinder zu erhalten. Sie beschworen mich, Wege zu finden, den wirtschaftlichen Schock für die Arbeiter und Angestellten abzumildern, und ich musste sie immer wieder daran erinnern, dass wir damit nur die tödliche Inflationsspirale wieder in Gang setzen würden. Schließlich trafen wir eine Vereinbarung: Die Gewerkschaften erklärten sich bereit, den Streik auszusetzen und nolens volens das Programm mitzutragen, und ich versprach, dass ich, sobald die Wirtschaft sich stabilisiert hätte, alles dafür tun würde, dass der Lebensstandard wieder stieg.

Es dauerte kaum einen Monat, und wir konnten die Früchte unserer Arbeit ernten. Im August 1985 ging die Inflation auf unfassbare 2,5 Prozent zurück. Bis Jahresende hatte sie sich bei 1,5 Prozent stabilisiert, und sie sank in der Folgezeit weiter. Die Arbeitslosenquote war nur um gut 1 Prozent gestiegen, viel weniger, als wir befürchtet hatten. Schließlich wurde der Plan in aller Welt begrüßt und in Vorträgen und Vorlesungen an führenden Universitäten behandelt – als neues, zukunftsweisendes Rezept gegen eine dunkle, schwierige Krise, das sich auf die ganze Welt übertragen ließ.

Die rasche Erholung ließ mir Zeit, Atem zu holen und darüber nachzudenken, welche Schritte wir als nächste unternehmen sollten. Wir hatten die Wirtschaft des Landes gerettet, hatten ihr aber in gewissem Sinn auch ade gesagt. Das sozialistische Gerüst unserer Staatsgründung war nicht mehr tragfähig. Wir mussten erste Schritte in Richtung Kapitalismus unternehmen, mussten uns auf die Marktwirtschaft einlassen und sie in den Griff bekommen. Aber auch wenn wir neu anfangen mussten, starteten wir nicht bei null – ganz und gar nicht. Wir hatten eine starke Hightech-Industrie, die von überragenden Universitäten und Forschungseinrichtungen unterstützt wurde. Wir hatten eine der am höchsten gebildeten Bevölkerungen der Welt, darunter Tausende hochbegabter, ehrgeiziger Ingenieure. Wir hatten eine Wehrpflichtarmee, in der junge Männer und Frauen lernten, dass Fragen genauso wichtig sind wie Befehle und dass kein Titel oder Dienstgrad jemanden davon entbinden kann, seine Absichten oder Ziele zu erklären. Und natürlich hatten wir unsere Kultur der Chuzpe, einen wohlverdienten Ruf als eine Nation risikobereiter Kämpfer.

Nun mussten wir diese Vorteile im privaten Sektor nutzen. Wir brauchten Unternehmer, die bereit waren, ihre Ideen in Startups umzusetzen, wir brauchten Wagniskapitalgeber, die in diese Ideen investierten und Rat und Hilfe beisteuerten, und wir brauchten multinationale Technologie-Konzerne, die Israel als zentrales Drehkreuz nutzten und unseren Arbeitsmarkt mit Ausbildung, Zuliefererketten und Partnerschaften unterstützten.

Als Erstes mussten wir unsere Ingenieure von ihren staatlichen Aufgaben entbinden und so einen Pool schaffen, aus dem Startups ihren Personalbedarf decken konnten, und den Visionären die Chance geben, etwas Eigenes aufzubauen. Diese Arbeit begann auf eine Art und Weise, mit der nur wenige gerechnet hätten – mit meiner Entscheidung, ein Projekt zu beenden, das ich seit meiner Kindheit verfolgt und lange für einen kühnen, noblen Traum gehalten hatte.

Nach dem Sechstagekrieg hatte sich Frankreich, bis dahin unser wichtigster Rüstungslieferant, von uns abgewandt. Charles de Gaulle, der in der Vergangenheit die israelisch-französische Freundschaft hochgehalten hatte, sah in uns plötzlich ein Hindernis für seine umfassendere Strategie. Er widmete sich der Verbesserung der Beziehungen zur arabischen Welt und nahm den Krieg von 1967 zum Anlass, ein Waffenembargo gegen Israel zu verhängen und so seine Verbundenheit mit seinen neuen Handelspartnern zu demonstrieren. Gleichzeitig zog Großbritannien seine Zusage zurück, uns Panzer zu liefern. Wir hatten auf absehbare Zeit keine Möglichkeit, unsere beschädigten Düsenjäger zu ersetzen, und keine Ersatzteile für die noch einsatzbereiten Maschinen, und wir wussten nicht recht, wo wir die Ausrüstung unserer Soldaten für den Kampf an der Front herbekommen sollten. Die Vereinigten Staaten waren eingesprungen, boten uns aber während des nachfolgenden Jom-Kippur-Kriegs Anlass zur Sorge, als sich die zugesagten Ersatzlieferungen unerklärlicherweise verzögerten. Die

Schlussfolgerung lag auf der Hand: Wenn wir uns in Sicherheitsfragen auf fremde Regierungen verließen, konnten wir leicht zum Spielball außenpolitischer Interessen werden.

Als ich 1974 Verteidigungsminister wurde, gehörte es zu meinen dringendsten Aufgaben, einen Ausweg aus diesem Dilemma zu finden. Ich glaubte, dass es für uns an der Zeit war, unsere militärischen Investitionen auf ein Mehrfaches der bisherigen Summen zu erhöhen. 1980 stellten wir das Kernstück dieses Programms vor – ein Langstrecken-Kampfflugzeug mit dem Namen Lavi, was im Hebräischen »Löwe« bedeutet. Der Jet sollte unglaublich vielseitig sein, mit hoher Geschwindigkeit und hoher Nutzlast weite Strecken zurücklegen können und mit den neuesten Software-Systemen ausgestattet sein. Das Lavi-Programm erregte fast augenblicklich die Phantasie der israelischen Bevölkerung, als Beispiel für unsere Kühnheit, als Beweis dafür, dass ein kleines Land wie unseres es mit den größten Wirtschaftsmächten der Welt aufnehmen konnte.

Aber es sollte nichts daraus werden. Der Lavi fiel dem wirtschaftlichen Kollaps zum Opfer und erwies sich in unserer neuen Wirtschaftsordnung als Anachronismus. Zur Stabilisierung der Wirtschaft hatten wir auch die Verteidigungsausgaben rigoros zusammenstreichen müssen. Wir verfügten zwar noch über die technischen Möglichkeiten zum Bau der Maschine, aber es fehlten uns die finanziellen Mittel für ihre Entwicklung. Mir persönlich fiel es schwer, das Projekt zu beenden, weil der Jet sich in meiner Vorstellung so oft in die Lüfte erhoben hatte. Aber in dem Misserfolg konnte auch eine Chance liegen. Das Lavi-Projekt stand für die Wirtschaft der Vergangenheit –

es war ein staatlich gelenktes Projekt mit Top-Down-Struktur. Mit seiner Einstellung würden wir den Weltmärkten ein Signal unseres ernsthaften Willens zur Umgestaltung senden und zugleich eine Flut von Experten freisetzen, die dann in Privatunternehmen eintreten oder selbst Startups gründen konnten. Als ich die Gesetzesvorlage zur Beendigung des Projekts einbrachte, entspann sich eine hitzige Debatte, vor allem deshalb, weil ausgerechnet ich die Beendigung des Programms forderte. Aber ich wusste, dass ich das Richtige tat. Bei der Abstimmung gab meine Stimme den Ausschlag.

Als Nächstes mussten wir ein Wagniskapitalsystem aufbauen. Wagniskapitalfirmen stellen nicht nur Geld zur Verfügung; sie beraten auch in Sachen Unternehmensführung, angemessenes und stetiges Wachstum und internationales Produkt-Marketing. Israel hatte zwar eine lange Geschichte der Entwicklung neuer Technologien, aber an dieser Art von beratender Unterstützung fehlte es.

Zu der Zeit konnten sich israelische Unternehmen Wagniskapital nur aus zwei Quellen beschaffen. Die eine war ein staatliches Fördersystem, das vom Wirtschaftsministerium verwaltet wurde, das aber nie in der Lage war, neu gegründete Unternehmen so mit finanziellen Mitteln auszustatten, dass sie expandieren konnten. Die andere war ein ähnliches Programm, die Binational Industrial Research and Development Foundation (BIRD Foundation), die 1977 von den Vereinigten Staaten und Israel gemeinsam gegründet worden war. Auch diese Fördermittel waren eher bescheiden, brachten uns aber einen klaren Vorteil: Sie ermöglichten es israelischen Unternehmen, eng mit amerikanischen Partnern zusammenzuarbeiten – ein Joint Venture, bei dem die Israelis in bahnbrechende Innovationen investierten, die Amerikaner dagegen in Marketing und Verkauf. Doch ohne eigene florierende Wagniskapital-Branche wäre zu wenigen unserer aufstrebenden Unternehmen Erfolg beschieden, und der wirtschaftliche Ertrag würde sich in Grenzen halten. Der Aufbau einer Wagniskapital-Branche setzte zweierlei voraus: ein Programm zur Schaffung inländischer Anreize und internationale Bemühungen, um Auslandsinvestitionen hereinzuholen.

Die Anstrengungen im Inland konzentrierten sich auf ein einfaches Prinzip: Um Wagniskapital nach Israel zu holen, mussten wir unser Land zu einem ungewöhnlich attraktiven Standort für Investitionen aus dem Ausland machen. Wir mussten die Rechnung anders aufstellen. Deshalb entwickelten wir zwei Programme: Das eine nannten wir Yozma (»Initiative«), das andere Inbal (»Glockenklöppel«). Sie waren unterschiedlich gestaltet, doch ähnlich in der allgemeinen Zielsetzung: Der Staat würde für den Großteil der Risiken einer Investition bürgen, den gesamten Ertrag jedoch den Investoren überlassen. Diese Programme wirkten in den frühen 1990er Jahren als Initialzündung und führten zum ersten größeren Zustrom von Wagniskapital.

Natürlich waren diese Mechanismen nur ein Teil der Lösung. Der andere bestand darin, tatsächliche Investoren zu finden. Das kam einer massiven diplomatischen Offensive gleich, die ich jahrzehntelang mit großem Engagement führte. Ich sah es als meine Aufgabe, ja meine Pflicht an, Auslandskapital nach Israel zu holen. Wenn ich in die USA reiste, drängte ich dort ansässige Juden, in israelische Startups zu investieren, erklärte ihnen, sie seien genauso wie wir alle dafür verantwortlich, die israelische Wirtschaft nachhaltig auf die Beine zu stellen. Als Außenminister nahm ich im Interesse wirtschaftlicher Zusammenarbeit in aller Welt diplomatische Beziehungen auf. Bei Begegnungen mit führenden europäischen Politikern drängte ich darauf, das staatliche israelische Programm mit den in Europa bereits bestehenden staatlichen Fördermaßnahmen zu verbinden. Ich sprach mit allen, die der Einfuhr israelischer Technologie für ihre eigenen Märkte möglicherweise aufgeschlossen gegenüberstanden. Bei meinen Treffen mit vielen hundert leitenden Angestellten von Großunternehmen erzählte ich gern vom israelischen Wunder, um in ihrer Vorstellung in dem winzigen Wüstenland einen Hightech-Standort entstehen zu lassen. Im Lauf der Zeit hatte ich Erfolg mit meiner Strategie. Die angesehensten Wagniskapitalfonds der Welt richteten nach und nach Zweigstellen in Israel ein. Und die Israelis selbst gründeten Dutzende solcher Fonds. Ich musste niemanden mehr von der Bedeutung der israelischen Technologie überzeugen, was mich aber nicht davon abhielt, das immer wieder zu tun. Endlich entsprach Israels wirtschaftlicher Ruf seiner wissenschaftlichen Potenz.

Doch trotz unseres Erfolges war Stillstand keine Option. Nun ging es nicht mehr darum, ob Israel ein führendes Hightech-Land war, sondern, wohin es die Welt als Nächstes führen sollte.

Innovation war meiner Ansicht nach keine Mission, die man zu Ende bringen konnte, sondern ein nie endendes

Unterfangen. Wir hatten die Voraussetzungen dafür geschaffen, dass Investoren zu uns kamen, weil sie zukunftsweisende Technologie erwarteten. Damit sie auch weiter zu uns kamen, mussten wir uns an der vordersten Front der Wissenschaften behaupten. Wie ich oft sagte, reicht es nicht, auf dem neuesten Stand zu sein. Wir müssen »dem Morgen gewachsen sein«.

Deshalb wandte ich mich – wie damals, als ich den Computer entdeckt hatte und über seine militärische Verwendung nachzudenken begann – erneut an unsere Forschungslabors, traf mich immer wieder mit Wissenschaftlern, las Zeitschriften und Abhandlungen und informierte mich über die neuesten Entwicklungen, auf der Suche nach der einen bahnbrechenden Idee, mit der sich Israel von der übrigen Welt absetzen konnte.

Dabei stieß ich auf ein neues Forschungsgebiet, bei dem es darum ging, Stoffe auf molekularer Ebene mit atomarer Präzision zu behandeln. Es hieß Nanotechnologie und überstieg bei weitem meine Vorstellungskraft. Die Forscher arbeiteten hier mit Teilchen in der Größe eines Nanometers, von denen ohne weiteres hunderttausend auf einem einzelnen menschlichen Haar Platz finden würden. Noch erstaunlicher: Durch Eingriffe auf der molekularen Ebene konnten die Wissenschaftler Materialien entwickeln, die sich selbst zusammensetzten – so wie es Moleküle überall in der Natur tun, etwa wenn gemäß einem biologischen Bauplan aus Samen Blumen werden.

Die Nanotechnologie war nicht destruktiv, sondern konstruktiv – Atome wurden neu angeordnet, so dass neue Stoffe und neue Möglichkeiten zur Erzeugung und Speicherung von Energie entstanden. Das erinnerte mich an Israel – in etwas so Kleinem eine so erstaunliche Kraft.

Diese Wissenschaft stand zwar noch ganz am Anfang, aber ihre Möglichkeiten waren unabsehbar. Die Nanotechnologie konnte uns in die Lage versetzen, Materie jeder Art zu beherrschen und ihre Eigenschaften nach Belieben zu verändern: Wir konnten etwas herstellen, das dünner als Luft, stärker als Eisen und leichter als eine Feder war. Die Nanotechnologie bot das Potential, Computer von der Größe eines Stecknadelkopfes zu bauen, Roboter so zu minimieren, dass sie sich durch den menschlichen Körper bewegen und Krebszellen angreifen konnten, oder Panzerwesten anzufertigen, die um ein Vielfaches fester als Stahl, aber nicht schwerer als eine Plastiktüte wären. Es war etwas Ähnliches wie die Glühbirne oder der Transistor: eine neue Technologie, die zur Grundlage eines ganzen Industriezweiges werden und alle anderen Branchen von Grund auf verändern würde. Ich war überzeugt, dass ich die Anfänge der wichtigsten Umwälzung von Naturwissenschaften und Technologie meiner Epoche miterlebte.

Das war die Zukunft. Ben-Gurion hatte mir einmal gesagt, die Regierung sei für alles verantwortlich, was existiert, und ich war für alles verantwortlich, was nicht existierte. Ich las noch mehr, recherchierte und sprach mit Experten. Dann fasste ich den Beschluss, dass Israel in der Entwicklung der Nanotechnologie weltweit führend werden musste. Hier, in dieser extrem minimierten Technologie, musste sich der großartige Traum verwirklichen, der Israel im Zentrum der nächsten wissenschaftlichen Revolution sah, unentbehrlich für die ganze Welt.

Ich rief unverzüglich mein Team zusammen, und wir besprachen, was zu tun war. Wie weit waren wir bereits? Was fehlte uns noch? Was brauchten wir, um das Ganze anzustoßen?

Die Bestandsaufnahme war besorgniserregend. Im folgenden Jahr würden Staaten in aller Welt voraussichtlich 6 Milliarden Dollar und Privatunternehmen eine ähnliche Summe in die Nanotechnologieforschung investieren. Wir hatten keine Zeit zu verlieren. Im Frühjahr 2002 hielt ich in der Knesset eine leidenschaftliche Rede über die Magie der Nanotechnologie, ihr wissenschaftliches Potential, den Wohlstand, den sie erzeugen konnte, und die Risiken einer zu langsamen Entwicklung.

»Um eine größere Zahl qualifizierter Wissenschaftler zu gewinnen, brauchen wir qualifizierte Teams, überragende Studenten, eine bessere Infrastruktur und bessere Labors, besser koordinierte Initiativen … neue Geldquellen und eine verstärkte Zusammenarbeit zwischen Industrie und Universitäten.« Genauso wichtig, fuhr ich fort, sei es, »die Chancen, die sich uns durch diese Initiative bieten, ins öffentliche Bewusstsein zu rücken«. Das würde Israels Mondflug werden – nicht in den Weltraum, sondern in den inneren Raum, den zwischen den Atomen. Ich versprach, meine ganze Kraft für die Verwirklichung dieser Mission einzusetzen.

Noch im selben Jahr regten wir die Israel National Nanotechnology Initiative (INNI) mit dem Auftrag an, das Instrumentarium für die Erlangung weltweiter Führerschaft auf diesem Gebiet zu schaffen. Die INNI sollte Kontakt mit allen wichtigen Akteuren auf dem Gebiet der Nanotechnologie weltweit aufnehmen, von Wissenschaftlern über Wirtschaftsführer bis hin zu Wagniskapitalgebern, sich um Finanzierungs-Prioritäten in Israel kümmern, um die Forschung möglichst bald kommerziell verwertbar zu machen, die neueste Infrastruktur – Produktionsstätten, Forschungszentren und Ausrüstungen – entwickeln und verfügbar machen, die wir brauchen würden, um Erfolg zu haben, die Universitäten durch den Austausch von Forschungsergebnissen und Ideen zur Zusammenarbeit mit der Wirtschaft ermuntern und schließlich die nötigen Geldmittel beschaffen. Das Aufgabenspektrum der INNI war vielfältig: von der Kontaktaufnahme mit allen wichtigen Akteuren auf dem Gebiet der Nanotechnologie weltweit (Wissenschaftler, Wirtschaftsführer und Wagniskapitalgeber) über die Erstellung von Finanzierungs-Prioritäten in Israel, damit die Forschungsergebnisse möglichst schnell kommerziell verwertbar wurden, bis hin zu Entwicklung und Aufbau der für den Erfolg erforderlichen neuesten Infrastruktur (Produktionsstätten, Forschungszentren und Ausrüstungen), der Förderung der Zusammenarbeit zwischen Universitäten und Unternehmen bei gemeinsamen Forschungsprojekten und schließlich der Beschaffung der notwendigen Geldmittel. In den ersten fünf Jahren würden wir voraussichtlich 300 Millionen Dollar investieren müssen, um unser Ziel zu erreichen, und die INNI sollte einen wesentlichen Teil davon beschaffen.

Im Lauf der Jahre wurde ich so etwas wie ein Nanotechnologie-Evangelist – ein achtzigjähriger Technik-Freak. Ich drängte unsere Forscher, sich auf neue Gebiete vorzuwagen, sprach voller Leidenschaft mit Investoren, Geldgebern und

212

Unternehmern über die Möglichkeiten, die ich sah. Nachdem ich im zweiten Libanonkrieg 2006 gesehen hatte, wie Terroristen aus zivilen Einrichtungen im Libanon (darunter Moscheen und Krankenhäuser) zivile Ziele in Israel beschossen, kam ich auf die Idee, ein Projekt zu starten, das unter dem Namen Perlen der Weisheit bekannt wurde. Seine Mission: die Errungenschaften der Nanotechnologie in einem neuen Zeitalter der Kriegführung auf unsere nationale Verteidigung anzuwenden. Als ich 2007 Staatspräsident wurde, fuhr ich fort, die Bedeutung der Branche herauszustreichen; ich drang auf mehr Zusammenarbeit und Partnerschaft zwischen Wirtschaft und Universitäten und setzte mich dafür ein, dass Ideen schneller aus den Laboratorien in die Praxis gelangten. Bald darauf wurde ich abermals inspiriert, nämlich in Gesprächen mit israelischen Wissenschaftlern über das Potential der Gehirnforschung. Wie bei der Nanotechnologie faszinierte mich auch hier der Gedanke, dass eine einzelne Forschungsrichtung viele verschiedene Bereiche revolutionieren konnte: dass wir Medizin, Erziehung und Datenverarbeitung durch die Erforschung der Geheimnisse des Gehirns grundlegend verändern können. Deshalb half ich 2012, eine neue Initiative – Israel Brain Technologies – ins Leben zu rufen, die ein Preisgeld von einer Million Dollar für einen Menschen (oder ein Team) auslobte, dem eine bahnbrechende Neuerung auf diesem Gebiet gelingen würde.

Als ich aus dem Amt schied, setzte ich meine Arbeit auf dem Gebiet der modernsten Technologien fort und verkündete zusammen mit meinem Nachfolger Reuven Rivlin und Premierminister Benjamin Netanjahu die Gründung des

213

Israelischen Innovationszentrums innerhalb des Peres-Zentrums für Frieden. Es hat die Zielsetzung, die Phantasie jedes Kindes anzuregen, die nächste Generation zum Aufbau einer besseren Welt zu befähigen und zu zeigen, wie weit Menschen in solch kurzer Zeit kommen können.

Tatsächlich waren 2016 unter den sechstausend in Israel ansässigen Startups neunzig Unternehmen, die an der Nasdaq gehandelt wurden, mit einem Börsenwert von über 40 Milliarden Dollar. 2014 belegte Israel hinter China Platz zwei der börsennotierten Firmen, und Tel Aviv hatte nach dem Silicon Valley das zweitbeste Startup-Ökosystem der Welt. Im selben Jahr rückte Israel im Bloomberg Innovation Index vom dreißigsten auf den fünften Platz vor und ließ damit unter anderen die Vereinigten Staaten und Großbritannien hinter sich. Israelische Hightech-Unternehmen bringen nach wie vor alljährlich Investitionen in Höhe von Milliarden Dollar auf.

Natürlich zeichnet sich der High-Tech-Bereich nicht nur durch ein hohes Wachstum aus, sondern er hat auch eine wissenschaftliche Revolution vorangetrieben und bahnbrechende Erfindungen mit weltweiten Auswirkungen hervorgebracht. Wer hätte sich vorstellen können, dass irgendwann die ganze Welt in Israel erfundene USB-Laufwerke benutzen würde oder dass Ärzte das Körperinnere von Patienten mit einer in Israel entwickelten Kamera betrachten würden, die nicht größer ist als eine Pille? Wer hätte gedacht, dass die Welt für die GPS-Navigation auf israelische Technologie angewiesen sein würde oder dass israelische Hard- und Software Autofahrer vor tödlichen Zusammenstößen bewahren würde? Wer hätte geglaubt, dass Medikamente zur Behandlung von Parkinson oder multipler Sklerose hier entwickelt werden würden oder dass Gelähmte mit in Israel erfundenen robotischen Beinen wieder gehen können würden? Ben-Gurion hat einmal gesagt, in Israel müsse man »an Wunder glauben, um Realist zu sein«. Wie könnten wir auch nach solch überragenden Leistungen in Wissenschaft, Technik und menschlicher Kreativität nicht an Wunder glauben, getreu der Einbildungskraft, die sie uns machbar erscheinen lässt, und den Leistungen verpflichtet, durch die sie Wirklichkeit werden? Ben-Gurion hatte recht: Realismus ist in Israel nicht weniger als die Verwirklichung des Unmöglichen.

Kapitel 6

DAS STREBEN NACH FRIEDEN

Anfang des zwanzigsten Jahrhunderts, als der Erste Weltkrieg tobte, legte der amerikanische Präsident Woodrow Wilson die Grundzüge einer Friedensordnung vor, die als sein 14-Punkte-Programm bekannt wurden. Als der französische Premierminister Georges Clemenceau davon hörte, soll er gesagt haben: »Selbst der Allmächtige hat nur zehn Gebote.« Ich habe den größeren Teil meines Lebens mit dem Streben nach Frieden zugebracht, und dabei ist mir aufgegangen, was Clemenceau damals unterschätzt hatte: Friedenstiften ist kein einfaches Unterfangen. Es ist ein ständiger Kampf. Aber man sollte angesichts der Komplexität das Ziel nicht aus den Augen verlieren.

Israel ist eine winzige Insel, die in der kurzen Zeit ihres Daseins fast immer von einem Meer von Feinden umgeben war. Die Kriege, die wir geführt haben, wurden uns aufgezwungen. Angesichts dessen, was unsere Feinde sich erhofften (und noch immer hoffen), haben wir im Großen und Ganzen triumphiert, aber den Sieg, den wir anstreben, müssen wir erst noch erringen: Die Erlösung von dem Zwang, siegen zu müssen. Zwar haben wir bewiesen, dass Angreifer nicht unbedingt als Sieger vom Platz gehen, aber wir haben auch gelernt, dass ein Sieg nicht gleichbedeutend mit Frieden ist: Unsere Arbeit ist noch nicht vollbracht.

Als Kind habe ich meinen Großvater einmal gefragt, welchen Bibelvers man im Herzen tragen solle. Er zitierte mir einige Verse aus dem 34. Psalm: »Behüte deine Zunge vor Bösem und deine Lippen, dass sie nicht Trug reden. Lass vom Bösen und tue Gutes; suche Frieden und jage ihm nach.« Das habe ich getan, und das müssen wir tun. Ich habe mich in meinem Leben vor allem um die Sicherheit Israels bemüht: darum, es vor Zerstörung zu bewahren, indem ich daran arbeitete, eine der größten Verteidigungsmächte der Welt aufzubauen und unsere Feinde von dem Glauben abzubringen, es könnte jemals zerstört werden. Wenn Israel schwach war, arbeitete ich daran, es kampfbereit zu machen. Doch sobald es stark war, widmete ich mich mit aller Kraft dem Streben nach Frieden. Schließlich ist der Frieden das, was wir uns im tiefsten Herzen wünschen, doch das Streben nach ihm muss nicht nur auf politischen und wirtschaftlichen Überlegungen beruhen, sondern auch auf moralischen und historischen Geboten. Wie Ben-Gurion oft sagte: Die moralische Überlegenheit ist auch die Grundlage der Macht.

Wir Juden leben nach dem Prinzip *tikkun olam* – wir streben danach, die ganze Welt zu verbessern, nicht nur uns selbst. Wir haben zweitausend Jahre im Exil gelebt, ohne Land, ohne Unabhängigkeit, zusammengehalten nicht durch Grenzen, sondern durch diesen einfachen Wertekanon, der überall auf der Welt erklang, auf Hebräisch, auf Jiddisch, auf Ladino, in den Sprachen aller Länder, in die das jüdische Volk zerstreut wurde. Er ist die Grundlage unserer Identität. Und aufgrund dieses Moralkodexes wissen wir, dass Israel nicht dazu ausersehen ist, über andere Völker zu herrschen, dass so etwas unserer Tradition diametral widersprechen würde. Und deshalb strebe ich von ganzem Herzen nach Frieden, ebenso optimistisch wie realistisch, in dem Bewusstsein, dass der Frieden unsere wichtigste Aufgabe ist. Israel ist geographisch klein, aber es muss groß in Gerechtigkeit sein.

Als ich 1984 Premierminister wurde, war Frieden meine oberste Priorität. Innerhalb von vier Monaten setzte ich durch, dass wir unsere Truppen aus dem Libanon abzogen, wo Israel einen irregeleiteten, nutzlosen Krieg geführt hatte. Den größten Teil meiner Arbeitskraft musste ich jedoch auf den wirtschaftlichen Notstand verwenden. Als wir unseren Staat vor dem finanziellen und fiskalischen Ruin gerettet hatten, war meine Teil-Amtszeit nach dem Rotationsprinzip vorüber. In meiner Partei verlangten viele, ich solle mich nicht an die Absprache mit Jitzchak Schamir halten, doch ich habe immer zu meinem Wort gestanden. Als dann der Zeitpunkt gekommen war, übernahm ich das Amt des Außenministers und überließ Schamir den Sessel des Premierministers. In meiner neuen Funktion fühlte ich mich dem Frieden nicht weniger verpflichtet und war genauso entschlossen wie zuvor, ihm »nachzujagen«. Doch wie sich herausstellte, scheiterte ich mit meinem ersten größeren Versuch, weil der Premierminister mir seine Unterstützung verweigerte.

Wir schrieben das Jahr 1987. Neun Jahre waren vergangen, seit der israelische Premierminister Menachem Begin und der ägyptische Staatspräsident Anwar Sadat das Camp-David-Abkommen unterzeichnet hatten – ein Ereignis, das nur wenige für möglich gehalten hatten. Nach drei Kriegen mit den Ägyptern, nach fast vier Jahrzehnten in ständigem Konfliktzustand, nachdem so viel Blut vergossen worden war und so viel Feindseligkeit sich verfestigt hatte, galt das Streben nach Frieden als unglaublich naiv. Und doch kam Sadat schon vier Jahre nach Ende des Jom-Kippur-Kriegs nach Israel, und dies war der Durchbruch, der zu Frieden und Partnerschaft führen sollte, zu einem Vertrag, der noch heute gültig ist.

Aus diesem großen Sieg für den Frieden zog ich die Inspiration für den Versuch, mit Jordanien und den Palästinensern Frieden zu schließen und so einen weiteren tödlichen Konflikt mit unseren Nachbarn zu beenden. Ich hatte mir damals etwas anderes als eine Zweistaatenlösung vorgestellt, nämlich ein, wie ich es nannte, Dreierabkommen, das drei autonome Gebiete einbeziehen würde: den Staat Israel, das Königreich Jordanien und ein gemeinsames Staatswesen im Westjordanland für die Palästinenser, denen für die Verwaltung ihrer lokalen Angelegenheiten ein eigenes Parlament zugedacht war. In nationalen Fragen würden die Palästinenser das Wahlrecht haben, entweder bei israelischen oder bei jordanischen Wahlen, je nach ihrer Staatsangehörigkeit.

Meine ersten Annäherungsversuche sollten kompliziert werden. Wir hatten keine diplomatischen Beziehungen zu Jordanien. Es war gesetzwidrig, die Grenze zu überschreiten und in irgendeiner Weise persönlich oder diplomatisch

Kontakt mit den Jordaniern aufzunehmen. Fast unsere gesamte Ostgrenze fiel mit ihrer Staatsgrenze zusammen, was Israel verwundbar machte. Die jordanische Aggressivität gab ständig Grund zur Sorge, eine Bedrohung, die einen Friedensschluss geboten erscheinen ließ. Ich war überzeugt, dass es an der Zeit war, den ersten Schritt zu wagen, so heikel er auch sein mochte.

Also sprang ich ins kalte Wasser und versuchte eine Strategie für den Beginn der Gespräche aufzubauen. Als Erstes beschloss ich, einen prominenten Londoner Anwalt namens Lord Victor Mishcon anzurufen. Mishcon war ein Freund von mir und ein Freund Israels. Außerdem war er mit dem jordanischen König Hussein befreundet.

»Kannst du ein Treffen zwischen mir und König Hussein in London arrangieren?«, fragte ich ihn rundheraus. Langes Schweigen am anderen Ende der Leitung. »Ich kann es gern versuchen, Schimon«, sagte er, »aber ich kann dir nicht allzu viel Hoffnung machen. Sollte mich wundern, wenn er zusagen würde.«

»Der Frieden liegt immer in weiter Ferne«, erwiderte ich. »Aber das heißt nicht, dass wir es nicht versuchen sollten.«

Ein paar Tage später rief Mishcon mich an, und er war so aufgeregt, dass er kaum an sich halten konnte. »Schimon, König Hussein ist einverstanden!«, rief er aus. »Ich hab ihm vorgeschlagen, dass ihr beide in London zu mir nach Hause zum Abendessen kommt. Er freut sich auf das Gespräch!«

»Das ist eine gute Nachricht, und ich danke dir für die diskrete Einladung«, erwiderte ich. »Wir stehen vor einer seltenen Gegebenheit und sind vielleicht dabei, eine noch seltenere Chance wahrzunehmen.«

1987 hatte ich gemäß unserer Vereinbarung den Posten des Premierministers an Jitzchak Schamir übergeben. Als Außenminister hatte ich zwar weitgehende Entscheidungsfreiheit, aber bei etwas so Heiklem wie einem geheimen Treffen mit König Hussein schrieb das Protokoll vor, dass ich Schamirs Zustimmung einholte. Als ich ihm den Plan vorlegte, erhob er keine Einwände – aber nicht, weil er an einem Friedensschluss interessiert war. Vielmehr war er überzeugt, dass solch ein Versuch aussichtslos war und dass es nichts schaden konnte, wenn ich den Beweis dafür erbrachte.

In Begleitung von Jossi Beilin, dem Generaldirektor des Außenministeriums, und einem leitenden Beamten des Mossad, Efraim Halevy, landete ich im April 1987 in London. In Mishcons wunderschönem Haus begrüßten uns König Hussein und Zaid ar-Rifa'i, der jordanische Premierminister. Es mutete surreal an, in einer so normalen Umgebung zwei Erzfeinden die Hand zu schütteln. Aber es lag auch Kraft darin, die uns gemahnte, dass etwas Außerordentliches möglich war. Um der Geheimhaltung willen hatte Victors Frau dem Personal frei gegeben und bewirtete uns persönlich – sie bereitete ganz allein eine phantastische Mahlzeit zu und servierte sie selbst.

Rifa'i schien von Anfang an wenig Interesse an einer Friedensdiskussion zu haben – er zögerte sogar, über den Tisch hinweg mit Juden das Brot zu brechen. Es war offensichtlich, dass er nicht aus eigenem Antrieb dabei war, sondern aus Loyalität gegenüber seinem König. Hussein dagegen war von Anfang an herzlich und offen. Seine Stimme und seine Körpersprache waren sehr lebhaft; zu meiner

Freude und Überraschung sah ich einen Mann vor mir, der mit Optimismus und Hoffnung in die Zukunft blickte.

Wir saßen am Tisch, vor uns Mrs. Mishcons wunderbares Essen, und der König und ich sprachen miteinander Englisch, nicht als Feinde, sondern als neue Freunde. Jeder erkannte im anderen den Wunsch nach einer anderen Beziehung, und wir waren beide der Überzeugung, dass es höchste Zeit war, den Konflikt, der unsere beiden Länder heimgesucht hatte, zu beenden. Mit einem solchen Empfang hatte ich nicht gerechnet – es hatte nur eine erste Kontaktaufnahme sein sollen, um abzuschätzen, ob Frieden irgendwann im Bereich des Möglichen war. Doch im Verlauf des Gesprächs zeichnete sich immer deutlicher ab, dass wir eine Chance hatten, noch am selben Tag einen viel konkreteren Schritt zu tun, als ich mir hätte vorstellen können. Als die Dunkelheit über das neblige London hereinbrach, waren Hussein und ich schon von groben ersten Zügen zu konkreten Details übergegangen, und Rifaʾi hatte in stummer Frustration dabeigesessen. Als das Mahl beendet war, kam Mrs. Mishcon herein, um das Geschirr abzuräumen.

»Bitte überlassen Sie das doch Mr. Peres und mir«, sagte Hussein. »Sie haben schon mehr als genug getan.«

»Ja, eine sehr gute Idee«, fügte ich hinzu. »Immer wenn Sonia kocht, bin ich hinterher für den Abwasch zuständig.«

Ich hatte bereits die Szene vor Augen: Zwei ehemalige Feinde stehen einträchtig an der Spüle, der israelische Außenminister wäscht ab, und der König von Jordanien trocknet ab. Es wäre etwas so Einfaches, aber eben auch Vertrautes, Sinnvolles und Bescheidenes gewesen. Doch ehe wir einen Finger rühren konnten, protestierte Mrs. Mishcon energisch.

»Kommt nicht in Frage, meine Herren«, sagte sie. »Ich wäre zutiefst beschämt, und Sie haben Wichtigeres zu tun.«

Wir gaben uns geschlagen und setzten unser Gespräch fort. Ich schlug vor, eine unverbindliche Konferenz für Verhandlungen anzuberaumen, mit einer Delegation aus Israel und einer, die sowohl die Jordanier als auch die Palästinenser repräsentieren würde. Hussein war einverstanden.

»Das ist für mich eine heilige Herausforderung, eine religiöse Pflicht«, sagte er. In dem Moment sah ich plötzlich eine direkte Verbindung zwischen unserer informellen Unterhaltung und der Unterzeichnung eines Friedensvertrages – und ich glaubte genau zu wissen, wie wir an diesen Punkt gelangen konnten. Es war Zeit, zur nächsten Stufe überzugehen.

»Wenn das so ist«, erwiderte ich, »dann könnten wir doch gemeinsam eine Vereinbarung auf der Grundlage unserer Diskussion aufsetzen, jetzt sofort.«

»Ich habe noch eine Verabredung«, erwiderte er, »aber ich kann in einer Stunde zurück sein.« In der Zwischenzeit, meinte er, könnten wir zwei Dokumente aufsetzen: eines, in dem die Logistik der Friedenskonferenz niedergelegt wäre, und eines mit den Grundlagen dessen, worüber zwischen unseren beiden Ländern Einigkeit herrschte. Als der König und sein Außenminister gegangen waren, machten wir uns sogleich an die Arbeit. Ich diktierte beide Dokumente, und mein Assistent tippte fieberhaft. Als Hussein und Rifa'i zurückkamen, waren beide Entwürfe fertig.

Als die Jordanier sie gelesen hatten, wollte Rifa'i seine Änderungswünsche anbringen, aber Hussein fiel ihm gleich ins Wort. »Diese Entwürfe enthalten das, worüber wir gesprochen haben«, sagte er. »Ich bin bereit, auf dieser Basis weiterzuarbeiten.« Ich war zugegebenermaßen völlig verblüfft: Die Vereinbarung, die ich aufgesetzt hatte, war für Israel sehr fair. Sie öffnete nicht nur einen Weg zum Frieden mit den Jordaniern, sie löste auch die Palästinenserfrage, ohne dass Israel sich verpflichten musste, irgendwelche Teile seines Territoriums abzutreten oder den Status von Jerusalem zu ändern.

Die Vereinbarung stand in krassem Widerspruch zur vorherrschenden Meinung, dass Jordanien ein gefährlicher Feind sei, der an Krieg und nicht an einem Frieden interessiert war. Dass wir überhaupt solche Fortschritte gemacht hatten, war beglückend. Dass es so schnell gegangen war, geradezu unglaublich. Im Lauf eines einzigen Tages, so schien es, hatten wir Schritte nach vorn gemacht, die in Jahren gemessen werden konnten, um einen Konflikt zu beenden, der schon Jahrzehnte andauerte.

Ganz ähnlich wie beim Camp-David-Abkommen waren wir uns einig, dass es hilfreich wäre, wenn die Vereinigten Staaten den Vorschlag als ihren eigenen präsentierten, so dass beide Seiten ihm zustimmen konnten, ohne etwas über die vorausgegangenen Geheimverhandlungen verlauten zu lassen. Wir würden das Dokument Außenminister George Shultz schicken und ihn bitten, es wiederum uns vorzulegen.

In dieser Nacht flog ich in heller Begeisterung nach Hause. In den seither vergangenen dreißig Jahren bin ich nie mehr so nahe daran gewesen, einen Frieden mit so wenigen Konzessionen zu schließen.

Nach der Landung rief ich sofort Schamir an, und wir vereinbarten ein Vier-Augen-Gespräch nach der wöchentlichen Kabinettssitzung. Als wir dann zusammensaßen, schilderte ich ihm das schier unglaubliche Erlebnis vom Vortag und berichtete ihm detailliert über unser Gespräch und die Dokumente, die wir aufgesetzt hatten. Ich las sie ihm beide vor und erwartete, dass er sich genauso erfreut zeigen würde. Doch er saß nur still und anscheinend ungerührt da. Er bat mich, ihm die Texte noch einmal vorzulesen, und ich tat es. Noch immer zeigte sich keine Regung auf seinem Gesicht. Er hatte nicht mit einem solchen Durchbruch gerechnet, und mir wurde schlagartig klar, dass er den auch von Anfang an gar nicht gewollt hatte. Er hatte dem Treffen nur deshalb zugestimmt, weil er ohnehin glaubte, dass es zum Scheitern verurteilt war und dass ich, der Träumer, der Phantast, der Narr, genau der Richtige für dieses aussichtslose Unterfangen war.

Wer sich in Friedensgesprächen engagiert, ist in einer ähnlichen Lage wie ein Pilot. Aus Angst um sein Leben möchte die Mutter, dass er möglichst tief und langsam fliegt. Aber genau dann stürzt das Flugzeug ab. Um Frieden zu schließen, muss man in großer Höhe und schnell fliegen; nur so verhindert man den Absturz. Aus jahrzehntelanger Erfahrung kannte ich die Konsequenzen in beiden Fällen. Schamir, das befürchtete ich jetzt, hatte immer gewollt, dass ich nur eine geringe Flughöhe erreichte.

Schamir bat mich, die Dokumente ihm zu überlassen, aber dagegen hatte ich Bedenken. Wenn ihr Inhalt durchsickerte, würde dies die Vereinbarung zunichte machen. Außerdem, so sagte ich ihm, wäre es besser, wenn der Premierminister die Entwürfe von den Amerikanern bekäme, weil dadurch der Eindruck entstünde, dass wir über deren

Vorschlag und nicht über unseren eigenen beraten mussten. Aber weder dieses Argument noch irgendein anderer Teil unseres Gesprächs schien dem Premierminister zu behagen, und ich verließ ihn mit einem unguten Gefühl im Magen. Konnte es wirklich sein, fragte ich mich, dass eine solche Chance vertan wurde? War der Mann, der erst einige Monate zuvor Premierminister geworden war, tatsächlich bereit, die Friedensverhandlungen zu sabotieren?

Die tragische Antwort lautete: Er war dazu bereit. Ohne mich zu informieren, schickte er Minister Mosche Arens nach Washington zu einem Treffen mit Shultz. Diesem erklärte Arens, falls die Vereinigten Staaten den Vertragsentwurf vorlegten, werde Schamir das als unangemessene Einmischung in Israels geopolitische Angelegenheiten betrachten. Shultz schloss daraus, dass es keinen vernünftigen Grund gab, den Entwurf vorzulegen. Warum sollten sich die Amerikaner aus dem Fenster lehnen, wenn Schamir ohnehin querschießen würde?

Ich erfuhr erst nachträglich von dem Treffen und dem Ergebnis. Für mich persönlich war das eine Ohrfeige, und für das Land, das ich liebte, ein Schlag in die Magengrube. Ben-Gurion war seit fast fünfzehn Jahren tot, aber nie hatte ich ihn schmerzlicher vermisst. Er hätte das Abkommen willkommen geheißen; Schamir würgte es ab, bevor es den ersten Atemzug tun konnte. Ich unternahm einen letzten Versuch, es zu retten, und bat Shultz, die Sache noch einmal zu überdenken. Doch als es dann so aussah, als ob er sich öffnen würde, hatte Hussein die Tür bereits geschlossen. Ich war zutiefst enttäuscht, aber der König fühlte sich auf schmähliche Weise hintergangen. Er hatte kein geringes

Risiko auf sich genommen und nichts dafür bekommen. An einer Wiederaufnahme der Gespräche war er kaum interessiert. Das Londoner Abkommen, wie man es inzwischen nannte, war tot. Ein verheerender Schlag für den Staat Israel und für unsere Bemühungen um Frieden und Zusammenarbeit mit unseren Nachbarn.

Die nächsten fünf Jahre waren eine schwierige Zeit für Israel und für die Palästinenser. Schamir und sein Likud-Block unternahmen nichts, um den Friedensprozess zu fördern, abgesehen von der halbherzigen Teilnahme an einer internationalen Konferenz in Madrid. Unterdessen brach im Westjordanland und im Gazastreifen ein gewalttätiger Aufstand aus, die sogenannte erste Intifada, die blutbefleckte Straßen und ein von Furcht und Frustration gezeichnetes Land zurückließ. An die Stelle des Meisterstücks, das aus dem Londoner Abkommen hätte werden können, traten die Hässlichkeit der Gewalt, die Entstellungen des Krieges. Und trotzdem ließen wir uns nicht beirren, wie es die Pflicht führender Politiker ist, denn wir wussten, dass keine Tür auf ewig verschlossen bleibt – dass man mit vereinten Kräften auch das massivste Tor aufstemmen kann.

Im Jahr 1992 trugen diese Bemühungen Früchte. Der Likud-Block wurde abgewählt, und die Arbeiterpartei kam wieder an die Regierung. Jitzchak Rabin und ich kandidierten gegeneinander in der innerparteilichen Wahl des Spitzenkandidaten. Wir wussten, dass die Wahl knapp ausfallen würde, setzten uns deshalb vor der Abstimmung zusammen und trafen eine Vereinbarung: Derjenige, der zum Premierminister gewählt wurde, würde den anderen zum Außenminister machen. Wir waren natürlich politische Rivalen gewesen, aber wir glaubten auch beide an die Führungsqualitäten des anderen und daran, dass eine enge Zusammenarbeit wertvoll sein würde. Wir waren wie zwei Boxer, die große Hochachtung voreinander haben, auch wenn wir oft verschiedener Meinung waren. Er war ein Denker, der alles ganz genau nahm und sich stets auf die feinsten Details konzentrierte. Mein Blick war dagegen immer in die Weite gerichtet, bis zum Horizont und darüber hinaus. Wir waren in vielerlei Hinsicht verschieden, aber auf eine Art und Weise, die uns beide stärker, klüger und weiser machte. Mit der Zeit wurde aus der Rivalität Partnerschaft.

Als die Stimmen ausgezählt waren, hatte Rabin knapp die Nase vorn. Ich war natürlich enttäuscht, aber meine Aufmerksamkeit galt mehr der vor uns liegenden Arbeit als dem Amt, das mir vorenthalten blieb. Es ist schwer, den eigenen Ehrgeiz hintanzustellen, aber ich habe auch bei anderen festgestellt, dass die größten Leistungen aus der Erkenntnis erwachsen, dass die vor einem liegenden Aufgaben viel wichtiger sind als irgendein Titel. Nach der Wahl suchte ich Rabin auf, gratulierte ihm und bot mich als wahrer Partner in der Regierungsarbeit an. »Wenn Sie für den Frieden arbeiten, werden Sie keinen loyaleren Freund haben als mich«, sagte ich. »Aber wenn Sie dem Frieden den Rücken kehren, werden Sie keinen schlimmeren Feind haben als mich.« Meiner Meinung nach, fuhr ich fort, waren wir an einem einmaligen Punkt angekommen. Durch das Ende der Sowjetunion im Jahr 1991 hatte sich die Weltordnung von Grund auf verändert, und dadurch waren auch die Verhältnisse im Nahen Osten ganz anders geworden. Fast während der gesamten Existenz unseres Staates hatten unsere arabischen Nachbarn anscheinend unbegrenzten Zugang zu militärischer und politischer Unterstützung durch die Sowjetunion gehabt. Seit ihrem Zusammenbruch hatten sie beides nicht mehr, und das hatte einen fundamentalen Umschwung in der Region zur Folge.

Gleichzeitig begann die Einheit der arabischen Welt zu bröckeln, als der Irak in Kuwait einmarschierte und eine internationale Koalition, der auch arabische Länder angehörten, gegen Saddam Husseins Regime zu Feld zog. Die Möglichkeit eines Fortschritts wurde realistischer. Doch da die »jordanische Option« nicht mehr auf dem Tisch lag, standen wir vor einer schwierigen Frage: Mit wem sollte Israel verhandeln?

Die Palästinensische Befreiungsorganisation (PLO) war natürlich eine Option, allerdings eine sehr umstrittene. Die 1964 gegründete Dachorganisation terroristischer Fraktionen hatte eine Kampagne grauenhafter Gewalttaten gegen israelische Zivilisten und Soldaten geführt, mit dem Ziel, Israel ein für allemal zu vernichten. Mehr als drei Jahrzehnte lang hatte die PLO von Standorten im Westjordanland, im Gazastreifen, im Libanon, in Jordanien und Syrien aus Angriffe geführt, denen unschuldige Menschen weitab von jedem Schlachtfeld zum Opfer fielen. Sie kaperten 1970 einen Schulbus und ermordeten neun Kinder, und vier Jahre später stürmten sie eine Schule und massakrierten siebenundzwanzig Schüler und Erwachsene. Sie standen hinter Flugzeugentführungen und Geiselnahmen in Hotels sowie hinter der brutalen Ermordung von elf israelischen Sportlern 1972 in München. Als die erste Intifada 1987 begann, spielte die PLO eine führende Rolle bei der Organisation und Förderung des Blutvergießens. Doch trotz der scheinbar endlosen Gewalt hielt sich die PLO als wichtigste Vertretung des palästinensischen Volkes, weil sie auf breite Unterstützung in der Bevölkerung zählen konnte. Ihr Vorsitzender, Jassir Arafat, war wahrscheinlich die einflussreichste Persönlichkeit, mit der wir einen Frieden aushandeln konnten, aber er war zuallererst ein Terrorist und Kindermörder, und der Gedanke, mit ihm an einem Tisch zu sitzen, war für uns alle so gut wie unvorstellbar.

Und doch wurde mit der Zeit immer klarer, dass ein Friedensschluss nur mit Arafat denkbar war. Als Rabin und ich unsere Ämter antraten, war Israel in Washington in fruchtlose Diskussionen mit einer jordanisch-palästinensischen Delegation verstrickt. Offiziell schloss das palästinensische Team keine Mitglieder der PLO ein. In Wahrheit waren jedoch einige der Unterhändler in Washington ehemalige Mitglieder dieser terroristischen Organisation und, noch bedenklicher, sie erhielten Befehle direkt von Arafat, der zu der Zeit seinen Sitz in Tunesien hatte. Daher waren die palästinensischen Unterhändler in den Sitzungen unglaublich vorsichtig und nicht bereit, ohne Arafats ausdrückliche Zustimmung irgendwelche Kompromisse einzugehen oder irgendwelche Zugeständnisse zu machen. Obwohl die Amerikaner sich alle Mühe gaben, war der Prozess von Anfang an wie gelähmt – und blieb es auch bis zum Schluss.

»Wissen Sie«, sagte ich zu meinen Leuten, frustriert, weil gar nichts voranging, »über alles, was wir mit den Palästinensern besprechen, schicken die Arafat ein Fax. Ich habe von diesem Verhandeln per Fax die Nase voll.«

»Was schlagen Sie vor?«, fragte einer meiner Berater.

»Ich spreche mit Rabin«, sagte ich. »Ich finde, es ist an der Zeit, mit der PLO direkt zu verhandeln.«

Der Entschluss war mir nicht leichtgefallen. Weder Rabin noch ich war erpicht auf Friedensverhandlungen mit einer terroristischen Organisation. Das würde uns in große moralische Bedrängnis bringen und uns im Inland vor beängstigende Herausforderungen stellen. Direkter Kontakt mit der PLO war offiziell gesetzwidrig, davon abgesehen aber auch extrem unpopulär. Arafat war in Israel jedem ein Begriff, kein Mensch war so verhasst wie er. Mit ihm unmittelbar in Verbindung zu treten, konnte einem als Verrat ausgelegt werden. Andererseits waren Rabin und ich nicht dazu da, um unserer Beliebtheit willen die Hände in den Schoß zu legen. Die Sicherheit Israels und die Zukunft seiner Menschen hingen von unserer Bereitschaft ab, nach Frieden zu streben. Und kein Friedensprozess kann in Gang kommen, solange die Feinde nicht bereit sind, miteinander Fühlung aufzunehmen.

Also begab ich mich in Rabins Büro und plädierte für einen Strategiewechsel. Wir sollten notgedrungen Geheimverhandlungen mit der PLO beginnen, aber eine Vereinbarung würden wir nur erreichen, wenn Arafat öffentlich und glaubwürdig dem Terrorismus abschwor und ein Ende der Gewalt forderte. Einer terroristischen Organisation die Hand reichen könnten wir nur, wenn sie ein für allemal den Terrorismus aufgab.

Rabin war zunächst skeptisch, er meinte, die Verhandlungen in Washington würden schließlich doch noch Erfolg haben. Doch schon bald kam er aus Frustration über die Pattsituation bei diesen Gesprächen zur gleichen Schlussfolgerung wie ich: Um überhaupt eine Chance zum Friedensschluss zu bekommen, mussten wir bereit sein, einen alternativen Weg einzuschlagen. Wir wussten, wie gefährlich eine solche Entscheidung sein würde: Allein dadurch, dass wir der PLO gegenübersaßen, würden wir riskieren, eine Organisation zu legitimieren, deren erklärtes Ziel die Vernichtung unseres Staates war. Aber wir kannten auch eine unumstößliche Wahrheit: Mit seinen Freunden schließt man keinen Frieden. Wenn wir Frieden suchen, müssen wir den Mut haben, ihn mit unserem Feind anzustreben.

Anfang der 1990er Jahre begannen drei Wissenschaftler – Terje Rød-Larsen aus Norwegen, Jair Hirschfeld und Ron Pundak aus Israel –, direkte Gespräche mit PLO-Mitgliedern über die Aussichten für einen Friedensschluss mit Israel zu führen. Das war eine Verhandlung »auf einem Nebengleis«, die informell und weitgehend mit dem Zweck geführt wurde, Handlungsmöglichkeiten auszuloten. Jossi Beilin, zu der Zeit mein Stellvertreter, hatte über Rød-Larsen hintenherum von diesen Gesprächen erfahren und wurde laufend über den Fortgang unterrichtet. Eine Zeitlang war kaum etwas dabei herausgekommen. Doch im Frühjahr 1993 wussten wir, dass sich ein enger Vertrauter Arafats namens Abu Ala in die Diskussion darüber eingeschaltet hatte, ob und wie ein Friedensvertrag erreicht werden konnte.

In den vorangegangenen Jahren war die PLO aus Jordanien und später auch aus dem Libanon vertrieben worden und musste ihren Sitz nach Tunesien verlegen. Im Lauf eines Jahrzehnts hatte sich die PLO durch das Exil immer weiter von Gaza und dem Westjordanland entfernt, und ihre Führung hatte die Verbindung zu den dort lebenden Menschen verloren. Da die Organisation allmählich verkümmerte, kam ihre Führung auf einen Gedanken, der für die Basis unvorstellbar war: dass Frieden mit Israel möglicherweise ihre einzige Chance war, Macht und Einfluss zurückzugewinnen. Tatsächlich zeigte Abu Ala eine unerwartet große Bereitschaft, die für einen Friedensprozess unerlässlichen Konzessionen zu machen. Man sagte uns, dass er und seine Kollegen bereits eine Reihe kreativer Ideen mit den Norwegern erörtert hatten, wodurch sich mein Eindruck verstärkte, dass im Gegensatz zu den Washingtoner Gesprächen die PLO tatsächlich an einem Abkommen interessiert war.

»Wir sollten in Gespräche eintreten«, sagte ich. »Ich muss mit Rabin sprechen.«

Meiner Meinung nach mussten Verhandlungen, wenn sie Erfolg haben sollten, in mehreren Stufen geführt werden. In solche Diskussionen mit der Erwartung einzutreten, dass alle strittigen Fragen sofort gelöst werden konnten, würde bedeuten, etwas Unmögliches und Unnötiges zu erwarten. Wir wollten Frieden, aber nicht um jeden Preis. Ich meinte, dass es unser Verhandlungsziel sein sollte, eine Reihe beiderseitig akzeptierter Grundsätze zu definieren, also eine Reihe gegenseitiger Versprechen. Für Fragen, in denen wir zu einer Übereinstimmung gelangten, würden wir einen Zeitplan für die Umsetzung festlegen. Für die ungelösten Fragen würden wir einen Zeitplan für weitere Verhandlungen festlegen.

Rabin und ich diskutierten, was wir bei einer solchen Erklärung für unabdingbar hielten. Fraglos würden wir verlangen, dass die PLO sich vom Terror lossagte und unser

234

Recht auf Existenz anerkannte – auf Existenz in Frieden. Wir würden verlangen, dass Israel unter jedweden Umständen, die eine Rückgabe von Land einschlossen, sowohl die ausschließliche Befugnis zur Kontrolle seiner Grenzen und das unangefochtene Recht behielt, sich gegen Bedrohungen zu verteidigen. Im Gegenzug würden wir einen abgestuften Prozess vorschlagen, der mit unserem Rückzug aus Gaza und der Region Jericho im Westjordanland beginnen sollte.

Besonders wichtig war es unserer Ansicht nach, Arafat aus Tunesien nach Gaza zu bringen und einen Palästinensischen Rat zu errichten, den er bis zu einer international überwachten Wahl hätte leiten können. Der Friedensprozess konnte zwar mit der PLO beginnen, doch ein Dauerstatus würde nur zu erreichen sein, wenn wir einen Verhandlungspartner hatten, der das palästinensische Volk repräsentierte und nicht dessen verschiedene Fraktionen, die immer nur noch mehr Gewalt forderten.

Nach zahlreichen Gesprächen befand auch Rabin, dass es sich lohnen würde, die Angelegenheit weiterzuverfolgen. Ich lud Avi Gil, meinen Stabschef, und Uri Savir, den Generaldirektor des Außenministeriums, in meinen Amtssitz in Jerusalem ein. Avi und ich besprachen bereits die Lage, als Uri eintraf.

»Was kann ich für Sie tun?«, erkundigte sich Uri.

»Was halten Sie von einem Wochenende in Oslo?«, erwiderte ich.

»Wie bitte?«, fragte er erstaunt, aber nicht, weil er mich nicht verstanden hätte.

Ich verbrachte den restlichen Nachmittag damit, die Strategie für die Eröffnungssitzung zu erläutern, und überschüttete Avi mit Fragen zu jedem Detail unserer Vorgehensweise, die wir schon wochenlang koordiniert hatten. Wir legten unsere lang- und kurzfristigen Ziele dar und gaben Uri genaue Anweisungen, wie er die anfänglichen Gespräche zu führen habe.

»Wenn Sie zurückkommen, werden wir auf der Grundlage Ihres Berichts entscheiden, wie Sie weiter vorgehen sollten«, beschied ich ihn.

Kurz darauf brach Uri nach Oslo auf und kehrte mit einer ermutigenden Einschätzung zurück. Abu Ala, Chefunterhändler der PLO, war anscheinend sehr darum bemüht, eine Vereinbarung zu erreichen. »Ich glaube, wir sind zur Wurzel des Problems vorgedrungen«, hatte er zu Uri gesagt. »Wir haben begriffen, dass es uns keine Freiheit bringt, wenn wir Sie ablehnen. Und Sie haben verstanden, dass Kontrolle über uns Ihnen keine Sicherheit bringt. Wir müssen Seite an Seite leben, in Frieden, Gleichheit und Kooperation.« In dem Bericht, den Uri später Rabin und mir vorlegte, schrieb er, dass wir zwar alles über die Palästinenser wüssten, aber offenbar nichts verstünden. In diesem Umfeld – in der Suche nach tieferem Verständnis, im beiderseitigen Streben nach Empathie über den Abgrund hinweg – konnte, so glaubte ich, der Frieden durchaus Wurzeln schlagen.

Im Laufe des Sommers kehrten die Verhandlungsteams nach Norwegen in das Landhaus zurück, um die Sache voranzutreiben; sie erstatteten mir Bericht und holten sich weitere Anweisungen von mir. Wie bei jeder Verhandlung gab es Hindernisse und Durchbrüche, wichtige Fortschritte und frustrierende Rückschläge. Manchmal schien es, als könnten sogar diese Unterhändler, die schon eine besondere

Beziehung aufgebaut hatten, nicht aus der Sackgasse herausfinden. Obwohl die Diskussionen viel weiter gediehen waren als die in Washington, wäre ein Misserfolg nicht weniger schmerzlich gewesen.

Doch Anfang August 1993 waren die Verhandlungen dann so weit fortgeschritten, dass wir glaubten, uns bei der nächsten Tagung, die am 13. August beginnen sollte, auf eine Prinzipienerklärung einigen zu können. Zwei Tage vor der Sitzung erklärte sich Arafat bereit, die Erklärung zu unterzeichnen, wenn für einige offene Fragen noch eine Sprachregelung gefunden würde. Beide Verhandlungsteams glaubten, dass wir eine Übereinkunft erzielen könnten; der Durchbruch, von dem wir geträumt hatten, schien in greifbare Nähe gerückt zu sein. Nachdem ich diese Neuigkeit erfahren hatte, lag ich die ganze Nacht wach, konnte die rotierenden Zahnräder in meinem Kopf nicht anhalten. Ich hatte praktisch mein ganzes Leben lang den Blick fest in die Zukunft gerichtet, doch in diesen Stunden ließ mich die Vergangenheit keinen Schlaf finden. Ich dachte daran zurück, wie ich Ben-Gurion kennengelernt hatte, wie er mir zum ersten Mal eine Chance gegeben hatte, an etwas mitzuwirken, das größer war als ich selbst. Ich dachte an die Kriege, den Verlust, die Angst und die Ungewissheit, an die Zeiten des Hungers und der Unsicherheit, an die Frage, wie wir überleben sollten. Ich dachte an Dimona und die damit verbundene Abschreckung. Ich dachte an die hervorragende Arbeit der IDF, daran, wie sehr unsere militärische Stärke dazu beigetragen hatte, diesen Augenblick möglich zu machen. Und ich hörte wieder Ben-Gurions Worte: »In Israel muss man an Wunder glauben, um Realist zu sein.«

Als ich am Morgen zur Arbeit ging, war ich erschöpft, aber meine Gedanken rasten, angetrieben von der spannenden Aufgabe, die vor uns lag. Ich öffnete die Tür zu meinem Büro, machte das Licht an und erschrak, als ein Stimmenchor »Überraschung!« rief. Ein paar Mitarbeiter und enge Freunde hatten auf mich gewartet. Erst in diesem Moment fiel mir ein, dass ich siebzigsten Geburtstag hatte.

Es war ein wunderschöner Augenblick voller Zuneigung und Wärme, vor allem in Anbetracht der Umstände. Das waren Menschen, die an meiner Seite hart gearbeitet und dadurch einen wichtigen Platz in meinem Herzen erworben hatten. Sie teilten meine Leidenschaft fürs Träumen, den Wunsch, das Unmögliche zu versuchen, und sie hielten den Blick in die Zukunft gerichtet, mit einer Beharrlichkeit und Begeisterung, für die ich ihnen ewig dankbar war. Die Verhandlungen waren immer noch geheim, auch für sie, aber ich hoffte, ihnen möglichst bald gute Nachrichten überbringen zu können. Unterdessen dankte ich ihnen für alles, was sie getan hatten. »Ich habe den größten Teil meines Lebens unserer Sicherheit gewidmet«, sagte ich zu ihnen. »Nun, da Israel stark ist, bleibt mir noch, unseren jungen Menschen Frieden zu bringen.«

Ich verließ die Feier und begab mich zu Rabin, um mit ihm unsere nächsten Schritte zu besprechen. Die Verhandlungen auf Mitarbeiter-Ebene würden uns nicht allzu weit bringen; ich glaubte, es war an der Zeit für mich, in meiner Eigenschaft als Außenminister direkt in die Verhandlungen einzugreifen.

Ich sagte Rabin, dass ich bereits eine Reise nach Skandinavien eingeplant hatte – man hatte mich zu offiziellen Besuchen in Schweden und Norwegen eingeladen. Ich schlug vor, die Gelegenheit wahrzunehmen und in den Verhandlungen die noch ausstehenden Punkte zu klären. Vor meiner Heimreise wollte ich beide Teams zur Paraphierung einer Vereinbarung bewegen. Zu Beginn der Verhandlungen hatte Rabin es für besser gehalten, direkten Kontakt zu vermeiden, denn sonst könnte das Kabinett – und das Land – auf eine Verhandlung festgelegt werden, von der noch niemand etwas wusste. Nun aber, da wir uns in einer so heiklen Lage befanden und doch eine Vereinbarung so dicht vor Augen hatten, war er überzeugt, dass der Zeitpunkt gekommen war, unsere Bemühungen zu intensivieren.

Ich traf mit Avi in Stockholm ein, und wir setzten uns gleich mit dem juristischen Berater Joel Singer, Rød-Larsen und dem norwegischen Außenminister Johan Jørgen Holst zusammen. Wir wollten Abu Ala ans Telefon bekommen, ihm sagen, dass ich vor Ort und verhandlungsbereit sei und dass er und Holst als Verbindungsleute zwischen mir und Arafat würden fungieren müssen. Kurz nach 1 Uhr nachts bekam ihn Rød-Larsen dann an den Apparat.

Holst, der neben mir saß, nahm den Hörer von Rød-Larsen entgegen und las die Korrekturvorschläge nacheinander vor, zumeist leicht geänderte Formulierungen und Präzisierungen in einigen Passagen. Als er fertig war, legte er auf und teilte uns mit, Abu Ala habe sich neunzig Minuten erbeten, um die Änderungen mit Arafat zu besprechen. Das Gespräch wurde in einer Reihe kürzerer Anrufe bis in die frühen Morgenstunden fortgesetzt. Um 4.30 Uhr hatten wir geschafft, wovon so viele geglaubt hatten, dass es nie geschehen würde: Wir hatten uns auf eine Prinzipienerklärung zwischen Israel und der PLO geeinigt. Durchs Telefon hörten wir, wie die Unterhändler in Arafats Büro in Jubelrufe ausbrachen und applaudierten. Die gleiche Hochstimmung herrschte auch bei uns. Es war ein Augenblick, den ich nie vergessen werde.

Meine Begeisterung verflüchtigte sich jählings, als am Morgen eine furchtbare Nachricht eintraf. Bei einem Bombenanschlag an einer Straße im Libanon waren sieben israelische Soldaten getötet worden. Ich rief Rabin an, um die Tragödie mit ihm zu besprechen. »Wir stehen unmittelbar vor einem historischen Ereignis«, sagte ich. »Aber dieser Anschlag könnte die Atmosphäre auf beiden Seiten vergiften. Vielleicht sollten wir die Sache aufschieben.« Rabin war ebenfalls sehr besorgt, hielt aber einen Aufschub nicht für möglich – dafür reiche einfach die Zeit nicht mehr. Wir machten wie geplant weiter.

Tags darauf reiste ich nach Norwegen weiter, wo ich in einem Gästehaus der norwegischen Regierung untergebracht wurde. Ich absolvierte meine protokollarischen Pflichten, darunter auch ein Diner zu meinen Ehren. Nach dem Essen entschuldigte ich mich mit dem Hinweis auf meinen Jetlag, doch nach der Ankunft im Gästehaus entwischte ich meiner Begleitung und wohnte der geheimen feierlichen Unterzeichnung der Prinzipienerklärung bei. Angesichts von Holsts zentraler Rolle beim Aushandeln des Dokuments hatten sich alle wichtigen Akteure nach Norwegen begeben; hier, so weit entfernt von der nahöstlichen Sonne und so weit jenseits aller Erwartungen, würden sich die Feinde die Hand reichen. Es war ein schöner – und bewegender – Augenblick.

Ich selbst sollte nicht unterzeichnen; die israelische Regierung musste das Dokument noch absegnen. Stattdessen sollten die Unterhändler beider Seiten die Erklärung paraphieren und dadurch den Weg für ein formelles Abkommen ebnen. Und so geschah es: Die außerordentliche und unglaubliche Arbeit der beiden Teams fand nun ihren Niederschlag in einer Erklärung, die geeignet war, den Lauf der Geschichte zu verändern. Der Anblick all dieser in einem Raum vereinten Männer, die unter Tränen lächelten, erinnerte mich wieder daran, dass wir trotz aller Differenzen und der tragischen Vergangenheit daran glaubten, dass eine bessere, sicherere, friedlichere Zukunft nicht nur möglich, sondern unverzichtbar war. Ich kämpfte gegen meine Rührung an, während ich zusah, wie die Zeremonie ablief, und unterdrückte meine Freudentränen, um die diplomatisch gebotene Würde zu wahren.

Als die Unterschriften geleistet waren, ergriffen nacheinander alle Mitglieder der Verhandlungsdelegationen das Wort. Abu Ala sagte etwas, das ich nie vergessen werde: »Die Zukunft, nach der wir Ausschau halten, wird nicht eintreten, wenn wir nicht gemeinsam die Ängste der Vergangenheit überwinden und aus der Vergangenheit für unsere Zukunft lernen.« Als der letzte Redner geendet hatte, kam Abu Ala zu mir und stellte sich vor. Es war das erste Mal, dass ich von Angesicht zu Angesicht mit einem Mitglied der PLO sprach. »Ich verfolge mit großer Aufmerksamkeit Ihre Erklärungen, Äußerungen und Schriften«, sagte er, »und wir sehen darin Ihren Wunsch nach einem gerechten, dauerhaften und umfassenden Frieden bestätigt.« Wir zogen uns in einen separaten Raum zurück und unterhielten uns eine halbe Stunde lang in Englisch, unserer gemeinsamen Sprache. Ich versicherte ihm, dass wir zu der Erklärung standen, und sagte ihm, ich und die Weltgemeinschaft würden dem aufblühenden palästinensischen Projekt jede wirtschaftliche Unterstützung zuteil werden lassen.

Aber ich wusste natürlich, dass das Ganze noch lange nicht unter Dach und Fach war. Wichtige Arbeiten lagen noch vor uns. Zum einen würde ich in die Vereinigten Staaten reisen und Außenminister Warren Christopher persönlich von unserem Durchbruch unterrichten müssen, um uns die Unterstützung der Amerikaner zu sichern. Einige von uns befürchteten, dass sie verstimmt sein würden, weil wir sie nicht in die Verhandlungen einbezogen hatten – obwohl sie davon wussten – oder der Ansicht waren, dass wir ihre eigenen Bemühungen unterlaufen hatten. Ich bezweifelte, dass wir ohne amerikanische Unterstützung den Prozess fortsetzen oder die weiteren Verhandlungen führen konnten, die in der Prinzipienerklärung gefordert wurden.

Am 28. August flog ich von Israel in die Vereinigten Staaten. Christopher machte gerade Urlaub in Kalifornien, deshalb hatten wir uns auf dem Flottenstützpunkt Point Mugu an der Pazifikküste mit ihm verabredet. Dennis Ross, der Leiter des amerikanischen Friedensteams, war auch gekommen. Ich begrüßte die beiden voller Begeisterung und versuchte, meine Hoffnungen in Worte zu fassen. Als ich ihnen sagte, dass wir bereits eine Prinzipienerklärung paraphiert hätten, waren sie sprachlos und verlangten das Dokument zu sehen. Ich stand geduldig dabei, während sie es lasen, und konnte sehen, wie ihre Ungläubigkeit sich nach und nach verflüchtigte.

»Was meinst du, Dennis?«, fragte Christopher, bevor er sich selbst äußerte.

»Das ist eine große historische Leistung«, erwiderte Ross begeistert.

»Absolut!«, stimmte Christopher zu und strahlte förmlich.

Ich wollte, dass die Vereinigten Staaten die Prinzipienerklärung als ihre eigene Initiative darstellten, und ersuchte um eine Unterzeichnungszeremonie im Weißen Haus. Und ich hatte ihnen noch ein zweites Dokument vorzulegen.

»Das ist noch nicht alles«, sagte ich. »Parallel dazu arbeiten wir an der Frage der gegenseitigen Anerkennung, und ich glaube, wir werden bald zu einem Abschluss kommen.«

Ich war von Beginn der Verhandlungen an überzeugt gewesen, dass wir an den Punkt kommen mussten, wo jede Seite die Legitimität der anderen bestätigen konnte. Dabei war ich mir durchaus der Schwierigkeiten bewusst, die wir überwinden mussten. Die PLO würde sich nicht nur reformieren, sondern eine Kehrtwende machen, also ihren Gründungsprinzipien abschwören und auf ihre wichtigste Waffe, den Terrorismus, verzichten müssen. Und auch wir müssten der PLO und den Palästinensern den Respekt zollen, den wir ihnen bislang verweigert hatten. Die Forderungen nach gegenseitiger Anerkennung rüttelten an der Ideologie, die bislang im Mittelpunkt unseres Konflikts gestanden hatte, und waren dem Wesen nach etwas ganz anderes als die Bestimmungen der Prinzipienerklärung. Die Erklärung setzte Ziele und definierte Zeitpläne für künftige Verhandlungen, aber die Forderungen nach gegenseitiger Anerkennung waren – abgesehen von den Formulierungen – nicht verhandelbar.

Als ich Christopher und Ross unsere Liste zeigte, standen wir bereits dicht vor einem Abkommen. Erneut waren die beiden Amerikaner sprachlos, wie weit wir gekommen waren.

»Sie haben Gewaltiges vollbracht«, sagte Christopher. »Meine spontane Reaktion auf diese Entwicklungen ist sehr, sehr positiv.« Er und Ross meinten beide, wir sollten eine Woche lang weiter intensiv verhandeln. Und, so deuteten sie an, wenn Israel so weit kam, die PLO anzuerkennen, würden sich die Vereinigten Staaten wohl anschließen.

Im September bestanden wir mehrere Tage lang unerschütterlich auf der Liste unserer Forderungen. Als Gegenleistung für die israelische Anerkennung der PLO als legitime Vertretung des palästinensischen Volkes müsste Arafat Israels Existenzrecht bedingungslos anerkennen, dem Terrorismus eine eindeutige Absage erteilen, einen sofortigen Stopp der Intifada verlangen und verbindlich zusagen, künftige Konflikte durch friedliche Verhandlungen statt durch Gewalt zu lösen.

Am Nachmittag des 7. September 1993 war Arafat bereit, unsere Forderungen zu akzeptieren. Zwei Schreiben wurden aufgesetzt, eines zur Unterzeichnung durch Arafat, mit der Anerkennung von Israels Existenzrecht, das andere für Rabin, mit der Anerkennung der PLO als legitime Vertretung des palästinensischen Volkes. Rabin und ich erhielten es per Fax in Jerusalem, und Arafat erhielt es in Tunis. Rabin bekam vom Kabinett die Zustimmung zur Unterzeichnung des Schreibens, Arafat bekam die erforderliche Zustimmung vom Exekutivkomitee der PLO. In den frühen Morgenstunden des 10. September brachte der norwegische

244

Außenminister die Schreiben ins Büro des Premierministers, das sich bereits mit Journalisten und Kameras gefüllt hatte. Holst nahm an einer Seite neben Rabin Platz, ich setzte mich auf die andere Seite, und die ganze Welt sah zu, wie er das einfach formulierte Schreiben unterzeichnete. Die PLO hatte unser Existenzrecht anerkannt, und Israel hatte sinngemäß das Gleiche getan.

Drei Tage später, am 13. September 1993, wurde die gegenseitige Anerkennung in einer bewegenden Zeremonie auf dem Südrasen des Weißen Hauses gefeiert, mit einem Händedruck, der weltweit gesehen – und in Erinnerung behalten wurde. Jitzchak Rabin und Jassir Arafat hatten sich nie vorgestellt, dass sie sich einmal in einer solchen Situation wiederfinden würden, aber nun standen sie da in der strahlenden Sommersonne, und Präsident Clinton zog sie näher zueinander. Rabin gab seinem Erzfeind mit einigem Zögern die Hand. Er sah die Verheißung des Friedens und die Bedeutung des Schritts, den wir gegangen waren, aber noch immer machte ihm Sorge, was wir als Gegenleistung erbringen mussten. Im anhaltenden Applaus wandte er sich mir zu und flüsterte: »Jetzt sind Sie dran.«

Minuten später nahm ich vor dem überfüllten Südrasen und den Kameras sämtlicher internationaler Nachrichtensender an einem hölzernen Tisch Platz und setzte meinen Namen unter die Prinzipienerklärung – im Namen des Landes, an das ich immer geglaubt habe, und mit der Hoffnung auf eine hellere Zukunft.

Nach mehreren mit Arbeitssitzungen gefüllten Tagen in Washington, D.C., begab ich mich mit der Verhandlungsdelegation nach Israel zurück, wo wir kurz nach 4.00 Uhr morgens ankamen.

»Seid bitte um sieben in meinem Büro«, sagte ich meinen Begleitern. »Die Arbeit fängt jetzt erst an.«

Sie erschienen völlig übernächtigt zu der Besprechung, aber ich hielt sie weiter in Trab.

»Es ist an der Zeit, Jordanien zu stürmen!«, rief ich aus. Zunächst lachten sie herzlich, weil sie dachten – oder zumindest hofften –, dass ich einen Witz machte. Aber sie merkten rasch, dass es mir ernst war, und wollten mir sofort klarmachen, dass ich meine Träume diesmal im Zaum halten müsse. Sie meinten, die Chancen für einen Friedensschluss mit dem Königreich stünden äußerst schlecht, schließlich gebe es dort kaum Anzeichen für eine Bereitschaft zur Wiederaufnahme der Gespräche. Und da sowohl das gescheiterte Londoner Abkommen als auch die enttäuschenden Washingtoner Verhandlungen als Kernpunkt eine gemeinsame Lösung für Jordanien und die Palästinenser als Ziel vorgesehen hätten, sei Jordanien vermutlich besonders frustriert darüber, dass es nicht in den Friedensprozess einbezogen worden war.

Mir waren diese Argumente wohlbekannt, aber ich teilte sie nicht. Schon möglich, dass König Hussein wegen der bilateralen Einigung mit den Palästinensern verärgert war. Doch diese Irritation, so glaubte ich, würde eher mehr Engagement zur Folge haben als Isolation. Viele Jahre lang hatte der König die Beziehungen zu Jerusalem aufrechterhalten, weil sie für seine langfristigen Ziele wichtig waren.

Aber wenn wir Erfolg hatten – wenn uns ein umfassender Friedensschluss mit den Palästinensern glückte –, müsste Hussein befürchten, Einfluss zu verlieren und letzten Endes durch Arafat ersetzt zu werden. Doch bei diesem Szenario würden wahrscheinlich die strategischen Überlegungen die Oberhand über seine persönliche Frustration gewinnen.

»Vertraut mir«, sagte ich meinem Team. »Der König will nicht auf der Strecke bleiben.«

Außerdem war ich der Meinung, dass wir, falls der König zu direkten Verhandlungen bereit war, ziemlich rasch ein günstiges Abkommen erreichen konnten. Als Hussein und ich die Einzelheiten des Londoner Abkommens ausgearbeitet hatten, hatte ich einem Mann gegenübergesessen, der wusste, wie wichtig und notwendig der Frieden war. Diese Ansicht war auch in seiner Bereitschaft, meine Bedingungen zu akzeptieren, zum Ausdruck gekommen.

Meine Leute machten sich unverzüglich ans Werk und entwickelten die Parameter für Diskussionen in der jordanischen Hauptstadt Amman – von der Planung und der Logistik einer Eröffnungssitzung bis zu den Umrissen eines Friedensvertrags, den wir akzeptieren konnten. Unterdessen sprach ich mit Rabin, um seine Meinung zu erkunden – und schließlich seine Zustimmung zu erlangen. Er war genauso skeptisch wie meine Mitarbeiter. Er hatte am 19. Oktober 1993 mit König Hussein gesprochen und augenblicklich eine Abfuhr erhalten, als er einen möglichen Friedensvertrag zur Sprache brachte. Hussein hatte eine Reihe von Interimsvereinbarungen vorgeschlagen, einen umfassenden Friedensschluss aber rundheraus abgelehnt. Trotzdem, sagte ich Rabin, glaubte ich an die Möglichkeit einer Vereinbarung, und bat ihn um seinen Segen für einen Versuch. Trotz seiner Bedenken stimmte Rabin zu.

Ich sprach auch mit den Amerikanern, und auch sie meinten, ich flöge etwas zu nahe an die Sonne. Selbst wenn ich mit Hussein Fortschritte machte, glaubten sie, dass Syrien ein Hindernis sein würde. Präsident Hafiz al-Assad hatte seinen arabischen Bruderstaaten klargemacht, dass Friedensdiskussionen nur auf regionaler Basis stattfinden dürften, separate Abkommen zwischen einzelnen Ländern und Israel seien schlicht unannehmbar. Angesichts der geopolitischen Lage waren die Amerikaner überzeugt, dass Assad unseren Bemühungen sofort Einhalt gebieten konnte. Trotzdem boten auch sie ihre Hilfe an, auch als Vermittler – falls sich herausstellen sollte, dass meine Phantasie der Realität näher war, als sie dachten.

Am 1. November 1993 verkleidete ich mich mit einem Hut und einem falschen Schnurrbart. Da wir keine diplomatischen Beziehungen zu Jordanien unterhielten – und uns mit dem Land technisch gesehen noch immer im Kriegszustand befanden –, mussten Avi Gil und ich zusammen mit dem mittlerweile stellvertretenden Mossad-Chef Efraim Halevy inkognito zum Königspalast aufbrechen. Als ich mir den Schnurrbart anklebte, musste ich lachen. Und ich konnte nicht umhin, an die Vergangenheit zu denken: an die Sonnenbrille, die wir Mosche Dajan aufgesetzt hatten, um seine verräterische Augenklappe zu verbergen, und an den breitkrempigen Hut, den wir Ben-Gurion aufgesetzt hatten, um seine unverkennbare Mähne zu verstecken. Wie oft in meinem Leben hatten wir solch albernen Mummenschanz getrieben, um etwas zu unternehmen, was andere für unmöglich hielten? Das waren einige der besten Erinnerungen aus meinen relativ jungen Jahren. Und dass ich mit siebzig immer noch an der Front war, immer noch für die Zukunft Israels kämpfte, verlieh dem Schnurrbart eine gewisse Macht. Ich sah aus wie ein Schauspieler in einem Schmierenstück, fühlte mich aber wie eine Speerspitze.

Wir fuhren über die Allenby-Brücke nach Jordanien und erreichten schließlich das Palastgelände, das auf einem Hügel in der Altstadt von Amman liegt. Wir wurden zum Raghadan-Palast eskortiert (einem der vielen prachtvollen Gebäude auf dem Palastgelände), der dieselben islamischen Architekturmerkmale aufweist, wie man sie auch in Ost-Jerusalem findet. Wir wurden in den Thronsaal geführt, dessen Deckengewölbe mit erlesener arabischer Kunst verziert sind, und vom König begrüßt. Meinen Schnurrbart hatte ich wohlweislich abgenommen, bevor das Gespräch begann.

Sieben Jahre waren vergangen, seit Hussein und ich uns schon einmal in einer so wichtigen Mission gegenüber gesessen hatten. Doch vom ersten Moment an war es, als sei der Gesprächsfaden zwischen uns nie ganz abgerissen. Wir gingen wie alte Freunde miteinander um und fanden erneut zu einer gemeinsamen Sicht der Zukunft. Es gab zentrale politische Fragen, die besprochen und beantwortet werden mussten, doch ich beschloss, sie beiseitezulassen und die Aufmerksamkeit des Königs auf eine neue wirtschaftliche Vision für den Nahen Osten zu lenken.

Ich sprach sehr lange über meinen Traum, in der Region nicht nur Frieden, sondern auch Wohlstand zu schaffen, und versprach dem König dieselbe wirtschaftliche Unterstützung, wie ich sie den Palästinensern zugesagt hatte. »Israel möchte keine Insel des Wohlstands in einem Meer der Armut sein«, sagte ich. »Wir haben kein Interesse, uns in Ihre inneren Angelegenheiten einzumischen, aber wir sind bereit – und darauf bedacht –, zu helfen.« Ich schlug unter anderem vor, auf israelische Initiative hin Tausende Wirtschaftsführer aus aller Welt nach Amman einzuladen, um über Investitionen in Jordanien zu sprechen, als einen der vielen wichtigen Schritte zu einer allmählichen Neugestaltung des Nahen Ostens. Ich schilderte eine Vision von Partnerschaft und Freundschaft über Grenzen hinweg, die unseren beiden Ländern unschätzbare Vorteile bringen würde. Ich bat ihn, sich vorzustellen, wie ausländische Investitionen in den Nahen Osten strömen und den wirtschaftlichen Aufschwung herbeiführen würden, der die Voraussetzung für dauerhafte Stabilität sei. Hussein war von diesen Aussichten sehr angetan und erklärte sich einverstanden, dass ich mich zurückzog, um einen Rahmenvertrag aufzusetzen. Avi, Efraim und ich begaben uns in einen angrenzenden Raum.

Ich bat Efraim, mir zu helfen, und zusammen erarbeiteten wir ein vierseitiges Dokument, das die Parameter eines künftigen Friedensvertrags definierte. Ich bat Avi, sich das Ergebnis anzusehen und uns seine Ratschläge zu geben. Als das Dokument fertig war, schickte ich Efraim zu den Jordaniern zurück – er sollte ihnen vorlegen, was ich diktiert hatte.

Zu meiner Freude schlugen die Jordanier nur geringfügige Änderungen vor und akzeptierten die von mir genannten Bedingungen. Zusätzlich zur Veranstaltung der Wirtschaftskonferenz enthielt die Vereinbarung, die wir als »Non-Paper« bezeichneten, auch die Errichtung von zwei

internationalen Komitees: Eines sollte sich mit der Flücht-
lingsfrage befassen, das andere mit politischen und territorialen Fragen, die vor einem echten Friedensvertrag gelöst
werden mussten.

Am 2. November gaben König Hussein und ich uns die
Hand, wir setzten unsere Unterschriften unter das Dokument und schufen damit die Voraussetzungen für weitere,
tiefer gehende Diskussionen, die den Weg in eine neue und
auch notwendige Zukunft bereiten sollten. Husseins einzige
Bedingung war, dass wir die Abmachung geheim hielten.
Das akzeptierten wir gern.

Avi, Efraim und ich verließen Amman voller Hoffnung
und Tatkraft, hocherfreut über die Fortschritte, die wir
gemacht, und über das Tempo, mit dem wir das geschafft
hatten. Ich kam mir vor wie in einem Traum, einem, den
ich selbst geschaffen hatte, zum ersten Mal seit Jahren zuversichtlich, dass das vermaledeite Londoner Abkommen
nicht unsere einzige Chance für dauerhaften Frieden mit
unserem Nachbarland war. Ich musste unaufhörlich lächeln,
während Avi und ich uns gegenseitig beglückwünschten. Ich
war so freudig erregt wie seit meiner Kindheit nicht mehr,
erfüllt von Erleichterung, Hoffnung und Stolz. Ich ließ mich
von meiner Euphorie hinreißen, vielleicht mehr, als klug
gewesen wäre. Und dann ließ ich mich in diesem seltenen
Moment einer langen Karriere absoluter Geheimhaltung zu
einem leichtsinnigen Fehler verführen.

Ich war in einem Fernsehstudio, für ein Routine-Inter-
view als Außenminister. »Denkt an den zweiten November«,
sagte ich freudig, in Erinnerung an den außergewöhnlichen
Tag, während ich im »grünen Zimmer« wartete. Ich dachte,

das sei kryptisch genug, nur etwas, was man so vor sich hin sagt. Ich irrte mich.

Von mir unbemerkt, hatten Journalisten meine Worte gehört, und einige von ihnen waren irgendwie in der Lage, meine Bemerkung zu deuten. Sie kamen zu dem Schluss, dass ich in Jordanien gewesen sei und eine Vereinbarung getroffen worden war. Ich merkte erst, dass ich einen Fehler gemacht hatte, als in den Medien plötzlich von »unbestätigten Gerüchten« über Friedensgespräche die Rede war. König Hussein war verständlicherweise außer sich, weil wir unsere Zusage nicht eingehalten hatten, und machte sich Sorgen über die innenpolitischen Konsequenzen. Es war Grund genug für ihn, den Friedensprozess abzusagen – womit unser historischer Durchbruch möglicherweise gescheitert war.

Da unsere Vereinbarung plötzlich so gefährdet war, gab es anscheinend nur noch eine Möglichkeit, sie zu retten: Rabin würde bei den weiteren Verhandlungen die führende Rolle übernehmen müssen, und ich würde mich hinter die Kulissen zurückziehen. Ich war enttäuscht: von mir selbst, wegen meines Fehlers, und von dem Ergebnis. Trotzdem verlor ich das Ziel des Friedens keinen Moment aus den Augen.

Im Mai 1994 kehrte ein besänftigter und wieder optimistischer Hussein an den Verhandlungstisch zurück, und ihm gegenüber saß Rabin. Da Hussein und ich die Kernpunkte einer Vereinbarung bereits ausgehandelt hatten, kam der wiederaufgenommene Friedensprozess mit eindrucksvollem Tempo voran. Am 25. Juli unterzeichneten Rabin und Hussein in Washington mit Clinton einen Nichtangriffspakt, der das Ende der Feindseligkeiten zwischen unseren beiden Staaten und weitere Verhandlungen vorsah, die zu einem Friedensvertrag führen würden. Den restlichen Sommer und bis in den Herbst verhandelten Delegationen aus Jordanien und Israel weiter und stellten in einer Reihe von Sitzungen das Abkommen fertig. Ende Oktober kam es dann tatsächlich zum Friedensschluss: An einem glühend heißen Tag versammelten sich unweit von Eilat am Roten Meer, in der Aravasenke, durch die die Grenze zwischen Israel und Jordanien verläuft, fünftausend Gäste und wohnten der Unterzeichnung eines Vertrages bei, der sechsundvierzig Jahre Krieg beenden sollte. Präsident Clinton war gekommen, um Zeuge des historischen Augenblicks zu werden und einige inspirierende Worte zu sprechen.

»Diese riesige, öde Wüste birgt wunderbare Lebenszeichen«, sagte er. »Heute wird das deutlich sichtbar, denn Frieden zwischen Jordanien und Israel ist keine Fata Morgana mehr. Er ist real. Er wird in dieser Erde Wurzeln schlagen.«

Hussein sprach seinerseits von »Frieden mit Würde« und »Frieden mit Verpflichtung«. Dann fuhr er fort: »Das ist unser Geschenk an unsere Völker und die kommenden Generationen.«

Rabin ergriff die Gelegenheit, um nicht nur nach Frieden, sondern auch nach Einheit zu rufen. »Wir haben viele Tage der Trauer erlebt, und Sie kennen viele Tage des Kummers«, sagte er. »Aber schmerzlicher Verlust eint uns, genau wie Tapferkeit, und wir ehren diejenigen, die ihr Leben geopfert haben. Wir müssen beide aus unseren großen spirituellen Quellen schöpfen, um das zu verzeihen, was wir einander zugefügt haben, um die Minenfelder zu räumen,

die uns so viele Jahre getrennt haben, und sie durch frucht-
bare Felder zu ersetzen.«

Ich sprach nur kurz, um zu danken: Präsident Clinton
für seine Unterstützung, König Hussein für sein Vertrauen
und vor allem Premierminister Rabin für seine Führung.

»Ich werde etwas tun, was sich eigentlich nicht gehört,
und Ihnen etwas über meinen eigenen Premierminister
erzählen. Er hat Großartiges geleistet, mit viel Mut und
Weisheit«, sagte ich. Und ich fuhr fort, wir beide seien im
unermüdlichen Streben nach Frieden mehr als Kollegen
geworden: Verwandte. »Wir wurden als Söhne Abrahams
geboren«, sagte ich. »Jetzt sind wir Brüder in der Familie
Abrahams.«

Knapp eine Woche danach wurde mein Versprechen an
König Hussein, Wirtschaftsführer aus aller Welt zusammen-
zubringen, wahrgemacht – allerdings nicht in Jordanien,
sondern in Marokko. Während des Jahres, das zu dem Friedensvertrag führte, hatte keiner meiner Berater geglaubt,
dass ein solches Ereignis jemals stattfinden würde. Doch
jetzt wurde in Casablanca der Nahost-Nordafrika-Wirt-
schaftsgipfel mit viertausend Teilnehmern eröffnet. Es war
das erste Mal, dass Israelis und Araber die Chance bekamen,
sich zu treffen, nicht, um Frieden politisch auszuhandeln
oder den Frieden militärisch aufrechtzuerhalten, sondern
um Frieden wirtschaftlich aufzubauen.

König Hassan II. von Marokko hatte König Hussein und
mir ein besonderes Zelt zur Verfügung gestellt, in dem die
führenden Politiker von mehr als einem Dutzend arabischer
Länder – neben Politikern und Wirtschaftsführern aus über
fünfzig anderen Ländern – mit uns zusammenkommen und

über ihre Hoffnungen, ihre Ziele und ihre unmittelbaren Bedürfnisse in der Entwicklung des Nahen Ostens sprechen konnten. Auf Anhieb stellte sich heraus, dass unsere Friedensbemühungen nicht nur die Zusammenarbeit mit den Palästinensern und Jordaniern ermöglicht hatten; sie hatten die gesamte Region geöffnet.

»Die ganze Welt entwickelt sich allmählich aus einem Universum von Feinden zu einer Arena der Chancen und Herausforderungen«, sagte ich in meiner Ansprache. »Wenn der Feind gestern eine von außen drohende Armee war, so ist heute vor allem eine Bedrohung von innen die Quelle der Gewalt: die Armut, die Verzweiflung gebiert. Das ist keineswegs eine neue Form von Philanthropie«, betonte ich. »Es ist eine neue wirtschaftliche Strategie, die einzig auf ökonomischer Logik aufbaut ... Hier in Casablanca stehen wir vor dem Auftrag, den ersten Schritt hin zu einer Verwandlung des Nahen Ostens zu tun – aus einem Jagdrevier in ein Feld der Kreativität.«

Der Marsch zum Frieden ging weiter. Wie in der Prinzipienerklärung vorgesehen, führten wir mehrere Folgeverhandlungen mit den Palästinensern. Im Mai 1994 unterzeichneten wir das Gaza-Jericho-Abkommen, mit dem unter anderem die palästinensische Autonomiebehörde eingerichtet wurde. Zwei Monate später kehrte Arafat nach Gaza zurück und wurde dort zum ersten Präsidenten der palästinensischen Autonomiegebiete gewählt. Im September 1995 unterzeichneten wir mit den Palästinensern das als Oslo II bekannte Interimsabkommen, in dem die palästinensische Selbstverwaltung im Westjordanland ausgeweitet und der Mai 1996 als spätester Zeitpunkt für die Aufnahme von Verhandlungen über eine dauerhafte Lösung festgelegt wurde.

Doch trotz unserer Fortschritte hatte sich die Stimmung in ganz Israel verdüstert. Die palästinensische Autonomiebehörde hatte sich durch ihre Bereitschaft zu Friedensverhandlungen mit Israel die radikalen terroristischen Organisationen, die dies grundsätzlich als unzulässig ablehnten, zu Feinden gemacht. Die Führung von Hamas und Islamischem Dschihad war angesichts eines möglichen israelisch-palästinensischen Abkommens außer sich und versuchte den Friedensprozess mit entsetzlichen Gewalttaten zu behindern, darunter auch gezielt gegen die Zivilbevölkerung gerichtete Selbstmordattentate in Autobussen und belebten Vierteln großer Städte. Die palästinensische Führung unternahm nichts, um diese Anschläge zu verhindern. In einigen Fällen half sie sogar bei der Koordination. Solche Bombenattentate wurden im April, Oktober und November 1994 verübt, und erneut im Januar, April und August 1995. Immer mehr Israelis gaben die Hoffnung auf Frieden auf und forderten stattdessen eine militärische Reaktion. Bei Protesten und Demonstrationen hallten Sprechchöre mit den Rufen »Tod den Arabern« und »Tod für Arafat« durch die Straßen; es wurden nicht nur Vergeltungsmaßnahmen gefordert, sondern auch offen zum Krieg aufgerufen.

Diese Lage stellte Rabin und mich vor eine große Herausforderung. Die Hoffnung, die nach Oslo aufgekeimt war, geriet zunehmend aus dem Blick, nahm ab oder erstarb ganz. Auf unseren Straßen wurden Frauen und Kinder ermordet, und doch verhandelten wir weiter mit denjenigen

Palästinensern, die den Imperativ des Friedens verstanden hatten. Wir konnten unsere Bemühungen nicht einfach einstellen – nicht, nachdem wir so weit gekommen waren und nachdem wir den Kindern Israels, auch den noch ungeborenen, Frieden versprochen hatten. Und so trieben wir den Prozess weiter voran, im Bewusstsein, dass wir möglicherweise abgewählt würden. Sollte dem so sein, dann deshalb, weil wir allen Widrigkeiten zum Trotz für die jüdischen Werte eingetreten waren.

Nach so vielen Jahren der Rivalität und der Partnerschaft verwandelte sich erst jetzt, in diesem Sommer, mein Respekt für Rabin in aufrichtige Bewunderung. Alle beide waren wir zur Zielscheibe niederträchtiger Angriffe geworden, nicht nur in den Medien, sondern auch auf den Straßen. Unsere Gegner schwenkten Bilder von uns, die uns in Nazi-Uniform zeigten, und verbrannten sie. Sie marschierten in Scharen durch unsere Städte, einmal sogar mit einem Sarg, der für Rabin bestimmt war. Es war grauenhaft.

Ich erfuhr von einem besonders schockierenden Ereignis, als Rabin in Netanya war, auf halbem Weg zwischen Haifa und Tel Aviv, und am Wingate-Institut vorbeiging. Die Menschen, die sich dort versammelt hatten, riefen schreckliche Dinge, sie schrien und fluchten, ja sie spuckten den Premierminister sogar an. Rabin änderte weder sein Tempo noch seinen Gesichtsausdruck; erhobenen Hauptes ging er einfach weiter, umgeben von der Aura eines Mannes mit festen Überzeugungen, der sein Ziel so beharrlich verfolgt, dass ihm solch schändliches Verhalten nichts anhaben kann. Er bewies großen Mut in diesen düsteren Tagen, gab nicht nach, egal, wie hoch der persönliche Preis war, den er zu zahlen hatte. In den folgenden Monaten sagte er keinen einzigen Termin oder Auftritt ab – er gab den Kräften des Hasses keinen Millimeter nach, machte einfach weiter.

Als die Gewalt im Land die Unterstützung für den Friedensprozess weiter schwinden ließ, fürchtete Rabin, dass wir die nächsten Wahlen verlieren würden. Ich war der Meinung, dass wir die Friedensbegeisterung wiedererwecken und die Kriegsbereitschaft dämpfen mussten, und schlug vor, eine große Kundgebung zu veranstalten – eine Demonstration für den Frieden, die uns die Möglichkeit geben würde, dem israelischen Volk zu zeigen, dass die Stimmen des Friedens noch immer da waren, auch wenn sie vom Wutgeheul der Opposition übertönt wurden. Ich war überzeugt, dass wir mit einer solchen Kundgebung alle auf die Straße bekommen würden, die es nicht wagten, ihre Stimme zu erheben, und viele andere dazu bewegen konnten, es ihnen gleichzutun, so dass eine Energie der Hoffnung entstehen würde, die das ganze Land erfüllte. Das konnte unserem Volk den Glauben an die Kraft und die Schönheit der Zukunft zurückgeben, der wir den Weg bereiten wollten.

Rabin war unsicher. »Und wenn es schiefgeht, Schimon?«, fragte er mich ein paar Tage später bei einem nächtlichen Anruf. »Und wenn die Leute nicht kommen?«

»Sie werden kommen«, versicherte ich ihm.

Als Rabin und ich am 4. November 1995 am Kundgebungsort, dem damaligen Platz der Könige Israels, eintrafen, fanden wir unsere kühnsten Erwartungen übertroffen. Rabin war sprachlos, dass mehr als hunderttausend Menschen gekommen waren, um hier friedlich für den Frieden zu demonstrieren.

»Das ist wunderbar«, sagte er zu mir, als wir unseren Platz auf dem Rathausbalkon einnahmen und auf die Menge hinabblickten, überwältigt von den anschwellenden Jubelrufen. In dem Brunnenbecken unter uns hüpften und spritzten junge Israelis herum und tanzten fröhlich miteinander, ein großartiges Sinnbild dessen, wofür wir kämpften: nicht für unsere eigene Zukunft, sondern für ihre.

Rabin war wirklich zutiefst überrascht. Nie hatte ich ihn so glücklich gesehen wie an diesem Tag – vielleicht dem glücklichsten Tag seines Lebens. Wir arbeiteten seit Jahrzehnten zusammen, aber ich hatte ihn noch nie singen hören. Doch in diesem Moment erhob er die Stimme und schmetterte aus dem Buch, das er in Händen hielt, »Shir l'shalom« – unser Lied für den Frieden. Nicht einmal bei unseren größten Erfolgen hatte Rabin mich umarmt. Doch jetzt fiel er mir um den Hals.

Als unser Auftritt bei der Kundgebung zu Ende ging, machten wir uns bereit aufzubrechen. Wir sollten alle zusammen hinab zu unseren Fahrzeugen gehen, doch gerade als wir loslaufen wollten, kamen ein paar Mitarbeiter des Geheimdienstes zu uns herauf. Sie hatten glaubwürdige Informationen, dass ein Attentat auf uns geplant war, und wollten aus Sicherheitsgründen, dass wir einen anderen Ausgang nahmen. Sie gingen von arabischen Tätern aus; niemand hätte sich einen jüdischen Attentäter vorstellen können. Sie bestanden darauf, dass wir getrennt zu unseren Fahrzeugen gingen. Es war nicht das erste Mal, dass wir eine solche Warnung erhielten; wir hatten uns angewöhnt, trotzdem die Ruhe zu bewahren.

Kurz danach kamen unsere Sicherheitsleute zurück und

ließen uns wissen, dass unsere Wagen unten bereit standen. Ich sollte als Erster das Gebäude verlassen, gefolgt von Rabin. Ehe ich mich umdrehte, um die Treppe hinabzugehen, trat ich noch einmal zu ihm. Er war noch immer glücklich wie ein Kind. Ich sagte ihm, dass ich als Erster gehen würde und mich darauf freute, am nächsten Tag mit ihm über unseren Triumph zu reden. Er nahm mich noch einmal in den Arm. »Danke, Schimon. Vielen Dank.«

Als ich die Treppe hinab zu meinem Wagen ging, umtosten mich noch immer Jubelrufe. Vor dem Einsteigen drehte ich mich um und sah ihn gut dreißig Meter hinter mir die Treppe herunterkommen. Mein Sicherheitsbeamter öffnete den Wagenschlag, und als ich mich hinabbeugte um einzusteigen, hörte ich ein Geräusch, das mich auch nach so vielen Jahren bisweilen nachts aus dem Schlaf reißt – das Geräusch von drei rasch hintereinander abgefeuerten Schüssen.

Ich versuchte, wieder auszusteigen. »Was war das?«, rief ich dem Sicherheitsbeamten zu. Doch der antwortete nicht, sondern drückte mich zurück in den Sitz, schlug die Tür zu, und der Wagen fuhr kreischend los.

»Was war das?«, fragte ich den Sicherheitsbeamten, der am Steuer saß. »Was war das?«

Sie fuhren schweigend zum Hauptquartier des israelischen Geheimdienstes und führten mich hinein, ohne meine Frage zu beantworten. »Wo ist Rabin?«, wollte ich wissen, als wir am Ziel waren. »Sagt mir endlich, was passiert ist.«

Erst jetzt erfuhr ich, dass ein Attentat auf ihn verübt worden war. Dass jemand auf ihn geschossen hatte. Dass er im Krankenhaus lag. Aber wie schwer seine Verletzungen waren, konnte mir niemand sagen.

»Wo ist das Krankenhaus?«, fragte ich. »Ich will da sofort hin.«

»Das geht nicht«, sagte einer der Sicherheitsbeamten. »Ihr Leben ist noch immer in Gefahr. Wir können Sie nicht rauslassen.«

»Lasst mich mit eurem Geschwätz über Gefahr in Ruhe«, entgegnete ich. »Wenn ihr mich nicht hinfahrt, gehe ich zu Fuß.« Sie merkten, dass sie keine andere Wahl hatten, und brachten mich rasch zum Krankenhaus. Dort wusste niemand, ob Rabin noch lebte. Vor der Klinik hatte sich eine Menschenmenge versammelt. Alle weinten, befürchteten das Schlimmste und beteten um ein Wunder.

»Wo ist er? Was ist mit ihm?«, fragte ich den ersten Krankenhausmitarbeiter, auf den ich traf. Niemand sagte mir etwas, alle hatten nur Tränen in den Augen. »Bringen Sie mich zu ihm!«, schrie ich. Im Durcheinander erkannte mich der Klinikdirektor und ich ihn, und wir eilten aufeinander zu.

»Bitte sagen Sie mir, was passiert ist.«

»Herr Peres«, setzte er mit gebrochener Stimme an. »Ich muss Ihnen leider sagen, dass der Premierminister tot ist.«

Mir war, als hätte mir jemand ein Messer in die Brust gestoßen und genau ins Herz getroffen. Ich vergaß, wie man Atem holt. Ich hatte sein Gesicht vor Augen, ein Lächeln, das ich so noch nie bei ihm gesehen hatte. Es war so viel Leben in ihm, so viel Hoffnung und Zuversicht. Und jetzt war »Shir l'shalom«, unser Lied für den Frieden, buchstäblich mit Blut befleckt worden – auf den Seiten des Liederbuchs, das Rabin in Händen hielt, als er attackiert wurde.

Die Zukunft, für die wir gekämpft hatten, war plötzlich so ungewiss. Wie konnte es sein, dass er nicht mehr unter uns war?

Als ich mich von dem Arzt abwandte, hatte ich ein Geräusch in den Ohren, als wäre eine Bombe explodiert, als wäre ich vom Chaos des Krieges umgeben. Am Ende des Flurs sah ich Rabins Frau Leah stehen, im Zentrum einer unvorstellbaren Tragödie. Ich sah, dass sie die Worte gehört hatte, von denen ich hoffte, dass Sonia sie nie würde hören müssen: Das Schlimmste ist wahr geworden.

Leah und ich gingen gemeinsam zu ihm, um Abschied zu nehmen. Ein Lächeln lag auf seinem Gesicht – das Gesicht eines glücklichen Menschen, in völliger Ruhe. Leah trat an seine Seite und gab ihm einen letzten Kuss. Dann ging ich, von Kummer erfüllt, zu ihm, drückte ihm einen Kuss auf die Stirn und sagte: »Mach's gut.«

Ich war so aufgelöst, dass ich kaum ein Wort herausbekam, als der Justizminister auf mich zukam.

»Wir müssen sofort einen neuen Premierminister ernennen«, sagte er. »Das kann nicht warten. Das Schiff darf nicht ohne Kapitän sein. Schon gar nicht jetzt.«

»Wie? Was?« Mehr brachte ich nicht heraus.

»Wir werden Sie ernennen«, sagte er. »Gerade eben wird eine Sitzung des Notstandskabinetts einberufen. Wir müssen sofort los.«

Wir versammelten uns und verharrten im Gedenken an unseren gefallenen Bruder. Alle Minister waren sich einig, dass ich Rabins Amt übernehmen sollte, und wählten mich auf der Stelle zu seinem Nachfolger. So alleine hatte ich mich noch nie gefühlt.

Die ganze Nation stand unter Schock, nicht nur weil unser Premierminister ermordet worden war, sondern auch wegen des Mannes, der es getan hatte. Es war ein Israeli, ein Jude – einer von uns, ein Extremist, der so verblendet und so verzweifelt bemüht war, die Entwicklung zum Frieden zu stoppen, dass ihn der niederträchtige Mord an einem nationalen Helden mit Stolz und Befriedigung erfüllte. Seine Tat – und die widerliche Begeisterung der Fanatiker, die ihm zustimmten – war schlimmer als alles, was wir uns in unseren düstersten Albträumen hätten vorstellen können. Es war zum Verrücktwerden, schrecklich verwirrend und zugleich unerträglich schmerzhaft.

In Zeiten großer Trauer lehnen wir uns aneinander, und das taten jetzt fast alle Israelis. Es gab spontane Demonstrationen, nicht aus Protest, sondern aus Liebe, Tausende hielten auf der Straße Totenwache, entzündeten Kerzen für den Premierminister, den wir verloren hatten. Mir war, als lastete das Gewicht der ganzen Nation jetzt auf meinen Schultern.

Jahrzehntelang waren Rabin und ich große Rivalen gewesen, doch in den letzten Jahren waren wir zu großartigen Partnern geworden. Wie ich nach seinem Ableben sagte, kommt es im Leben manchmal vor, dass zwei, die gemeinsam agieren, mehr sind als zwei, und wenn man alleine dasteht, ist man weniger als einer. Ich war ohne ihn viel weniger als einer. Man hatte ihn uns ohne Vorwarnung genommen, und ich hatte ein Land in Aufruhr geerbt. Wenn ich jetzt einen Fehler machte, war ein Bürgerkrieg zu befürchten. Wie konnte ich hart gegen diejenigen vorgehen, die diesen Mord befürworteten, ohne dieses gefährliche Feuer weiter anzufachen? Ich musste so viele Entscheidungen treffen, und zwar schnell, und der einzige Rat, den ich mir wünschte, war ein Rat von ihm. Sein Schweigen quälte mich. Als ich wieder im Büro des Premierministers stand, brachte ich es nicht fertig, mich auf seinen Stuhl zu setzen.

Doch ich machte weiter, ihm zu Ehren und im Namen der Friedensvision, die wir geteilt hatten. Viel Arbeit lag vor mir, ein Land musste versöhnt und der Friedensprozess gerettet werden; auf beiden Seiten unserer Grenzen lebte eine Generation von Kindern, denen wir eine Zukunft schuldeten, die besser sein sollte als unsere Vergangenheit. Wo so viel auf dem Spiel stand, hatte ich keine andere Wahl, als unsere nationale Agenda festzulegen und die schweren Entscheidungen zu treffen, die Führerschaft verlangt.

Jetzt, im Jahr 2016, ist es zwanzig Jahre her, dass ich das Amt des Premierministers wieder abgab. Als ich es nach Rabins Tod übernommen hatte, war das Land einiger gewesen als je zuvor in der jüngeren Geschichte – nicht weil plötzlich Konsens über schwierige und umstrittene Themen geherrscht hätte, sondern weil der Verlust Rabins ein schmerzhafter kollektiver Schlag war. Als das Land trauerte, rückten die Israelis zusammen und stärkten ihrem neuen Premierminister den Rücken. Viele führende Vertreter der Arbeiterpartei wollten mich zu vorgezogenen Neuwahlen überreden. Unsere Partei hätte jetzt für kurze Zeit die Möglichkeit, ihre Regierungsmehrheit in der Knesset zu behaupten. Vor Rabins Ermordung hatten alle gedacht, dass die Arbeiterpartei wegen der Terroranschläge die nächste Wahl verlieren würde. Aber jetzt, in diesem Moment der nationalen Einheit, könne ich die Wahl ohne weiteres gewinnen, und wir würden an der Macht bleiben.

Ich sah die politische Logik hinter diesem Argument. Sie war klar und überzeugend. Doch für mich war diese Entscheidung weniger eine politische als eine moralische. Vorzeitige Neuwahlen anzukündigen hätte bedeutet, mit Rabins vergossenem Blut die Macht zu gewinnen. Es gab keine politische oder sonstige Realität, in der ich seinen Tod auf diese Weise benutzt hätte.

Stattdessen machte ich mich wieder an die Friedensarbeit, nicht mehr mit ihm an meiner Seite, aber mit seinem Geist in meinem Herzen. Die zweite Verhandlungsrunde mit den Palästinensern war noch nicht beendet, und Uri Savir hatte bereits unter meiner Leitung Friedensverhandlungen mit der Regierung Assad aufgenommen. Und weil sich der Terrorismus zu einem so schrecklichen Hindernis für den Frieden entwickelt hatte, organisierte ich in Scharm El-Scheich eine internationale Konferenz, um mit den führenden Politikern aus der ganzen Welt Strategien zur Bekämpfung dieser Bedrohung zu besprechen. Es war eine schwere und einsame Zeit für mich. Meine eigene Partei war enttäuscht, dass ich keine Neuwahlen ausgerufen hatte. Von meinen Gegnern wurde ich tagtäglich kritisiert. Sie bezichtigten mich der Beschwichtigungspolitik und forderten einen Militäreinsatz, der sicher das Ende des Friedensprozesses bedeutet hätte. Hamas und der Islamische Dschihad verübten indes Anschläge gegen israelische Bürger. Anfang 1996 gab es in Israel nacheinander fünf grauenvolle Terroranschläge, einer schlimmer als der andere.

Die Woche, in der die Anschläge begannen, war die

schlimmste meines Lebens. Als ich an den Ort des ersten Terroranschlags in Jerusalem kam, stand ich vor einem zerfetzten, ausgebrannten Bus der Linie 18, der noch wenige Stunden zuvor Fahrgäste befördert hatte. Der Bus sah aus wie der Kadaver eines getöteten Tiers, war verkohlt, mit Glassplittern übersät und voller Blut. Ich war so schockiert von der grauenhaften Szene, dass ich die Schreie der Menge gar nicht wahrnahm. »Peres ist ein Mörder«, riefen einige. »Peres ist der Nächste!«, schrie ein anderer. Ich sagte Arafat, der Terrorismus mache alle Aussichten auf Frieden zunichte, doch der erklärte, es liege nicht in seiner Macht, den Terror zu stoppen. »Ich fürchte, Sie verstehen nicht, was auf dem Spiel steht. Wenn Sie Ihr Volk nicht unter einer Regierung vereinen«, warnte ich ihn, »werden die Palästinenser nie einen eigenen Staat bekommen.« Doch das Bomben ging weiter. Ein Selbstmordattentat in Aschkelon. Ein weiteres beim Purimfest in Tel Aviv. Trotz aller Einwände meines Sicherheitsteams und meiner Mitarbeiter begab ich mich jedes Mal zum Tatort. Als Premierminister hielt ich es für meine Pflicht, dort zu sein, den Toten und Verwundeten zu Ehren und auch für mein Land, das sich der Welt als ein Ort zeigen musste, der so wehrhaft war wie eh und je. Doch als ich dort in Tel Aviv stand, wo ich so viele Jahre verbracht hatte, und Rauch und Blut sah, wo eigentlich ein fröhliches Fest stattfinden sollte, erkannte ich, dass, ungeachtet all meiner Hoffnungen, der Frieden wieder in weite Ferne gerückt war. Bei den Wahlen im Mai dieses Jahres fügte mir Benjamin Netanjahu eine schmerzhafte Niederlage zu. Er gewann mit einem Vorsprung von nicht ganz dreißigtausend der fast drei Millionen abgegebenen Stimmen – doch das genügte, um die Likud-Partei an die Macht zu bringen und das Kapitel zu beenden, das Rabin und ich gemeinsam geschrieben hatten.

Auch in den folgenden Jahren gab es noch Friedensbemühungen, aber die neuen Gegebenheiten machten alles viel komplizierter. Der Oslo-Prozess verlor an Substanz und spielte kaum mehr eine Rolle. Doch sein Erbe ist geblieben. Mit unserem ehrgeizigsten Ziel, einer endgültigen Lösung, einem dauerhaften Frieden, waren wir gescheitert, doch wir hatten den Grundstein für den Beginn einer Revolution gelegt, für einen zukünftigen größeren Frieden. Unsere Bemühungen führten zur Zwei-Staaten-Lösung – dem einzigen Rahmen, der eine realistische Chance auf Erfolg bietet. Aufgrund unserer Verhandlungen mit den Palästinensern existiert dort noch heute ein von Mahmoud Abbas angeführtes Lager, das einen echten Frieden anstrebt. Ohne ihn hätten wir nur die Hamas. Mit unseren Verhandlungen konnten wir den Grundstein für ein zukünftiges Abkommen legen und einen Rahmen dafür schaffen. Das Zugeständnis der Palästinenser, als Verhandlungsgrundlage nicht die Grenzen von 1947, sondern die von 1967 zu akzeptieren, ist an sich schon eine gedankliche Revolution. Ohne Oslo wären wir nicht in der Lage gewesen, bei unseren früheren Feinden Botschaften zu eröffnen und Beziehungen zu ihnen aufzubauen, und wir hätten auch keinen Frieden mit Jordanien schließen können. Der Oslo-Prozess gab uns Raum für staatliche Investitionen in Infrastruktur und in Sozialprogramme. Er ebnete den Weg für wirtschaftliche Beziehungen zwischen Israel und der gesamten Region und ermöglichte uns, Vereinbarungen zu unterzeichnen und Partnerschaften zu bilden, die unser Wirtschaftswachstum beschleunigten.

Und es bleibt festzuhalten, dass alle späteren israelischen Regierungen, auch diejenigen, die den Friedensbemühungen nicht die erste Priorität einräumten, schließlich doch unseren Rahmen übernahmen und akzeptierten, dass es nur einen Weg gibt, um den Teufelskreis von Gewalt und Terrorismus zu durchbrechen: eine Zwei-Staaten-Lösung.

Doch in der Friedensfrage herrscht nach wie vor große Skepsis – nicht nur darüber, ob Frieden möglich, sondern auch, ob er überhaupt wünschenswert ist. Was die erste Frage angeht, so bin ich überzeugt, dass Frieden nicht nur möglich, sondern sogar unumgänglich ist. Mein Optimismus ist nicht allein in meinem Charakter begründet, sondern in der Geschichte, denn sie stellt ein starkes Gegengift gegen eine zynische Weltsicht dar. Wie oft hat sie uns überrascht? Wie oft hat sie uns zu Realitäten geführt, die unsere Träume bei weitem übertrafen? Wer hätte nach dem Zweiten Weltkrieg zu träumen gewagt, dass nur drei Jahre später Frankreich, Deutschland und Italien in einem friedlichen Bündnis zusammenarbeiten würden? Wie oft habe ich von Experten zu hören bekommen, dass ein dauerhafter Frieden mit Ägypten und Jordanien schlicht unmöglich sei? Wie oft haben die Pessimisten bei dem Gedanken, dass eine Verurteilung des Terrors unter den Palästinensern jemals auf breite Zustimmung treffen würde, nur den Kopf geschüttelt?

Ein ums andere Mal haben wir erlebt, wie das Unmögliche zur Realität wurde. Es gab eine Zeit, in der die Arabische Liga eine Selbstverpflichtung unterzeichnete, die als das »dreifache Nein von Karthum« bekannt ist: Nein zu Verhandlungen mit Israel, nein zum Frieden mit Israel, nein zur Anerkennung des Staates Israel. Von den Menschen, mit denen ich über einen großen Teil meines Lebens zusammengearbeitet habe, konnte sich kaum einer vorstellen, dass die Arabische Liga jemals eine Initiative verabschieden würde, die dieses dreifache Nein entkräftete. Nie hätten sie geglaubt, dass sich führende arabische Politiker nicht nur im Ausland, sondern auch im eigenen Land für Frieden und gegen den Terror aussprechen würden, oder dass die Palästinenser Israel in den Grenzen von 1967 anerkennen würden. Und doch bahnt sich der Frieden hartnäckig seinen Weg, ohne sich um die Zweifel der Experten zu kümmern.

Ich glaube an die Unausweichlichkeit des Friedens, weil ich um seine Notwendigkeit weiß. Diese ist, vielleicht, das stärkste Argument überhaupt. Sie hat die Pioniere dazu veranlasst, das Land urbar zu machen. Sie hat sie zu kreativem Denken gezwungen – dazu, salzigen Schmutz in fruchtbaren Boden zu verwandeln, öde Brachen in ertragreiches Land. Die Notwendigkeit zwang Ben-Gurion zum Aufbau einer Armee, die uns in einer Zeit größter Verwundbarkeit Schutz vor dem bevorstehenden Krieg bot. Aus reiner Notwendigkeit realisierte die israelische Führung in Dimona das Unmögliche und ging in Entebbe jedes Risiko ein. Und so wird schließlich auch die Notwendigkeit des Friedens zu seiner Verwirklichung führen. Die Kosten der Feindseligkeit sind schlicht zu hoch.

Ich glaube von ganzem Herzen an die Kraft des Zionismus und an Ben-Gurions historische Entscheidung, den UN-Teilungsplan für Palästina zu akzeptieren. Denn ihm war bereits damals klar, dass wir, um den jüdischen Charakter unseres Staates zu bewahren, unsere Werte verteidigen mussten, die zutiefst demokratisch sind. Uns Juden wird gelehrt, dass wir alle nach dem Bild Gottes erschaffen sind. Um diesem grundlegenden Glaubenssatz zu genügen, muss ein jüdischer Staat demokratisch sein und die volle Gleichberechtigung von Juden und Nichtjuden sicherstellen. Demokratie bedeutet schließlich nicht nur das Recht aller Bürger, gleich behandelt zu werden, sondern zugleich auch das Recht jedes Bürgers, anders zu sein. Die Zukunft des zionistischen Projekts hängt davon ab, dass wir die Zwei-Staaten-Lösung annehmen. Wenn Israel dieses Ziel aus den Augen verliert, besteht die Gefahr, dass die Palästinenser eine Ein-Staaten-Lösung akzeptieren. Aus demographischen Gründen werden wir dann vor der Wahl stehen, entweder jüdisch zu bleiben oder demokratisch. Aber in Wirklichkeit haben wir keine Wahl. Wenn wir unsere jüdische Mehrheit verlieren, verliert unser Land auch seinen jüdischen Charakter. Und wenn wir die Demokratie aufgeben, verzichten wir auch auf unsere jüdischen Werte. Und an denen müssen wir festhalten. Nicht einmal im Anblick von Krematorien und Gaskammern haben wir unsere Werte aufgegeben. Wir haben als Juden gelebt und sind als Juden gestorben, und wir sind als freies jüdisches Volk wieder aufgestanden. Wir haben nicht überlebt, um als flüchtiger Schatten der Geschichte weiterzuleben, sondern als neuer Ursprung, als eine Nation, die nach *tikkun olam* strebt – danach, die Welt zu verbessern.

1996 gründete ich das Peres-Zentrum für Frieden, im Vertrauen auf die Menschen und ihre Fähigkeit, positive Veränderungen zu bewirken, und im Bewusstsein, dass Frieden nicht allein von den Regierungen erreicht werden kann; er muss zwischen Völkern geschlossen werden – zwischen

Juden und Arabern. Und so habe ich in den letzten zwanzig Jahren durch Friedenserziehung und Geschäftspartnerschaften, durch landwirtschaftliche Projekte und im Gesundheitswesen daran gearbeitet, diese Bindungen zu knüpfen. Doch eine dauerhafte Lösung erfordert überlegt und klug agierende Regierungen – bei uns und bei unseren Nachbarn. Wir brauchen Politiker, die verstehen, dass Israel stark genug ist, um Frieden zu schließen, und dass Frieden nur aus einer Position der Stärke heraus geschlossen werden kann. Abwarten führt zu einer Vereinbarung, die schlechter sein wird als alles, was wir uns vorgestellt haben; Israel wird dann zum ersten Mal aus einer Position der Schwäche verhandeln. In einer Situation, in der nur ein umgehender Friedensschluss den Zionismus retten kann, werden dann die palästinensischen Verhandlungsführer alle Karten in der Hand halten.

Die Frage ist also nicht, ob wir Frieden schließen werden, sondern wann und zu welchem Preis, denn je länger wir warten, desto höher wird er sein. Deshalb halte ich es für sehr gefährlich, sich in einer Zeit, in der wir unsere Bemühungen verdoppeln müssten, der Skepsis hinzugeben. Die Geschichte hat keinen Rückwärtsgang.

Ich weiß nur zu gut, dass Frieden nicht leicht zu erreichen ist. Aber es gibt keine Alternative zur Rückkehr an den Verhandlungstisch. Unser Gestern ist voller trauriger Ereignisse. Ich bin überzeugt, dass das Israel und das Palästina von morgen einen Hoffnungsschimmer für unsere Kinder bereithalten. Durch Fortschritte beim Friedensprozess wird auch die Erfüllung der israelischen Gründungsvision näher rücken: ein vorbildliches, blühendes Land, das in Sicherheit und in Frieden mit seinen Nachbarn lebt.

Es ist über zwanzig Jahre her, dass ich in Oslo auf dem Podium stand und zusammen mit Rabin und Arafat den Friedensnobelpreis entgegennahm. Vieles hat sich seitdem verändert, aber meine zentrale Botschaft gilt noch immer: Kein Land kann es sich noch leisten, die Welt in Freund und Feind zu unterteilen. Die Feinde von heute sind globaler Natur – Armut und Hunger, Radikalisierung und Terror. Sie kennen keine Grenzen und bedrohen alle Nationen. Deshalb müssen wir rasch handeln, Bande des Friedens knüpfen und die Mauern von Hass und Bitternis niederreißen, damit wir uns gemeinsam den Herausforderungen einer neuen Ära stellen und ihre Chancen nutzen können.

Optimismus und Naivität sind nicht ein und dasselbe. Dass ich optimistisch bin, heißt nicht, dass ich einen Frieden der Liebe erwarte; ich erwarte lediglich einen Frieden der Notwendigkeit. Mir schwebt kein perfekter Frieden vor, aber ich bin sicher, dass wir einen Frieden finden können, der uns ein Leben Seite an Seite und ohne die Bedrohung der Gewalt ermöglicht.

In den kommenden Jahren muss uns stets bewusst sein, dass Friedensverhandlungen nie mit einem Happy End beginnen, sondern vielmehr aus einer komplizierten, undurchschaubaren Situation heraus, verdüstert durch die Erinnerung an Schmerz und Gewalt. Und sie brauchen Zeit. Deshalb wollen wir unsere Bemühungen fortsetzen und das Happy End bis zum Schluss aufheben. Ich glaube von ganzem Herzen an die Vision der Propheten, eine Vision des Friedens für das Land, das ich so sehr liebe. Und ich weiß, dass die Mehrheit der Menschen auf beiden Seiten der Grenze sich nach Frieden sehnt – vor allem die junge

Generation. Sie sind es, die Unmögliches in Unwahrscheinliches verwandeln und mit Kreativität und Leidenschaft das Unwahrscheinliche zur Realität machen. Ob die Politiker mit den jungen Menschen gleichziehen oder die Jungen selbst zu Führungsfiguren werden, wir gehen unweigerlich in die gleiche Richtung. Unser Weg wird mit Hindernissen gepflastert sein. Aber er ist der einzige, den zu gehen sich lohnt.

EPILOG

Ich habe Außerordentliches gesehen in meinem Leben: Als Kind fuhr ich mit dem Pferdekarren durch Wischnewa. Als Präsident erlebte ich die Geburt des selbstfahrenden Autos. Ich sah Raketen, mit denen Menschen zum Mond flogen, und Impfstoffe, die tödliche Krankheiten vom Erdboden verbannten. Ich erlebte, wie Milliarden von Menschen aus der Armut befreit wurden, sah eine Welt, die zwar noch immer von Konflikten geprägt, aber doch friedlicher war als je zuvor in der Geschichte der Menschheit. Ich sah das jüdische Volk um einen schmalen Streifen Wüste kämpfen und ihn zu einem Land machen, das unsere größten Träume übertroffen hat.

Ich sehe, dass der Fortschritt nicht immer stetig verläuft. Oft gerät er ins Stocken oder geht gar einen tragischen Schritt zurück. Die Streitkräfte der Alliierten haben die Nazis besiegt und die Welt sicher gemacht für die Demokratie – aber erst, nachdem Millionen Menschen ihr Leben verloren hatten. Die Atomspaltung schuf das Potential für neue Energien und neue Wissenschaften – und zugleich die Furcht, dass ein Knopfdruck eine globale Katastrophe auslösen kann. Das Internet hat Milliarden von Menschen von alten Dogmen befreit – aber es ermöglicht auch den Kräften des Bösen, in einer Sekunde Hass zu verbreiten. Wir haben erlebt, wie gefährlich es ist, wenn die Technik nicht mit der Moral einhergeht.

Während ich diese Zeilen schreibe, stehen wir vor neuen Gefahren: dem Schwinden der Toleranz und dem Erstarken des Nationalismus. In einer Welt voller Wohlstand, der aber nicht für alle da ist, sondern sehr ungleich verteilt, innerhalb eines Landes und zwischen den Ländern. Doch trotz alldem bleibe ich Optimist. Nicht nur, weil es meiner Natur entspricht, sondern weil ich sehe, dass auch die Gegenwinde in Richtung Fortschritt blasen. Wir befinden uns in einer Übergangsphase von einer Epoche zur nächsten. Es ist nicht das erste Mal in der Geschichte der Menschheit, doch es ging noch nie so rasch und war so umfassend. Es ist der Sprung vom Zeitalter des Territoriums in das der Wissenschaft.

Der treibende Motor im Zeitalter des Territoriums war die Aneignung von Gebieten. Die Führer einer Nation versuchten ihre Macht zu steigern, indem sie sich fremdes Territorium aneigneten – zumeist mit Gewalt. Die militärische Stärke einer Nation zwang die potentiellen Opfer, ebenfalls aufzurüsten. So wurde Krieg unvermeidbar. Gezahlt wurde mit Menschenleben und mit verschwendeten Ressourcen. Und immer galt: Was die eine Seite gewinnt, verliert die andere. Heute ist die Bedeutung von Land als Grundlage für die Existenz der Menschen geringer geworden, an seine Stelle ist die Wissenschaft getreten. Anders als ein Staat hat die Wissenschaft weder Flaggen noch Grenzen, sie kann nicht mit Panzern erobert oder mit Jagdflugzeugen verteidigt werden. Sie kennt keine Einschränkungen. Eine Nation kann ihre wissenschaftliche Leistungsfähigkeit steigern, ohne irgendjemandem etwas wegzunehmen. Ganz im Gegenteil, große wissenschaftliche Errungenschaften einer Nation dienen dem Wohl aller Nationen. Zum ersten Mal können wir gewinnen, ohne dass ein anderer verliert.

Im Zeitalter der Wissenschaft nimmt die traditionelle Macht der Staaten und der Entscheidungsträger ab. Nicht mehr die Politik, sondern Innovationen befördern die globale Wirtschaft und üben den größten Einfluss aus. Die jungen Gründer von Facebook und Google haben eine Revolution ausgelöst, bei der kein einziger Mensch sein Leben verlor. Die globalisierte Wirtschaft betrifft jeden Staat, aber kein einziger davon ist so stark, dass er die Ergebnisse bestimmen kann. Wir nehmen an der Geburt einer neuen Welt teil.

Frühere Entdeckungen haben den Beweis für die Macht der Wissenschaft erbracht. Als mein Großvater in der Blüte seiner Jahre stand, gab es bei einem Zahnabszess keine Hilfe, sondern nur die Aussicht auf schreckliche Schmerzen und den wahrscheinlichen Tod. Heute können wir mit Hilfe von Antibiotika besser leben als Könige noch in jüngerer Vergangenheit. Die High-Tech-Revolution dürfte ebenso tiefgreifende Auswirkungen haben.

Wir haben bereits erlebt, wie die moderne Kommunikationstechnologie selbst die härtesten Diktaturen besiegt hat. Die Regierungen können versuchen, die Meinungsfreiheit einzuschränken, doch es gelingt ihnen immer seltener. Im Nahen Osten besitzen fast 130 Millionen junge Menschen Smartphones. Auch wenn sie es nicht schaffen mögen, sich von ihrer Regierung zu befreien, so können sie sich doch mit jedem neuen Zugriff auf neues Wissen von der alten Ideologie befreien. Möglicherweise werden wir bald feststellen, dass nicht Verhandlungen zum Frieden führen, sondern Innovationen.

Der technische Fortschritt hat über Grenzen, Sprachen und Kulturen hinweg Brücken gebaut. Die Möglichkeiten, die sich aus dieser umwälzenden Vernetzung ergeben werden, müssen wir erst noch vollständig erfassen. Solche Veränderungen, so wertvoll sie auch sein mögen, folgen keinem eindeutigen Weg. Man kann nur dort eine Verbindung herstellen, wo zuvor eine Distanz bestand, aber die Distanz darf auch nicht zu groß sein. In der heutigen Welt ist der Unterschied zwischen den Generationen größer als der zwischen den Nationen, und die jungen Menschen können nun die Welt stärker beeinflussen, als es Staatsmänner und Generäle jemals vermochten. Wer fest in der Vergangenheit verwurzelt ist, wird nie in der Zukunft ankommen. Der Nahe Osten von heute ist marode. Er krankt an der allgegenwärtigen Gewalt, am Mangel an Nahrung, Wasser und Bildungschancen; an der Diskriminierung der Frauen und vor allem an der Unfreiheit. Zu viele Menschen in unserer Region hängen nach wie vor der alten Vorstellung der territorialen Macht an. Noch immer erleben wir Kriege, die von Regierungen der alten Art geführt werden, für die Erinnerungen wichtiger sind als Träume. Doch der Trend ist eindeutig: Kriege werden zunehmend sinnlos. Es gibt keinen rationalen Grund und auch keine moralische Rechtfertigung mehr dafür. Und Despoten können zwar Tausende von Menschen töten, nicht aber eine Idee vernichten.

Die Aufgabe der jungen Generation besteht darin, an der Realisierung dieser Transformation mitzuwirken. Wir brauchen eine Generation, für die Führung ein ehrenhaftes Anliegen ist, nicht vom persönlichen Ehrgeiz gesteuert, sondern von der Moral, dem Ruf zum Dienst am Land. Wir brauchen Führungspersönlichkeiten, die fest daran glauben, dass die Welt nicht durch Schießen und Töten verändert werden kann, sondern durch Wetteifern und Erschaffen. Wir brauchen Führungsgestalten, die lieber aus den richtigen Gründen umstritten sein wollen als aus den falschen Gründen beliebt, die sich weniger auf ihre Erinnerung, sondern vor allem auf ihre Phantasie stützen. Ich bin voller Hoffnung, weil ich glaube, dass eine solche Generation bereits existiert. Ich wende mich an die jungen Menschen auf dieser Welt in der Hoffnung, dass ihr euch das zu Herzen nehmt, was Ben-Gurion mich gelehrt hat: dass sich unsere Pläne für die Gegenwart an einer Vision für die Zukunft ausrichten sollten; dass man durch Glauben Hindernisse überwinden kann; dass nur der verantwortlich handelt, der heute Risiken eingeht, damit morgen Chancen entstehen; dass Erfolg ohne den Schmerz des Scheiterns ebenso wenig möglich ist wie eine Geburt ohne den Schmerz der Wehen.

Ich erwarte nicht von euch, dass ihr den Worten eines alten Mannes Glauben schenkt; wenn ich mir den Ruf eines Experten erworben habe, dann nur für das, was war. Es gibt keine Experten für das, was sein wird. Und auch wenn ich die Zukunft nicht kenne, bin ich ein Mensch voller Hoffnung. Voller Hoffnung auf Frieden. Voller Hoffnung, dass wir nie aufhören werden, aus dem Gelobten Land ein lobenswertes Land zu machen, und dass Israel an seinem Bekenntnis zu sozialer Gerechtigkeit als ein Land mit Moral festhält. Und auch voller Hoffnung, dass wir die Augen zu den verwirklichten Träumen unserer Propheten erheben, die uns gezeigt haben, dass die Freiheit der Wesenskern des jüdischen Erbes ist. Meine größte Hoffnung ist, dass unsere Kinder, wie einst unsere Vorväter, weiter die jüdische Furche im Acker des menschlichen Geistes pflügen; dass Israel nicht nur zu unserer Heimat wird, sondern zum Zentrum unseres Erbes; und dass das jüdische Volk weiterhin für andere Völker ein Quell der Inspiration ist und sich von anderen Völkern inspirieren lässt.

Ich bin dankbar dafür, dass die Kapitel meines Lebens mit der Geburt und dem Aufbau Israels verknüpft sind. Für immer werde ich Ben-Gurion Dank schulden, der mich zum Dienst rief, der mir das wunderbare Privileg gewährte, meinem Land zu dienen. Inspiriert von seinem Beispiel, habe ich mich fast siebzig Jahre lang darum bemüht, Israel stark zu machen, seine Verteidigungskraft zu sichern und nach Frieden für mein Volk zu streben, unserem aufrichtigsten Herzenswunsch. Ich liebe dieses Land – den Duft der blühenden Orangenbäume im Frühjahr, das Rauschen des Jordan, die friedliche Stille der Nächte im Negev – und seine Menschen, die sich mir gegenüber stets als treu und beherzt, als großzügig und robust erwiesen.

Ich behaupte nicht, eine vielschichtige Persönlichkeit zu sein. Mein Leben wurde mir geschenkt, etwa zweieinhalb Milliarden Sekunden: Ich begann zu rechnen und beschloss, diese Sekunden so einzusetzen, dass ich etwas bewirkte. Ich denke, es war die richtige Entscheidung. Ich bedauere keinen meiner Träume. Ich bedauere allenfalls, dass ich nicht mehr Träume hatte. Mein Leben war ein Geschenk. Ich beschließe es ohne Defizit.

Von Zeit zu Zeit werde ich gebeten, einen Blick zurück auf mein Arbeitsleben zu werfen und zu sagen, was mein größter Erfolg war. Als Antwort erzähle ich dann immer die Geschichte eines berühmten Malers, der einmal von einem großen Bewunderer seiner Kunst gefragt wurde: »Welches Ihrer Gemälde ist nach Ihrer Ansicht das schönste?«

Der Maler sah ihn an und richtete dann den Blick auf eine große leere Leinwand, die in der Ecke des Zimmers auf einer Staffelei stand.

»Das Bild, das ich morgen malen werde«, erwiderte er.

Meine Antwort ist dieselbe.

September 2016

NACHWORT

Am 13. September 2016 traf sich Schimon Peres mit Hunderten von Unternehmern aus aller Welt und ermutigte sie, in israelische Technologien zu investieren. Neben ihm auf der Bühne stand sein Sohn Chemi und interviewte ihn. Am selben Tag startete Peres in den sozialen Medien eine Kampagne, um die israelischen Unternehmen zu unterstützen. Noch am selben Tag wurde er mit Blaulicht ins Krankenhaus gebracht.

Am 28. September 2016 verstarb Schimon Peres. Tausende Menschen, darunter die Regierungschefs Dutzender Länder, kamen zu seiner Beisetzung, um ihm die letzte Ehre zu erweisen.

Bei einer Sondersitzung des israelischen Kabinetts erklärte Premierminister Netanjahu, dies sei »der erste Tag im Leben des Staates Israel ohne Schimon Peres«.

Das Israelische Innovationszentrum wird 2018 im Peres-Zentrum für Frieden den Betrieb aufnehmen und seine wichtige Arbeit fortführen, in seinem Namen und im Namen aller, die nach einer friedlicheren Welt mit mehr Wohlstand streben.

Schimon Peres

FAST SIEBEN JAHRZEHNTE
DIENST FÜR DAS LAND

1923: Am 2. August im polnischen Wischnewa
geboren

1934: Auswanderung nach Israel

1938: Aufnahme in den Jugendkibbuz
Ben-Schemen

1945: Wahl zum Generalsekretär der Jugendbewegung
HaNoar HaOved

1947: auf Betreiben Ben-Gurions Eintritt
in die Hagana

1948–1949: Leiter der Marineabteilung im
Verteidigungsministerium

1949–1952: Leiter der Vertretung des israelischen
Verteidigungsministeriums in den USA

1953–1959: Generaldirektor im Verteidigungsministerium

1959–2007: Knesset-Abgeordneter

1959–1965: stellvertretender Verteidigungsminister

1969: Minister für Einwanderung

1970–1974: Minister für Transport und Kommunikation

1974: Minister für Information

1974–1977: Verteidigungsminister

1977–1992: Vorsitzender der israelischen Arbeiterpartei